“十四五”时期国家重点出版物出版专项规划项目
中国城乡可持续建设文库
丛书主编　孟建民　李保峰

国家重点研发计划项目（2022YFC3800103）
教育部人文社会科学研究青年基金项目（23YJCZH296）
华中科技大学文科双一流项目（文科丛书）资助

Evaluation of Metropolitan Region Growth Force and Spatial Restructuring Pathways: A Case Study of the Wuhan Metropolitan Region

都市圈成长力评估及空间重构路径

以武汉都市圈为例

张梦洁　彭 翀　著

華中科技大學出版社
http://press.hust.edu.cn
中国·武汉

内 容 简 介

当前，中国城市区域空间发展逻辑与思路已从“大规模快速扩张型”增长转向“内涵提升型”成长，因此对于城市区域空间的认知思维、研究技术和管理方法亟须转变。本书围绕都市圈“空间成长力”这一核心概念构建了理论解析框架，进一步构建“三维共轭角力模型”和评估指标体系，以长江中游城市群的三大发展主体之一——武汉都市圈为评估对象，分析武汉都市圈整体、次区域，以及各类型城市的优势、劣势、发展趋势与潜力，并分别提出具体的空间重构路径及引导策略。

图书在版编目(CIP)数据

都市圈成长力评估及空间重构路径 ：以武汉都市圈为例 / 张梦洁，彭翀著. -- 武汉 ：华中科技大学出版社，2025. 2. -- (中国城乡可持续建设文库). -- ISBN 978-7 -5772 -1624-9

Ⅰ. F299.276.3

中国国家版本馆 CIP 数据核字第 2025YT7846 号

都市圈成长力评估及空间重构路径
——以武汉都市圈为例 张梦洁 彭 翀 著

Dushiquan Chengzhangli Pinggu ji Kongjian Chonggou Lujing
——Yi Wuhan Dushiquan Wei Li

策划编辑：金 紫
责任编辑：陈 骏
封面设计：王 娜
责任校对：何家乐
责任监印：朱 玢
出版发行：华中科技大学出版社(中国·武汉) 电话：(027)81321913
武汉市东湖新技术开发区华工科技园 邮编：430223
录 排：华中科技大学惠友文印中心
印 刷：武汉科源印刷设计有限公司
开 本：710mm×1000mm 1/16
印 张：17
字 数：270 千字
版 次：2025 年 2 月第 1 版第 1 次印刷
定 价：98.00 元

前　言

当前，中国城镇化进程已迈向高质量发展的新阶段，阶段转换进一步推动城市区域空间发展逻辑与思路的转变，从“大规模快速扩张型”增长转向“内涵提升型”成长，因此对于城市区域空间的认知思维、研究技术和管理方法亟待转变，特别是在当前大力推进国土空间规划的背景下，需要不断补充完善规划理论和技术方法以提供支撑。中国城镇化的一个特征是已进入“群圈”引领发展的新时代，要素集聚能力更强、配置效率更高的都市圈成为构建区域发展新格局的主体空间形式，如何实现都市圈健康可持续成长是未来的重要任务之一。

我国城市区域空间发展需要顺应转型趋势、解决现实问题、满足实际诉求，这对城市规划提出了前所未有的挑战：如何围绕以人为本、高质量发展核心价值观构建城市区域空间认知理论？如何通过模式、方法的改进、完善识别都市圈空间成长问题与诉求？如何在兼顾公平和效率的基础上，探索差异化的空间成长路径，引导区域空间资源优化利用？围绕这些核心问题，本书进行了研究探索与创新，将城市生命体理论、企业成长力理论的经典论断引申到城乡规划领域，为认知“空间”这一城市区域发展的核心要素提供了新的理论视角。本书主要内容遵循以下逻辑结构：理论框架构建、评估方法与特征分析、重构路径与引导策略。

(1) 理论框架构建。通过解析空间成长力的内涵、结构模型和构成要素，提出空间成长是通过控制外部空间发展的规模和形态、调整内部空间功能结构，实现各类资源在空间上的合理配置，促使城市区域在空间上向最优状态发展的动态过程。而空间成长力是推动空间成长的核心能力与根本动力，为城市区域适应环境、维持其功能和形态演进等成长过程提供基本的保障条件，同时是空间成长潜力极限的体现。容纳力、保障力、提升力通过交互与交替作用构成“三维共轭角力模型”。

（2）评估方法与特征分析。基于理论框架构建都市圈空间成长力评估指标体系，其中包括存量用地供给量、增量用地供给量、商业中心数量、初创企业活力指数、房价波动幅度比率、规划项目完成度和土地供应计划执行率等具有一定独创性的特殊指标。本书将长江中游城市群的三大发展主体之一——武汉都市圈作为评估对象，采取改进的 NK 模型对都市圈空间成长力水平进行了测算分析，得到区域、次区域、城市三个层次的评估结果，以此为依据将武汉都市圈城市划分为资源整合型、提质增量型、创新联动型三种类型。

（3）重构路径与引导策略。区域层面，从空间组织结构、要素配置格局、成长支撑体系三方面提出重构路径；次区域层面总结了“多极廊道”、“多圈互联”、“双子星”、“雁行”型、“轴带渗透”五种空间组织模式，提出内生互惠式、“旅游＋”、“农业＋”、“133”、汉孝一体化五类成长路径选择；城市层面，从空间组织结构、空间网络联系、空间成长管理三个维度，分别对应增强容纳力、保障力、提升力目标，提出三类城市差异化成长策略，为实现都市圈高质量发展提供理论支撑、示范参考和优化思路。

本书脱胎于我的博士论文，感谢导师周均清教授、彭翀教授的倾心指导和诸位专家的宝贵意见，论文得以顺利完成。留任华中科技大学工作后，我有幸加入区域与城镇空间规划团队，在团队负责人黄亚平教授的带领下陆续参与了一些武汉都市圈的研究设计和教学工作，经过几年的思考与磨砺，我对本书进行了修改完善。感谢华中科技大学出版社金紫主任、责编老师等工作人员热情细致的工作，促成了本书的顺利出版！感谢 Peng Studio 的小伙伴们在图片绘制、资料收集方面提供的帮助！诚然，由于时间所限，本书仍会存在一些不足甚至错误之处，在此恳请大家不吝赐教，我将在未来的工作中不断改进完善。

张梦洁

2024 年 12 月于武汉喻家山

目　　录

第1章　绪　　论

1.1　研究背景

无论是进入后城市化阶段的西方发达国家还是城市化进程方兴未艾的中国，城市成长问题始终都是各界关注的热点（张波，2003）。改革开放以来，中国的城市发展取得了重大进展，截至2022年末，中国城镇常住人口92071万，城镇化率上升到65.22%，并仍处于增长阶段。因此，实现城市健康可持续成长是我国未来的重要任务之一。城市的各类要素（如人口、经济等）都负载于空间实体之中，因此，城市的空间成长是城市成长最基础、最直接也是最直观的方面，是众多学科重点研究的问题。

1.1.1　新语境下城市区域空间成长与规划的转型趋势

在大规模的快速城镇化阶段，城市空间作为实现资本增值、积累，以及资源、财富分配的核心载体，其用地形态不断外延并且用地规模不断增长（张京祥等，2013）。1995—2015年，我国城市建成区面积平均增幅达207.96%，远高于发达国家1960—1990年城市化高峰阶段123.55%的平均增幅（罗超等，2015）。各种矛盾在城市空间快速增长中逐步凸显，主要体现在以下三个方面：①用地需求增长与资源供给短缺的矛盾持续存在；②空间持续扩张与人口局部收缩的矛盾；③空间无序外延和功能结构失衡的问题。当前我国部分地区（多为县级市）已经出现了劳动力外迁导致人口持续流失的现象（杨东峰等，2015）。一般来说，人口规模缩小会减少城市对空间的内在需求，但在我国却表现为空间的持续扩张和规划预测人口的膨胀（龙瀛等，2016），从而产生需求和供给的空间错配问题。目前我国城市空间仍以外延式增长为主，一方面城区规模普遍偏大且缺乏控制，内部功能结构缺乏更新完善；另一方面新区开发遍地开花，却存在土地闲置浪费、经济效益不高的问题。这些现象在中、小城市尤为显著。

种种现实矛盾倒逼城市空间成长与规划转型。党的十八大以来，在生态文明时代背景下，中国城镇化进程进入新阶段——城市转型升级，追求高质量发展、高品质生活、高水平治理的新时代。中国城市发展的转型升级进一步推动城市空间发展逻辑与思路的转变，城市空间进入以人为中心的高质量发展的转型期。城市空间发展方式转向以集约化内涵式为主，控制增量、盘活存量、功能更新成为城市空间发展的主要形式。

在以人为本和高质量发展的多维价值观导向下，对于城市空间的认知思维、管理方法和研究技术都亟待转变。习近平总书记提出“城市是生命体、有机体，要敬畏城市、善待城市”，特别是在当前大力推进国土空间规划的背景下，需要了解城市空间成长的复杂性和动态性规律，探索新时期城市空间成长的核心能力和根本动力，关注城市空间资源的统筹管理与配置，运用多元的数据和科学的技术方法以保障城市空间的高质量、可持续成长。

1.1.2 我国都市圈发展的战略意义与现实问题

2019 年 2 月 19 日，《国家发展改革委关于培育发展现代化都市圈的指导意见》（发改规划〔2019〕328 号）发布，其作为我国第一个关于都市圈的高规格文件，表明中国城镇化已进入“群圈”引领发展的新时代，要素集聚能力更强、配置效率更高的都市圈成为构建区域发展新格局的主体空间形式，如何实现都市圈健康可持续成长是未来的重要任务之一。目前，我国一共有 34 个中心城市都市圈（不包括港澳台），总面积约为 232.4 万 km^2，占全国总面积的 24%；总人口约为 81590.5 万，占全国总人口的 59%，地区生产总值占全国生产总值的 77.8%①，且多数都市圈人口仍处于持续流入的态势。都市圈成

① 清华大学中国新型城镇化研究院，北京清华同衡规划设计研究院有限公司. 中国都市圈发展报告 2018[R/OL]. (2019-03-01)[2023-11-09]. http://tucsu.tsinghua.edu.cn/upload_files/atta/1551401345990_2C.pdf.

为支撑全国经济增长、促进区域协调发展、提升城市发展质量的重要空间载体。

然而,目前我国的都市圈存在核心城市与外围中小城市两极分化严重、资源分配不均、分工协作不到位、低水平同质化竞争严重、跨界区域管理无序等诸多问题,制约了都市圈的高质量一体化发展。针对这些问题,部分学者虽然已从理论和实践两方面进行了大量研究,但是,一方面由于我国都市圈空间发展面临生态文明导向的政治逻辑转变和资源环境约束下的发展逻辑转变,从目标理念、机制框架、技术方法到组织实施都需要顺应趋势进行创新和变革;另一方面我国都市圈数量众多,类型、阶段、发展情况存在差异,所以仍需拓宽研究案例的广度,因地制宜地探索不同都市圈的空间发展模式、路径和引导策略。

1.1.3 武汉都市圈空间成长引导的实际诉求

在上述背景下,武汉都市圈作为正式批复的国家级都市圈之一,同时也是长江中游城市群的三大发展主体之一,其发展质量将直接影响"中三角"乃至整个中部地区的整体发展水平。因此,研究武汉都市圈空间发展具有重要现实意义。

武汉都市圈目前整体仍处于快速发育时期,属于成长型都市圈。当前的问题是武汉都市圈核心-边缘结构导致区域发展极不均衡,武汉市与其他城市有很大的差距(表 1-1):一方面,武汉市作为 9 个国家中心城市之一,集聚效应显著,仍有持续增长扩张的需求;另一方面外围城市呈现缓慢增长甚至后继乏力的状态,不能为核心提供强有力的腹地支撑。这种不均衡反映在城市空间上,表现为空间规模、结构、模式、功能等方面的失衡,所以需要对城市空间成长进行合理把控,根据各城市的实际情况提出差异化的发展模式、路径与引导策略。

武汉都市圈有两个层面的实际诉求:城市个体层面,要实现自身空间的良性成长;城市体系层面,要考虑到不同规模城市空间的协同成长。武汉市这种绝对核心城市如何提升城市空间成长的质量、效率和可持续性,外围非增长型城市如何实现集约、高效的空间成长?两者必然是有差异的。这就需要认知都市圈整体及各城市的空间成长规律,挖掘未来成长潜力,才能够有针对性地提出差异化的空间成长引导建议。

表 1-1　武汉都市圈九市三大指标

城市	地区生产总值/亿元	比重/(%)	社会消费品零售总额/亿元	比重/(%)	市域人口/万人	比重/(%)
武汉市	17716.76	58.86	6795	53.70	1364.89	41.61
黄石市	1865.68	6.20	967	7.64	244.43	7.45
鄂州市	1162.30	3.86	352.9	2.79	106.97	3.26
孝感市	2562.01	8.51	1197.6	9.46	419.13	12.78
黄冈市	2541.31	8.44	1403.7	11.09	578.82	17.65
咸宁市	1751.82	5.82	781.9	6.18	261.27	7.97
仙桃市	929.90	3.09	482	3.81	110.51	3.37
潜江市	852.74	2.83	306.2	2.42	83.57	2.55
天门市	718.89	2.39	368	2.91	110.58	3.37
合计	30101.41	100	12654.3	100	3280.17	100

资料来源：湖北省统计局，国家统计局湖北调查总队．湖北统计年鉴(2022)[M]．北京：中国计划出版社，2023．

我国城市区域空间发展需要顺应转型趋势、解决现实问题、满足实际诉求，这对城市规划提出了前所未有的挑战：如何围绕以人为本、高质量发展的核心价值观构建城市区域空间认知理论体系？如何通过模式、方法的改进完善，识别都市圈空间成长问题与诉求？如何在兼顾公平和效率的基础上，探索差异化的空间成长路径，引导区域空间资源优化利用？这是本书的缘起。

1.2　研究对象和内容

1.2.1　研究对象

本书的研究对象为以武汉市为中心的武汉都市圈。在中国社会科学院财经战略研究院、中国社会科学院城市与竞争力研究中心联合发布的《中国城市竞争力报告 No.19——超大、特大城市:健康基准与理想标杆》以及清华大学中国新型城镇化研究院、北京清华同衡规划设计研究院有限公司联合发布的《中国都市圈发展报告 2018》中,均将武汉都市圈作为我国目前比较有代表性的成长型都市圈之一。结合都市圈基本概念,武汉都市圈的空间也符合"1 小时"通勤圈基本范围,即:武汉都市圈是以武汉市都市发展区为核心,包括周边约 100 km 半径范围的 8 个城市(黄石市、咸宁市、鄂州市、黄冈市、孝感市、仙桃市、天门市、潜江市)的全部辖区范围,面积 58052 km^2。

为了更加精准、深入地研究武汉都市圈的各城市空间,本书以行政区划为标准,将城市进一步划分为县级单元,具体包括市辖区(包括市区和郊区)、县级市和县、省直管市,共计 39 个空间单元,其地域空间范围见图 1-1。后续城市空间成长力评估的对象包括整个县市域,所采用的评估数据都是以县市域为范围进行统计的。

1.2.2 研究内容

本书将城市生命体理论、企业成长力理论的经典论断引申到城乡规划领域,为认知"空间"这一城市区域发展的核心要素提供了全新的理论视角,围绕都市圈"空间成长力"这一核心概念构建了理论解析框架;进一步构建了与空间成长力"三维共轭角力模型"和九类构成能力要素相对应的评估指标体系,提出了都市圈空间成长力的量化评估方法,以长江中游城市群的三大发展主体之一——武汉都市圈为评估对象,认知武汉都市圈整体、次区域以及各类型城市的优势与劣势、趋势与潜力,并分别提出具体的空间重构路径及引导策略,为实现都市圈高质量发展提供理论支撑、示范参考和优化思路。本书主要内容遵循以下逻辑结构:理论框架构建、评估方法与特征分析、重构路径与引导策略(图 1-2)。

1. 理论框架构建

通过解析城市空间成长力的内涵、结构模型和构成要素,提出空间成长是通过控制外部空间发展的规模和形态、调整内部空间功能结构,实现各类资源在空间上的合理配置,促使城市区域在空间上向最优状态发展的动态过程。而空间成长力是推动空间成长的核心能力与根本动力,为城市区域适应环境、

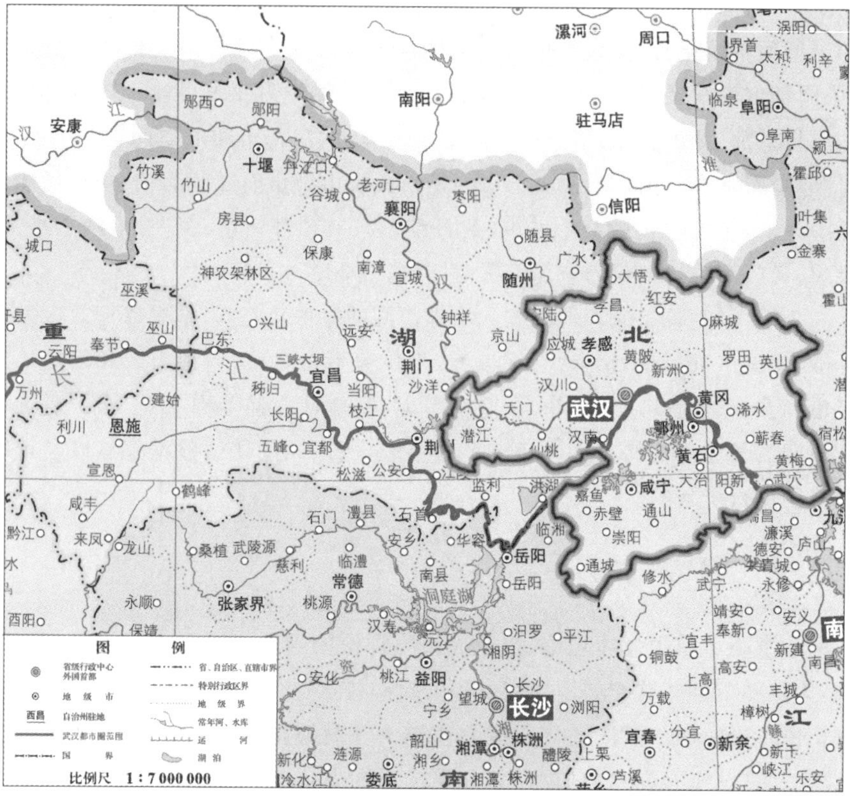

图 1-1　武汉都市圈地域空间范围

［资料来源：基于自然资源部标准地图服务网站 GS(2016)1605 号标准地图制作，底图边界无修改］

维持其功能和形态演进等成长过程提供基本的保障条件，同时也是空间成长潜力极限的体现。容纳力、保障力、提升力通过交互与交替作用构成“三维共轭角力模型”。

2. 评估方法与特征分析

基于理论框架构建都市圈空间成长力评估指标体系，其中包括存量用地供给量、增量用地供给量、商业中心数量、初创企业活力指数、房价波动幅度比率、规划项目完成度和土地供应计划执行率等具有一定独创性的特殊指标。采用改进的 NK 模型对都市圈空间成长力水平进行测算分析，可得到区域、次

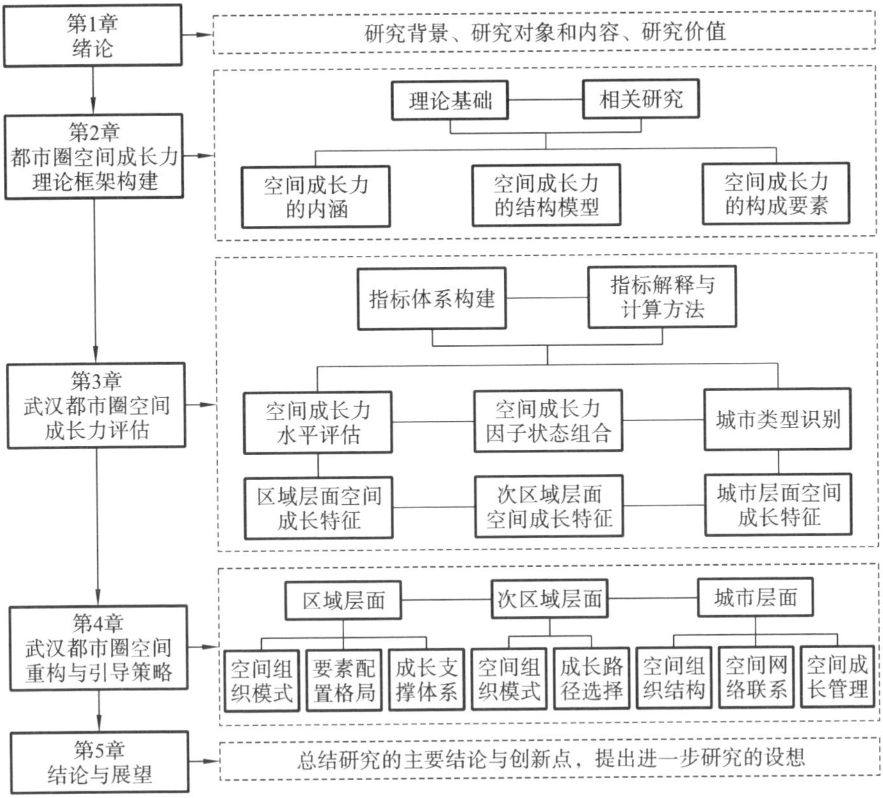

图 1-2　研究框架图

区域、城市三个层次的评估结果，以此为依据将武汉都市圈城市划分为资源整合型、提质增量型、创新联动型三种类型。

3. 重构路径与引导策略

区域层面，从空间组织模式、要素配置格局、成长支撑体系三方面提出重构路径；次区域层面，总结了“多极廊道”“多圈互联”“双子星”“雁行”型、“轴带渗透”五种空间组织模式，提出内生互惠、“旅游＋”“农业＋”“133”、汉孝一体化五类成长路径选择；城市层面，从空间组织结构、空间网络联系、空间成长管理三个维度，分别对应增强容纳力、保障力、提升力目标，提出三类城市差异化成长策略。

1.2.3 研究数据来源

为保证研究的全面性和准确性，本书构建了武汉都市圈研究数据资料库，包括空间影像数据、地理信息大数据、社会经济数据、政策规划资料四大类，数据资料内容及来源如图 1-3 所示。派生数据则是根据这些基础数据计算而来的。

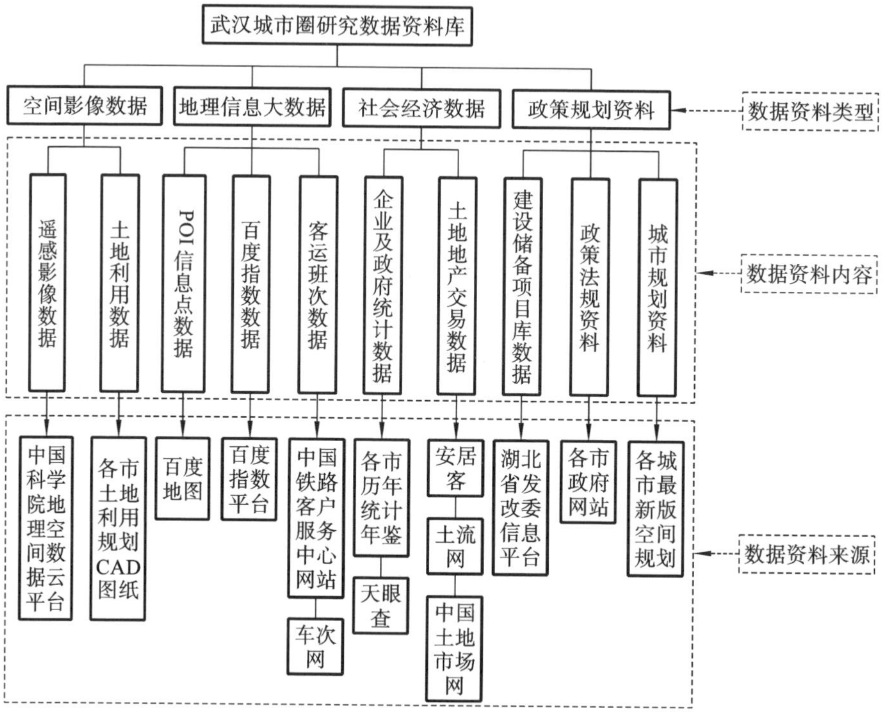

图 1-3　数据资料内容及来源

其中，武汉都市圈遥感影像数据源于分辨率为 30 m 的 Landsat 卫星遥感影像数据（2000 年、2005 年、2010 年、2017 年）和第三次全国国土调查数据（2020 年），统计数据源于各市 2022 年统计年鉴（2021 年），网站大数据截取于 2022 年 10 月。本书运用 ENVI 5.1 专业遥感图像处理软件，按照数据获取—数据预处理—监督分类的技术路线，参考国家通用的土地利用分类以及相关规划应用研究，将土地空间类型划分为林地、草地、水域、耕地、建设用地、未利用地六大类。

1.3 研究价值

1.3.1 理论价值：对应人的需求层次提出空间成长力理论解析框架

当前对城市的研究主要分成以下几个学科（表 1-2），不同学科相互独立又互相渗透。从不同的角度研究城市演进发展的原因与规律，为认知城市现象与内在本质起到了重要的作用。但是，这些学科还存在一些局限性：①这些学科的基本思维方法是将各自领域从城市整体系统中独立分解出来；②这些学科仍以城市机械论为认知基础，并未将城市作为能动主体。实际上，城市是一个非常复杂的巨型系统，它具有自组织性、适应性等意识特征。在当前城市学科研究的基础上，从城市生命体和成长力理论的角度去认知城市空间成长，具有如下意义和价值。

表 1-2　当前有关城市的主要学科的比较

	城市经济学	城市社会学	城市地理学	城市生态学	城市规划学	城市管理学
理论起源及代表人物	《城市经济学导言》，Wibur R. Thompson	《城市：有关城市环境中人类行为研究的建议》，Robert Ezra Park；《都市作为一种生活方式》，Louis Wirth	《城市地理观察》，Karl Hassert；《格勒诺布尔：城市地理的研究》，R. Blanchard	《城市：有关城市环境中人类行为研究的建议》Robert Ezra Park；Ernest W. Burgess 创立人类生态学	始于对解决城市问题的探索：《明日的田园城市》，Ebenezer Howard	新公共管理理论，Christopher Hood；竞争优势理论，Michael E. Porter

续表

	城市经济学	城市社会学	城市地理学	城市生态学	城市规划学	城市管理学
研究重点	城市经济结构与城市成长；城市经济关系及其发展规律；城市发展政策	城市社会组织；人类生态学；城市社会问题及策略	城镇空间组织；城市体系研究；城市地域状态与分布规律	城市自然环境与人工环境；生物群落与人类社会；物理生物过程与社会经济过程之间的相互联系及相互作用	城市空间布局和组织；城市环境设计与建设；城市空间资源配置；城市管理策略	城市治理；城市公共资源管理；城市公共物品供给
对城市空间成长的解释	增长极理论；核心-边缘理论；密度梯度变化曲线理论	人类为满足生存需要产生的竞争、迁移等行为活动影响了城市的组织与演化进程	同心圆理论；扇形理论；中心地理论；多核心理论	生态演替理论；城市能量代谢理论	城市扩张理论；城市规模理论	成长管理理论；成长经济理论

资料来源：作者根据相关资料整理绘制。

(1) 认知城市空间成长过程和规律。

城市的空间成长不仅是单纯的地理现象，而且是城市内部各子系统与外部区域环境交互作用而产生的空间结果，其最终目的是满足人的发展需求，实现各类资源在空间上的合理配置，促使城市在空间上向最优状态发展，厘清新时期空间成长的核心能力和根本动力是认知城市区域空间成长复杂性和动态性规律的基本前提。

（2）显化城市空间多元价值属性。

城市空间既有“自然资源”价值属性，又具备更广泛、更实际的人文社会属性、资本与资产属性。城市空间成长力理论是建立在城市空间多元价值认知基础上的，认为资源环境、经济发展、社会服务、政策规划等都是影响空间发展的重要因素，只有对这些要素进行科学评估才能对空间进行全面认识，进一步引导各类要素在空间上合理分布，形成有序的空间格局。

本书建构了都市圈空间成长力的理论解析框架，对应人的需求层次将其分为容纳力、保障力和提升力，并以此为基础提出了“三维共轭角力模型”。这三个分力的构成要素涵盖资源承载、结构支撑、环境维护、设施供给、流通合作、生产运行、科技创新、空间服务、社会治理 9 个方面。该模型为认知空间成长力概念内涵及构成要素相互作用机理提供了新的理论视角。

1.3.2 应用价值：提出面向不同层级的差异化空间成长路径与策略

从应用角度，过去的城市规划作为技术工作，满足了以经济效益为核心的快速城镇化时期的战略需求，但在此过程中产生了诸多问题，如用地增长与资源供给短缺的矛盾、空间持续扩张与人口局部收缩的矛盾、空间无序外延和功能结构失衡等。本书致力于满足实践中的主要诉求，应对未来趋势变化实现精细化空间成长引导、科学管控与配置区域资源，进而实现都市圈高质量、可持续发展；面向国土空间规划的核心任务进一步提出具体的空间重构路径与规划引导策略，为都市圈规划建设提供有效的理论指引和政策决策支撑。

本书构建了以空间成长力理论框架为基础的多层次、多维度评估体系，选择了部分在评估维度、数据来源和计算方法上有所创新的指标，如存量用地供给量、初创企业活力指数、土地供给计划执行率等；创新性地运用多种改进的数理模型和空间模型方法，实现空间成长力水平评估和潜力趋势研判，并对城市类型与短板要素进行识别；基于不同尺度层级的国土空间规划的核心任务，从空间组织结构、要素配置格局、成长支撑体系、空间成长管理等方面提出规划响应路径及具体策略。本书不仅对武汉都市圈未来发展具有实践指导意义，同时也为我国其他都市圈与城市提供了可参考的实践案例。

第 2 章　都市圈空间成长力理论框架构建

本章要解决的主要问题有 4 个：①为什么要提出“城市空间成长力”这一概念，其理论依据及现实基础是什么？②城市空间成长力是什么，即其概念与特征是什么，与其他相似概念有何区别？③城市空间成长力从哪里来，即其生成机制是什么？④城市空间成长力具体包括什么，即其结构与构成要素有哪些？首先，城市空间成长是以“以人为本的高质量发展”为导向的，城市空间成长力源于人的发展需求。进而提出城市空间成长力的概念：城市空间成长力是城市空间成长的核心能力与根本动力，反映了城市空间存在和运转的状态，这种状态为其适应环境、维持功能和形态演进等成长过程提供基本的保障条件；城市空间成长力也是城市空间主动适应性调整能力的体现，通过自我完善、调节需求变化引起的不平衡，使城市获得可持续的成长动力；城市空间成长力同时还是城市空间成长潜力极限的体现，决定了城市是否能维持当前的成长状态，是否能突破当前的成长阶段，推进城市空间成长的五阶段演替周期。其次，从人的需求层次出发，可将城市空间成长力分为容纳力、保障力和提升力，并以此为基础提出了“三维共轭角力模型”，认为三个分力通过一定的作用机理形成空间成长合力，同时三个分力在城市空间成长的各个阶段又有不同的作用机理。最后，进一步分解三个分力的构成能力要素，包括空间资源承载能力、空间结构支撑能力、空间环境维护能力、空间生产运行能力、空间流通合作能力、空间服务能力、空间设施供给能力、空间创新能力及空间治理能力 9 大能力要素，为空间成长力评估体系的构建奠定了理论基础。

2.1 都市圈空间成长力的理论基础

2.1.1 城市生命体理论

城市生命体理论源于生物科学对生命现象的研究。公元前4世纪，人们从动植物的饲养繁殖开始研究生命的特征和运转规律；公元16世纪以后，人们结合现代物理学、化学，从微观根源解释生命现象的规律和原因；20世纪后期开始，计算机技术的迅速发展创造了跨越生物体意义的人工生命，是哲学认知领域改革的重要催化剂（姜仁荣等，2015）。从城市研究上看，人类逐步领悟到生命与城市在许多方面较为类似，如二者均有自组织、繁杂程度高、非线性等特点。正是这种相似性的存在为生命与城市架起了沟通的桥梁。将其结合生物学领域中提及的生命现象理论可对城市现象作出系统诠释，为城市研究提供一个新视角。

1. 城市生命体的基本特征

城市生命体是立足于环境与空间资源利用的基础上，一种集约经济、人口、科学文化的空间地域系统（杨小波等，2006），其内部各要素构成一个完整体，具有生命体的基本特征，包括新陈代谢、自适应、生长发育和遗传进化。

（1）新陈代谢。

城市生命体的新陈代谢是指借助生态系统、交通运输系统、市政管网系统、信息通信系统，城市和外界进行能量、信息及物质的交换过程。这种交换过程是城市持续自我更新的过程。新的、更好的发展能量代替旧的、落后的能量注入城市生命系统，使城市能够不断成长。

（2）自适应。

城市的内部环境和外部环境始终处在动态变化中，城市生命体能够及时调整自身的属性，以达到与内外部环境的变化相适应的平衡状态。自适应功能一方面通过城市中的市民、企业等主体的微观行为调整来实现，另一方面通过政府做出的政策、规划等宏观决策来实现。

（3）生长发育。

城市的生长发育是一个从无序到有序的过程，表现为城市空间形态的不断扩张变化、空间结构的不断优化和城市功能的不断完善。这个过程并不是线性渐进式的，而是具有波动性、非线性特征的螺旋向上式的。城市生长发育与生命体一样具有明显的阶段性，这一点将在“城市生命周期”中进行解析。

（4）遗传进化。

城市自身的资源禀赋和城市历史文化就是内核基因，决定了城市的发展基础和方向会在长期的发展过程中保持一定的稳定性和传承性。但是城市在生长发育的过程中，可以采用一系列手段，如产业升级、空间格局优化、功能更新等，从而突破原有条件限制，不断进化到更高的阶段。

2. 城市生命周期

生物学理论中的生命周期指的是存在生命现象的有机体自出生到死亡的全过程。一个城市的社会经济条件、资源环境、政治文化等方面会随着时间发生变化，这种变化和生物的生命历程一样，也具有出生、成长、成熟和衰亡或蜕变的阶段规律。美国学者 Suarez-Villa Luis(1985)提出，城市就像所有的生命体一样，在其漫长的成长演进过程中不可避免地经历“萌芽—产生—发展—成熟—衰退—灭亡/重振”的生命周期，每个阶段具有不同的生命特征，可以通过一定的标准来衡量城市处于生命周期的哪一个阶段。

但是，人类可以通过技术、经济、政策等主观能动性的调控，避免城市走向周期性衰退乃至消亡(翟炜等，2016)，使城市通过自我进化更新获得持续性的发展从而进入新的生命周期(图 2-1)。因此，与简单的生命体相比，城市生命周期更长、更复杂，影响城市生命周期的内外部因素更庞杂。有的城市历史久远，可能已经历经好几个生命周期，而有的城市新建不久，可能迄今还未经历一个完整的生命周期。

2.1.2 企业成长力理论

企业成长一直是经济学家、管理学家以及企业实践者关注的话题。古典经济学用分工的规模经济利益来解释企业成长问题。新古典经济学的核心思想认为企业成长的动力在于对规模经济的追求。从新制度经济学来看，企业

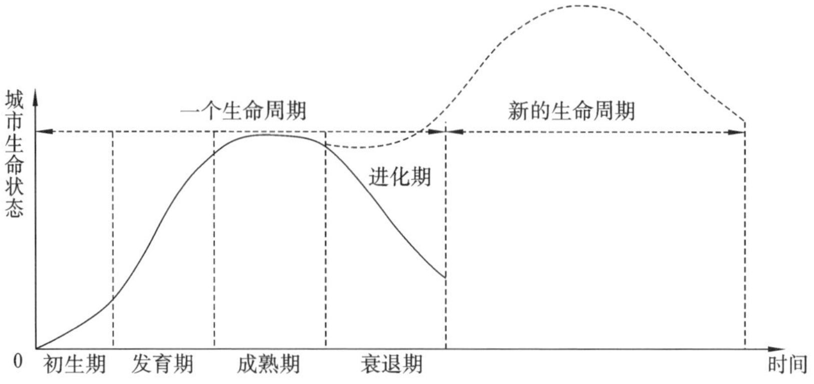

图 2-1 城市生命周期"五阶段"论

(资料来源:作者根据相关资料整理自绘)

成长是企业功能边界扩展的过程。后凯恩斯主义在企业增长最大化目标假设下,构建了将企业各类决策融为一体的成长模型。Edith Penrose(1994)及杨杜(1996)提出企业"内生成长论",构建了企业资源-企业能力-企业成长分析框架,认为企业的能力对企业成长的方式、速度以及界限具有决定性影响。现代企业理论强调,企业经历了由机械系统到人工系统,再到人类-自然系统的演变过程(刘力钢,1999),该理论假设下的企业成长需要在追求利益的同时,符合外部社会、经济、自然可持续发展的要求(陈耀,2006),因此企业具有作为生物有机体的成长特征,而这个观点为企业成长力理论的提出与拓展奠定了基础。

1. 企业成长力的内涵

企业作为一种生命有机体,具有新陈代谢、适应开放、组织进化等生命特征,并且具有一定的成长生命周期。Marshall 在 1890 年出版的《经济学原理》中借鉴进化论"生命周期"思想,提出了"树木原理"。美国管理学家 Ichak Adizes(1998)首次将企业生命周期与人的成长阶段进行类比,提出企业的十个生命阶段。其他比较有代表性的企业生命周期理论包括格雷纳的成长五阶段理论和福莱姆茨的成长七阶段理论。不管如何划分,学者普遍认为企业会经历诞生、成长、壮大、衰退甚至死亡的成长过程,这是一个从量变到质变的动态过程。企业内部的组织与功能不断分化,逐步提高自身对环境的适应能力,并与环境建立良性互动。具体而言，其主要反映为企业内部结构持续优化、企业规模不断拓展、企业功能日渐成熟等（李建桥，2013）。企业成长力是推动企业迈向更高成长阶段的最终动力，它决定了企业成长的方向和速度。企业成长力源于传统的企业能力理论，并衍生了多种能力概念，如适应能力（Mckee等，1992）、核心能力（Prahalad 等，1990）、动态能力（Teece 等，1990）等，这些概念在不同时期从不同的角度诠释了企业成长力的内涵与特征。

综合来说，企业成长力是企业采取运营管理、资源的优化配置等各种方式推动其持续壮大发展的动力之源。由此可见，企业成长力反映了企业的综合实力及未来的发展前景，包括资产规模、盈利能力、创新能力、发展环境等方面。企业成长力的特征包括如下几个方面。

（1）独有性。

企业成长力是企业长时间学习与积累的产物，是对企业的累积经历、知识储备以及技能水平的综合体现。这是每个企业所特有的知识集合体系，是无形的战略资产。因此，企业成长力是除该企业外其他企业不易模仿的，具备独有性。

（2）自适应性。

企业的成长发育必然受到外界客观环境的影响，这种影响可能是正面的，也可能是负面的。企业需要具备不断适应政治、经济等环境因素的变化，并随之进行调整的能力，能够从积极的影响因素中吸收能量并转化为自身的发育资源，同时能够抵抗、适应消极的影响因素，保持成长的稳定性。

（3）复杂性。

企业作为复杂生命体，其成长一方面受内部物质条件的影响，另一方面受外部环境因素推动。这些要素包括企业知识技能、管理组织、产业政策、行业发展、企业网络等，所以企业成长力必然是由多种能力构成的有机组合体系。同时，所有影响要素并非一成不变，各种能力对企业成长的作用大小也各不相同。

2. 企业成长力的构成

企业成长力的构成可分为以下五类。

(1) 企业自身的资源禀赋。

企业自身的资源禀赋指企业拥有的各种生产要素，包括劳动力、资本、土地、技术等。这种先天资源禀赋决定了企业的初始竞争优势和先发条件，但并不持续，可以被其他能力取代。

(2) 企业的核心支撑力。

企业的核心支撑力包括企业的组织管理能力、生产运营能力、市场营销能力等。这些能力支撑企业完成产品的设计研发、生产制造、推广销售等核心环节，有助于企业实现高效、规模化发展。

(3) 企业的学习创新能力。

企业的学习创新能力指企业通过学习和创新可以不断进行自我完善与更新，掌握新的管理方法、技术和观念，提高技术研发能力、人才培养能力、制度保障能力等。当企业发展到某一阶段时，边际效益降低，发展速度变缓，学习创新能力是突破成长困境的关键内在驱动力。

(4) 企业与合作伙伴的竞合力。

企业和其他机构或者企业打造价值关系网络时，首先可以通过分工协作使自身成为整个价值网络里的一个链接，实现规模经济效应；其次通过资源的互换与流通，实现内部资源的激活优化和外部资源的扩充利用；最后通过适当的竞争，可以认清自身的能力条件，激发学习创新的动力，从而开拓新的成长空间。

(5) 企业对外部资源的配置能力。

市场是企业开展各项活动的重要载体，但是市场会因国内外社会、经济、政治、文化、技术等因素受到限制与影响。企业通过外部环境得到能源、信息、人力、资金以及材料等生产要素，需要具备合理分配各类资源的能力以实现自身成长。

企业成长力是以上各类能力的合力，并且可以进行细分。如尹子民(2002)提出了企业经营能力、效益能力等；白树起(2001)提出企业应变能力、盈利能力等；吴应宇(2003)认为企业成长力包括财务能力、信息资源利用能力、良性发展能力等；张玉明和段升森(2012)认为企业家能力、金融生态环境、产业集群环境、企业文化等都是企业成长力的构成部分；李柏洲(2006)认为企业的成长状况是其在各个成长阶段所受到的各方向力的叠加作用的结果。

2.2 都市圈空间成长力的相关研究

2.2.1 都市圈空间发展的相关研究

1. 都市圈概念及范围界定

我国学者对都市圈的研究从20世纪80年代就已开始，在不同的研究中，经常会出现"都市圈""大都市区""城市群"等十分相似但又有区别的概念，存在一定的混淆现象。因此，厘清都市圈的概念和内涵是深入研究的基础。

1）都市圈的概念与内涵研究

日本是最早提出和使用"都市圈"概念的国家，同时也是都市圈理论研究和规划实践的典型国家。日本的都市圈概念存在"都市圈"和"大都市圈"的区别，大都市圈的直径距离可达300 km，人口规模甚至在3000万以上（谢守红，2004）。西方学者重点识别都市区与巨型城市市域范围。1910年美国率先提出大都市区概念，并随着城市跨边界发展、科学衡量城市化水平、制定城市相关政策等方面的需要而不断调整其概念内涵，具体过程可见表2-1。

表2-1 美国的大都市区概念及特征

时间	名　　称	概念及特征
1910	大都市区	以一个人口超出10万的中心城市为中枢，涵盖半径超出10英里（1英里≈1.61 km），但城市连绵不断、人口密度大于150人/平方英里范围中的区域，或者附近10英里内的区域
1949	标准都市区	一个人口不少于5万的中心城市以及具备75%以上非农业劳动力的郊县
1959	标准都市统计区	区域总人口若达到或超过10万，且有5万人口常住于城市化区域内，就算不存在中心城市，亦可将其划归成大都市区

续表

时间	名　　称	概念及特征
1980	主要大都市统计区	在人口规模超过百万的大都市区中，其单独构成部分如果超出一定标准，那么可将其定义成主要大都市统计区
1980	联合大都市统计区	任何包含主要大都市统计区的大都市复合体都可称为联合大都市统计区
1983	大都市统计区	与联合大都市统计区相同
1990	都市区	只做了细节的调整和补充，没有大的变化，将大都市统计区、主要大都市统计区、联合大都市统计区统称为都市区

资料来源：作者根据相关文献整理绘制。

通过比较发现，日本定义的都市圈就地域空间层级而言，基本与我国“都市圈”空间尺度等同。纵观国内对都市圈概念解析的文献，目前主要有以下代表性的研究成果（表 2-2）。

表 2-2　我国代表性的都市圈概念及特征

时间	学　　者	概念及特征
1989	周起业	大城市及其周围的中小城市形成的联系紧密的经济网络
1993	沈立人	以大都市为核心，与邻近地区经济之间的经济联系密切，最终有机结合起来甚至实现一体化发展的大区域，又称大都市连绵区或者大都市区域
1996	王建	在现代交通技术条件下，直径为 200～300 km、面积为 4 万～6 万 km^2，以一日乘车时间为限定达到面对面交流的特定区域，并划分出“九大都市圈”
1998	高汝熹	以经济发达程度高、综合功能强大的中心城市为中枢，并与和其存在空间邻接、内在经济往来的城镇地区共同组建的紧密圈层，其经济集聚与扩散能力可以覆盖的最大地域范围

续表

时间	学　　者	概念及特征
2001	邹军	以空间联系为主要考虑特征的功能地域概念。中心城市生产总值中心度大于45%，且具有跨省级功能，外围地区到中心城市的通勤率不小于其本身人口的15%
2001	张京祥	依靠若干个新城镇及与之存在经济联系、社会联系且具有一体化倾向的邻近城镇与地区组成的圈层式结构
2003	张伟	以一个或多个中心城市为核心，对周边城市和地区经济产生吸引与辐射，形成具有一体化协调发展倾向的城镇群空间体系
2007	肖金成	一般以一个或两个大都市辐射的半径为边界并以该城市命名
2018	张学良	都市圈指的是不受城市行政边界限制、能跨区域优化配置各项生产要素的、规模小于城市群的空间区域①
2020	马燕坤	以特大城市、超大城市或者具有较为强大的辐射带动功能的大城市为中枢，以核心城市的辐射距离为半径而产生的分工合作、功能互补、经济联系密切的区域②

资料来源：作者根据相关文献整理绘制。

综合国内外研究，总结都市圈的内涵特征：①都市圈形成的前提条件是有一个或两个辐射带动功能强的大城市为核心；②核心城市与周边城市有紧密的交通、社会、经济联系，有一体化发展趋势；③都市圈的大小取决于核心城市辐射半径的大小；④都市圈内的大中小城市基本呈圈层状结构布局；⑤在空间层次上，都市圈是介于都市区和城市群的一种城镇空间集聚形态。

2）都市圈范围界定研究

从都市圈的概念和内涵可以看出，都市圈本身并不存在既定的行政边界，需要对空间范围进行甄别和确立。在实践过程中，往往会采用核心城市腹地法和公路等时交通圈法。

① 张学良.以都市圈建设推动城市群的高质量发展[J].上海城市管理，2018(5)：4-5.

② 马燕坤，肖金成.都市区、都市圈与城市群的概念界定及其比较分析[J].经济与管理，2020(1)：18-26.

（1）核心城市腹地法。

核心城市腹地法主要依据数学模型，模拟计算确定都市圈的人口以及经济辐射范围。卢中辉等（2018）紧扣都市圈是城市与腹地、城市之间的相互作用联系的本质，依据空间距离、时间成本、通勤流量、引力作用等主要要素将研究对象划分为核心圈层、紧密圈层、次紧密圈层、外围圈层。

（2）公路等时交通圈法。

公路等时交通圈法主要是从通勤、特定交通方式（如高铁）下的区域影响范围、人口占比（如非农劳动力占比）、地理空间可达性、都市圈构成要素等方面进行计算。张亦汉等（2013）通过识别日常通勤圈来界定都市圈空间范围。孙娟等（2014）运用自然断裂点、引力场等方法分别综合界定了南京都市圈、沈阳都市圈的空间范围。清华大学中国新型城镇化研究院在发布的《中国都市圈发展报告 2018》中指出，要以人口规模和国家战略需求为标准选取中心城市，以与中心城市的联系度划定都市圈范围。徐海贤等（2019）将定量和定性方法相结合，从空间结构、交通通勤、交通可达、联系强度、空间形态、经验校核等方面构建都市圈空间范围划定的方法体系。

2. 都市圈空间格局与优化

1）相关理论研究

（1）核心-边缘理论。

核心-边缘理论是解释经济空间结构演变模式的一种理论。1966 年，美国区域规划专家 John Friedmann 在委内瑞拉的区域发展演变特征的研究及 G. Myrdal、A. O. Hischman 等人有关区域经济增长和相互传递的理论的基础上，比较系统、完整地提出这一理论。John Friedmann 提出，区域内的发展通常源于少量"核心区"，由核心区向周边区域扩张，而依附"核心区"发展的周边地区，被称为"边缘区"。该理论结合扩散效应与极化效应对边缘区与核心区的演变机理作出诠释，并阐明了"核心"和"边缘"从孤立到不平衡的联系再到平衡发展的过程（彭翀等，2011）。

（2）中心地理论。

中心地理论是由 W. Christaller 和 August Losch 分别于 1933 年和 1940 年提出的。W. Christaller 定义了"中心地"：向周边地区提供各种服务的地方。中心地所提供的商品和服务的级别决定了中心地的级别,中心地提供的每一种货物和服务都有其可变的服务范围。

基于上述条件,W. Christaller 推导了在理想地表上的聚落分布模式——六边形网络结构,该结构是均质地域和完全竞争条件下形成的节点网络体系。W. Christaller 进而基于市场原则、交通原则以及行政原则分别构建了城镇体系空间结构(图 2-2)。

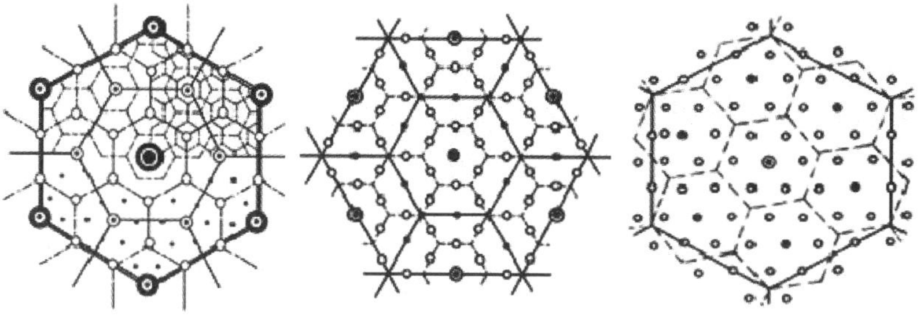

图 2-2 基于市场原则、交通原则、行政原则的六边形网络结构

(资料来源:李小建. 经济地理学[M]. 2 版. 北京:高等教育出版社,2006)

中心地理论模型虽然在数学上近乎完美,但其理论假设与现实世界差别较大。该理论忽视了在城市发展的实际情况中,中心地系统不是封闭的单向系统,而是更趋向于一种网络化的自组织系统,各个等级中心地之间、各个子系统的中心地之间都存在联系。

(3) 网络城市理论。

目前,国内外学者对"网络城市"的定义主要有两种:①网络城市指的是在区域层面经济与人口活动的多中心聚集形式;②网络城市指的是在城市内部经济与人口活动的多中心聚集形式。美国的 Southern Californian 区域和日本的 Kansai 地区被看作网络城市的典型例子。大部分学者更倾向于第一种定义,即区域层面的网络城市(Camagni 等,1993)。

总的来说,网络城市属于"多中心城市区域"的定义,是指两个及以上过去相互独立的城市通过高效的通信设施与交通设施进行连接,形成中心与周边区域互动、相互影响的一体化区域。网络城市具有以下特征:

①多中心、多节点的空间结构;

②节点周围形成具有辐射影响作用的“域面”；

③在功能上一体化，既存在竞争又形成互补的功能网络整合体系（Bertolini 等，2003）；

④由实体联系（快速交通系统）和虚拟联系（通信系统）网络支撑（卢明华等，2010）；

⑤结构更富弹性、组织更为高效灵活的可持续区域。

2）都市圈空间演化过程研究

对于都市圈成长阶段的划分，学者普遍认为都市圈要经历从低级至高级的成长过程。随着都市圈的成长，都市圈的均衡化程度将日益提高，合作和分工的协调性将不断提升，城镇空间的联系日渐密切。比较有代表性的研究成果包括富田和晓的五阶段论、Klaassen 的改进理论及 Peter Hall 和川岛提出的都市圈演进阶段理论。国内研究一般是基于大量实际案例，根据空间形态与演化规律抽象提炼出具有普适性的都市圈空间演化的阶段理论。顾朝林等（2007）立足于世界都市圈发展状况的相关研究，将都市圈空间成长过程分成四大阶段，即雏形期、成长期、发育期、成熟期：雏形期以轴向扩展为主；成长期转向以圈层扩展为主；发育期核心扩散作用增强并形成新的圈域，即全面扩展；成熟期形成多中心均衡的网络化空间结构（图 2-3）。汤放华等（2010）提出区域空间结构由节点、通道、域面三个要素构成，区域空间成长演变经历了四个不同的阶段，分别是节点离散阶段、“点—轴”扩展阶段、“点—轴—面”复合阶段和网络流动阶段。与此类似，林小如（2015）认为区域空间演化一般可以分为低水平均衡阶段、“核心-放射”集聚阶段、“层核化”扩散阶段和多中心网

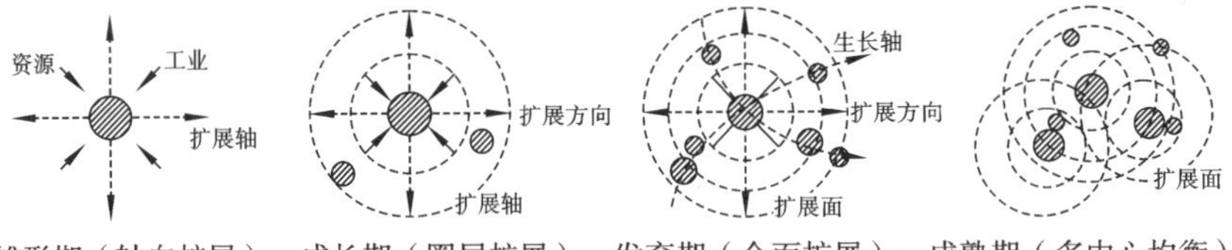

雏形期（轴向扩展）—成长期（圈层扩展）—发育期（全面扩展）—成熟期（多中心均衡）

图 2-3　都市圈空间演化阶段划分

（资料来源：顾朝林，俞滨泽，薛俊菲．都市圈规划——理论·方法·实例[M]．北京：中国建筑工业出版社，2007.）

络化阶段，每一阶段都有与之相适应的空间成长模式。陈斌（2019）认为都市圈大都经历了结核期、整体集聚期、次中心形成期、成熟期四个圈层演化阶段，并且运用引力模型对各圈层作出划分。

3）都市圈空间组织结构研究

都市圈空间组织结构研究多从空间形态、空间关系与空间优化策略三方面展开。

都市圈空间形态典型的特征就是圈层结构。木内信藏最早于1951年提出了“三地带学说”，将大都市地域结构从内到外划分为中央带、郊外带、大都市圈。小林博于1960年根据各圈层功能进行划分，从外至内分别是大都市圈（metropolitan region）、大都市区（metropolitan area）、城市化地带（urbanized area）。国内学者张京祥（2000）认为都市圈的空间组合形态可以有丰富的模式，包括同心圆圈层组合式、定向多轴线引导式、平行切线组合式、放射长廊组合式、反磁力中心组合式等。郑德高等（2017）以上海都市圈为例，将其划分为核心圈层、近域圈层、远郊圈层、外围地区。

空间关系研究强调“流动空间”的概念。交通运输网络通过人流和物流，影响都市圈空间结构（Saberi，2013）。沈丽珍等（2010）基于通勤班次数据、手机信令数据与微博客户端数据解析都市圈空间关联结构特征。韩艳红等（2014）计算南京都市圈的可达性、经济联系度，深入研究南京都市圈空间联系格局。

空间优化策略指通过识别都市圈空间结构的现状问题，进而制定出都市圈要素分布配置更合理的相关策略。于亚滨（2006）提出哈尔滨都市圈空间结构、产业结构、支撑要素、政策管控方面的调控策略。李锐（2014）对外提出了一种新型的关于西安都市圈空间布局优化模式，即“轴线＋多中心”模式。黄金丽（2017）提出苏锡常都市圈空间布局优化格局及调整建议。闫广华（2017）研究了辽宁省都市圈空间结构的演化过程和趋势，提出“雁行”“双子座”“走廊”“同心圆圈层”“多圈层”五种一般模式，并根据辽宁省各都市圈的发展情况提出具体的优化策略。

3. 都市圈空间协同与规划

都市圈由多个规模、等级、条件不同的城市构成，在发展的过程中有许多现实矛盾，如何打破界限、深化跨区域合作、促进资源合理配置、引导大中小城市差异化发展、实现区域协同发展是众多学者和专家关注的重点问题。

1）都市圈空间协同相关研究

“协同”(synergy)源自古希腊，具有“协调合作”的意思，代表的是在一个系统出现改变的情况下，许多子系统的协同一致导致宏观结构发生质变，以此形成新功能、新结构。Hake于1977年站在自然科学的立场深入探究协同，提出协同指开放系统内的所有构成要素持续发生新运动、新反应的一个过程。国内学者也对“协同”的定义进行了探究。刘英基(2012)认为协同是系统内部各个要素之间相互影响、协作以及有机结合的一种状态，注重求同存异、辩证统一，最终达到整体协同效应。程玉鸿等(2013)提出协同发展是各单体城市之间在经济、社会、基础设施、生态环境等方面，借助协作及竞争促进城市群达成一体化目标的一种动态性的演变过程。彭翀等(2018)认为区域协同包括两个层面，一个是城镇(或地区)与次区域之间在空间发展与布局(发展方向、性质与规模、用地布局)、支撑体系(对外交通建设、合理环境容量等)、经济产业发展等方面协同，另一个是城镇(或地区)之间的发展合作与竞争协调。

有关空间协同模式的研究成果颇丰。武建奇等(2007)认为应建立京津冀都市圈双层多核管治模式，强化“管理模式”与“社团模式”，建立“非实体性”行政层面协调机制。初钊鹏等(2013)认为环首都经济圈管治的重点在于构建由多元利益主体协同参与区域协作性公共管理事务的管治模式。张永姣等(2015)从“区域一体化”的视角提出城市群空间节点的组织模式，包括节点均衡成长、首位定向成长、单核多点融合和都市连绵区等。柴攀峰等(2014)认为可通过组团式协同实现“多中心”的城市空间格局。

如何制定协同管治机制一直是理论热点。西方的研究焦点主要如下：①协同发展和经济活动之间的关联性，具体有经济动因、政治动因、市场和边界地区土地利用之间的协调问题等(Pikner,2013)；②突破边界的有效协调机制的建立、管治机构的设置等(Newman,2000)。与西方国家相比，我国的社会、政治、经济背景具有显著差异性，加上利益主体的多方性，这些决定了协同管治的复杂性。根据这种差异，石忆邵等(2001)从行政管理体制、整体利益和地方特殊利益的协调机制、市场作用、规范地方政府行为四个方面提出了长江三角洲地区协调发展的策略。冷志明(2007)在总结省际毗邻地区经济合作与协同发展理论的基础上,提出四个方面运行机制的建设,即动力机制、组织机制、整合机制和利益共享与补偿机制。刘海明(2011)提出,要想建立区域经济利益协调机制,就必须制定并实施约束机制、补偿机制、协作机制,设立区域利益协调机构。刘永敬等(2014)将目前我国区域管理模式归纳总结为四种模式:分区域差别化管治模式、委托代管模式、多层管治模式以及分片区块状管治模式。

都市圈空间协同中的一个关键问题是探讨跨界合作(cross-border cooperation)及基于此形成的跨界区域(cross-border regions)。"跨界"中的"界"指的是行政区划的边界,跨界空间是跨越不同行政区范围的集合空间,跨界空间所包含的跨界主体应该是在地域空间上紧密相连的,跨界空间位于行政边界连接处(图 2-4)。Cappelin(2003)认为跨界空间是都市圈整体空间格局中的关键性联系节点,空间跨界合作在城市和区域空间发展中,有助于减弱或消除中心与外围地区的差异。

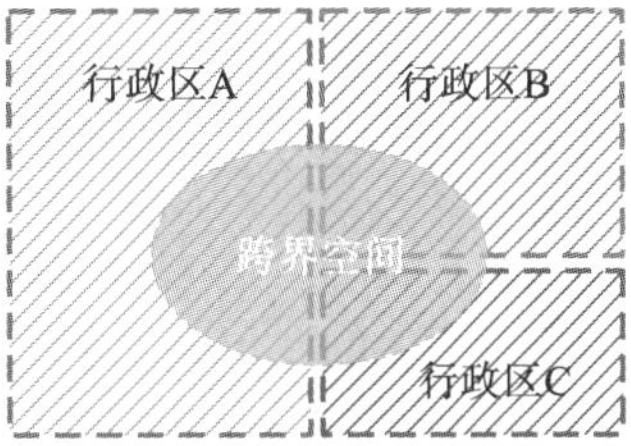

图 2-4　跨界空间示意图

(图片来源:作者自绘)

国内对于跨界空间的研究始于 1990 年前后,我国城市发展形成了跨界新区,以珠江三角洲、长江三角洲等城镇化水平较高、经济较发达的地区为代表。在中西部地区,部分中心城市周边也出现了跨界区域(刘永敬等,2014),这些跨界区域是基于"伙伴关系"形成的。罗小龙等(2007)基于长江三角洲的三个典型案例,认为存在科层式合作、自发式合作以及混合式合作三种模式,进而发现城市合作是一个从信息交流、专题合作到共同市场建设的过程,并且总结出发展的、促销的、协调的、资源共享的和战略合作的五种城市合作类型。高丽娜等(2012)基于创新合作的视角,认为应推进创新要素在跨界区域中的流通和共享,可以通过创新成果的市场交易、创新主体的区际流动、研发项目合作来提高跨界区域创新能力。张云伟(2016)将关注点放在跨界空间中的产业要素上,对跨界产业集群之间合作网络的发生机制、前提条件、制约因子、组成结构、合作机制与演化机理等问题展开研究。一些学者对我国跨界新区的形成机制进行探讨，并依据机制差异对跨界新区进行分类——政策驱动型、互动发展型和市场引领型(刘永敬等，2014)。朱惠斌等(2015)总结了国内外跨界合作的模式，根据合作对象的发展情况分为强弱联合型、增长同盟型、拓展腹地型、协调统筹型。王亮等(2016)以北京和东南环京跨界空间为例，总结了跨界空间增长的四种模式：飞地式增长、双城式增长、互补式增长、竞争式增长，提出通过构建跨界城镇群来重构区域空间。胡跃平(2009)则将研究视野扩展到城市群之间的跨界空间问题，通过构建基于区域性交通的走廊空间、基于生态安全的绿色空间、基于边界效应的节点空间来增进武汉城市群和长株潭城市群之间的联系。

2）都市圈空间规划策略研究

都市圈这一概念源于日本与西方的理论与实践过程，因此对国外典型都市圈规划的梳理总结具有重要意义。从 1958 年第一次空间规划开始，日本东京都市圈逐渐形成多核多圈层地域结构，6 个自立性区域分别承担配置行政、产业、金融、交通枢纽、信息服务等中枢职能，形成多核分化格局。2016 版《首都圈广域地方规划》体现了东京都市圈规划范围由近域走向广域、规划导向从问题导向走向"问题＋目标"导向、空间战略从管控为主走向功能引导、规划抓手从战略举措走向项目行动的新趋势(马璇等，2019)。英国伦敦都市圈从 1944 年的阿伯克隆比大伦敦规划突破同心圆圈层走向区域跨越发展，前后经历了四代新城建设，新城的规模从 3 km^2 扩大到 30 km^2，与中心城距离从 10～15 km增长到 100 km。纽约大都市圈提出几个重点规划目标：建设多中心，致力于中心城市就业及居住的增长；保证可达性，即提供一个全新的交通网络，把重新得到强化的中心城市连接起来，形成联系便捷的系统；通过区域管治促使各个中心和子区域的协调和合作，赋予各地方政府和地方经济更大的活力。

我国都市圈规划实践起源于 1999 年开始编制的《江苏省城镇体系规划(2001—2020 年)》，以及随后的江苏省三大都市圈规划，后续广州、武汉、成都等大城市也相继开展了都市圈规划。从一开始对日本、欧美都市圈规划的模仿借鉴到探索具有中国特色的都市圈理论与规划实践体系，许多学者对都市圈规划的目标、思路、技术方法、实施路径等方面进行了研究。张伟(2003)认为都市圈规划的主要内容包括地域空间结构、基础设施网络、生态建设与环境保护、重点区域协调管治、协调措施和政策研究等方面。罗小龙等(2007)从管治的理论视角探讨苏锡常都市圈规划实施效果,认为协同规划是相关单位建立互信和共识的过程,引导城市在竞争性领域的合作是规划的关键。陶希东(2008)关注跨界都市圈的规划问题,认为可以采用集权型、分权型、均权型 3 种都市圈规划体制。官卫华等(2015)在深入剖析南京都市圈现状发展问题的基础上,提出构建自下而上的规划协同工作新机制,在技术方法上区域空间层面重在建立都市圈规划编制体系,专项规划层面重在适应市场经济条件,厘清有关区域整体发展格局的综合交通、生态保护等城市外部空间规划条件,地区实施层面重在关注跨界地区规划协调,明确分类管控及规划协调要点。马向明等(2019)认为都市圈规划要围绕“人”的需求搭建利益共享机制。陶希东(2020)针对当前我国都市圈规划建设的现实问题,提出构筑大都市圈统计单元、推行都市圈立法、明晰跨界规划组织、健全跨界协调机制的基本思路与策略。2024 年 1 月,自然资源部发布的《都市圈国土空间规划编制规程》正式实施,从政策层面规定了规划编制要点,包括都市圈国土空间现状特征与问题分析、都市圈国土空间重点规划单元识别、国土空间发展目标和布局优化、公共服务设施和居住空间布局、蓝绿空间网络与生态保护修复、综合交通体系布局、文化与自然景观资源保护利用、市政基础设施布局、统筹安全韧性空间等方面。

2.2.2 城市区域空间成长的相关研究

1. 城市区域空间成长过程与演化

目前国内外对于城市空间成长演化的研究主要考察城市建设用地的增长扩张过程,内容包括 3 个方面。

1) 空间成长格局研究

空间成长格局研究是采用多种定量方法,对城市及区域空间扩展的规模、速度、强度、方向等方面的特征和规律进行研究。目前大部分相关研究集中在中国、印度、美国和欧洲(Seto 等,2009)。Fishman 等(1990)以美国的城市群为例,围绕大都市群的空间扩展模式、演化成长过程进行了研究分析。李加林等(2007)基于1979—2005年的Landsat卫星MSS、TM、ETM影像,发现长江三角洲城市表现出“一核二带”、“二核三带”、“四核四带”和“五核五带”的空间成长轨迹。杨俊宴等(2008)分析了长江三角洲地区20世纪80年代以来的建设用地扩展格局,识别出增长的核心斑块呈现依托核心区向周边拓展的态势。王利伟等(2016)采用扩展强度指数、空间关联模型的定量方法,揭示京津冀城市群的时空扩展格局具有以中心城市为核心的圈层扩展特征,并呈现出“先增强、后减弱”的态势。Junliang等(2020)发现珠江三角洲在计划经济向市场经济转型初期,城市群空间扩展率先发生在中心城市之间城乡接合部的廊道区域。

目前对于单个城市的研究主要集中于特大城市和经济发达地区城市。刘盛和等(2000)识别出北京的城镇空间扩展格局为显著的圈层式结构,且具有较强的空间集中性和中心向心性。王厚军等(2008)基于扩展弹性、紧凑度、扩展强度、分形维数及重心坐标等指标深入地分析研究沈阳市空间时序变化特点,结果表明,城市建设用地的扩展强度及规模呈逐年增强的趋势。王妮娜(2012)分析了重庆都市区空间成长的历程,该历程为沿轴线纵向扩展、趋向稳定、轴间横向填充、再次沿轴线向外扩展的过程,总体呈“低速增长—低速下降—高速增长”发展态势。

2) 空间成长阶段研究

通过分析城市空间扩展的时空进程,总结其在空间扩展形态、结构、规模等方面所展现出来的阶段性演化规律,城市空间的演化大体可划分为单中心、多中心和网络化三个阶段。Erickson在对美国14个特大城市展开探究分析之后指出,城市空间的扩展历经了三大发展阶段,即分散—多样化阶段、外溢—专业化阶段以及填充—多核化阶段(王旭,2000)。

国内研究方面,乔林凰等(2008)分析兰州市城市空间扩展时序演变特点,总结出兰州市城市空间扩展历经了三大发展阶段:快速扩展阶段(1990—1995年)、缓慢扩展阶段(1995—2000年)、高速扩展阶段(2000—2004年)。杨显明等(2015)基于发生学视角,利用淮南市历次城市规划用地现状资料和产业发展数据,测算不同时期城市空间扩展形态紧凑度、扩展速度和扩展强度指数,将淮南市整个成长周期分为发生期、成长期、中兴期、转型期4个时期,根据其空间成长的特征又进一步细分为散点发展、节点集聚扩展、飞地拓展、轴向延伸、内向填充、整合优化、区位再造 7 个阶段。

3）空间成长模式研究

经典研究理论基于城市空间扩展演变过程所显现的模式或者表征方式对类型进行归纳概括，城市空间扩展主要有紧凑扩展和松散蔓延扩展两种模式（Hall，1977）。Berry 等（1977）以扩展形态为切入点进行概括性总结，如扇形扩展、轴向增长、多核增长以及同心圆式增长等。Leorey 等（1999）对外提出了边缘或多节点型（edge or multi-nodal）、紧凑型（compact）、廊道型（corridor）三种空间扩展模式。Camagni 等（2002）提出了五种扩展模式，即沿交通线扩展式（linear development）、“卫星城”式（large-scale projects）、填充式（infilling）、蔓延式（sprawl）及外延式（extension）。

国内许多学者提出了各具特色的中国城市空间成长模式。杨荣南等（1997）提出了四种模式，即沿主要对外交通轴线带状扩张、低密度连续蔓延、集中型同心圆扩张及跳跃式组团扩张。何春阳等（2005）根据城市斑块的变化规律总结出线状、面状、点状三种空间扩展模式。马荣华等（2007）利用分形维数、紧凑度指数及空间自相关指数揭示了苏南沿江地区的城镇空间扩展模式变化过程，从以大城市为中心的点状扩展模式转向以融合填充为主导的点—轴延伸模式，直至城镇连绵集聚模式。张波等（2009）比较了长江三角洲地区和环渤海地区的空间成长模式差异，认为长江三角洲地区主要采取城市边缘零散自发成长、经渗透效应连绵成片的模式，而环渤海地区采取大规模版块型成长模式。冯艳（2012）提出了大都市区簇群式成长模式。

学者们关于城市空间扩展模式判识方法的研究不断深入，试图利用各种定量方法对城市的扩张模式及形态进行识别和分类。刘纪远等（2003）利用凸壳原理，将城市空间扩展总结为填充型、外延型、廊道型和卫星城型。李晓文等（2003）则根据城市用地扩展强度曲线，将城市空间扩展分为标准型、被动扩展型、平缓扩展型和不规则扩展型。曹小曙等（2006）界定了城镇用地的综合扩展系数，将穗港城市走廊城镇用地扩展分为剧变型、强扩展型和弱扩展型 3 种类型。吴志强等（2015）认为城市是一个生命体，提出“城市树”理论，对全球 13810 个城市按空间增长曲线边缘进行统计，归纳出萌芽型、佝偻型、成长型、膨胀型、成熟型、区域型、衰落型 7 种类型。

可以看出，目前学者们根据大量城市案例总结出了多样化的空间成长模式，但是由于地域差异性，难以归纳出比较通用的城市空间发展模式。同时，同一个城市在不同成长阶段，可能有多种扩展模式，如在轴带扩展过程中会混合跳跃式组团扩张、外延扩展会与内部空间更新同步、集中同心圆扩展中夹带地域低密度蔓延扩展等情况（孙平军，2014）。

2. 城市区域空间成长机制与动力

研究城市空间成长机制的目的是揭示城市空间成长演化的内外部动因。城市空间的成长往往会受到多重驱动力的影响（周国华等，2007）。张庭伟（2001）强调，城市空间成长涵盖了内部重组与外向扩张，两者相互作用、相互影响，其是由经济力、政策力及社会力三者相互影响与共同作用的结果。王利伟等（2016）通过构建 3 个时段的城市群空间成长驱动力回归模型，发现行政力、市场力、外向力、内源力是推动京津冀城市群空间扩展的四大驱动因子，并且不同的阶段各力的影响强度不同，主要驱动力是交替变化的。总的来说，城市空间成长的驱动力分为自然驱动力与社会经济驱动力（刘纪远等，2005），其中社会经济驱动力涉及人口增长、经济发展、交通条件、政策制度、城市间相互作用等方面。

（1）环境驱动力。

作为城市空间扩展的前提，自然环境条件对城市空间扩展的速度、方向及规模等具有显著影响（孙平军，2014）。除却外力干扰，城镇空间总是规避优质农田或生态敏感区，向着自然和区位条件优越、资源丰富的地区发展（叶玉瑶，2006）。例如重庆市的山水格局限制了城市空间成长的方向与规模，具有在竖直尺度扩展、空间平面尺度蔓延有机融合的特点，且呈团式集聚态势（王妮娜，2012）。吴兵等（2003）认为城市内部存在的未被利用的剩余资源是城市空间成长的物质基本条件，决定了城市成长的速度、方式和界限。如淮南市作为典型的煤炭城市，深受煤炭资源分布的控制，城市空间围绕煤炭企业生长扩展（杨显明等，2015）。

（2）人口驱动力。

人的需求是推进城市空间扩展进程的主要内在动因。随着人口增长，为了增加城市对人口的容纳量，势必要采取空间扩张的措施；随着生活需求的提升，城市居民对生活空间提出了更高的要求。目前，学者大多采用回归分析等定量方法，分析人口规模、城镇化率、人口密度、收入水平等人口指标与城市用地增长的相关性。Li等(2003)通过研究后指出，经济是促进城市用地规模不断扩大的外因，人口密度是推动城市规模不断增加的内因。陈本清等(2005)强调，由于收入的不断增加，人们对产品的需求结构也在发生相应的变化，由农产品逐步转变为服务业与制造业产品，需求结构的不断改变导致城市空间扩展驱动因子的变化。相应的，对污染物排放量、绿化覆盖面积等相关因素的改善可以满足居民对高品质生活环境的需求，进而促进城市用地增长(张金前等，2006；唐亮等，2007)。

(3) 交通驱动力。

交通系统为城市内部物质信息交流和城市间相互联系提供了空间可达通道，为城市空间扩张创造良好的基础设施条件。随着道路交通条件的不断改善，居民的出行距离也在不断增加，城市边界向外扩展，城市外围区域有更大的开发价值与更高的空间可达性，可建设用地的潜在供给量扩大，城市空间扩张的门槛限制减少(杨东峰等，2008)，促使城市空间系统的扩散规模和扩散结构发生改变。边经卫(2009)和付鑫(2011)认为交通承载系统对城市空间扩张有控制性、引导性及分隔性影响，具体有加快城市发展轴产生、为优化调整城市空间结构提供指引、促进城市核心区发展等作用。

(4) 经济驱动力。

经济发展和产业结构调整是中国快速城镇化阶段城市用地快速增长的直接推动力，同时通过刺激城市人口增加和促进城市环境改善间接影响了城市空间成长(谈明洪等，2003)。薛俊菲等(2006)从产业扩散与转移的角度分析城市内部空间更新的机理，提出产业结构的调整置换促进各类生产要素在地域空间中按新的功能要求进行重组，从而引起城市空间结构更新的观点。Dietzel等(2007)经研究后发现，城市用地的增加和经济增长呈正相关，经济的发展对用地规模具有显著影响。Seto(2009)等通过运用Meta分析方法佐证了GDP增长是驱动我国城市扩展的核心力量。高金龙等(2013)认为中国经济经历了以大规模的资源投资与制造业投资为关键驱动力的集聚发展阶段，城市土地需求的不断增加是推动城市空间外部扩张的有效驱动力。孙平军(2014)强调，投资拉动与工业化是促进城市空间扩张的主要力量，然而其作用程度因城市发展阶段不同而存在差异。

(5) 政策驱动力。

城市扩张不是组织、个体遵循个人效益最大化原则进行随意决策的结果，而是会受到社会生产方式以及特定的政治经济结构的改变的影响(刘盛和，2002)，所以从制度体制和政策规划角度对城市空间成长机理进行研究也是重要的学术领域之一。

制度体制通过影响政府、开发商、城市居民、农民等主体的行为，影响一个国家或地区城市空间扩展的特征和模式，被称为城市空间扩展驱动机制的"催化剂"(孙平军，2014)。特别是在中国的政治体制和社会发展背景下，制度与政策的变迁深刻影响了城市空间成长的进程。改革开放以来，以分权化、分税化、市场化为主要特征的体制转型，催生了中国各地城市政府的"土地财政"现象，地方政府成为推动城市空间快速增长的主推手(洪世键等，2016)。孙平军(2014)分析指出，土地出让收益、行政绩效考核等现实因素激发了地方政府的"扩张冲动"，重视城市边缘区和新区开发，相对忽视城市中心的更新发展。在高质量发展背景下，要从本质上转变政府空间治理模式，推动城市实现可持续、稳健发展，中央与地方政府相继颁布了诸多政策，通过制订政府政策、行动计划、规划方案，平衡各方面的利益，使城市空间发展趋于合理(薛俊菲等，2006)。其中，产业政策、土地利用政策、规划管制等都对城市建设用地扩展的规模、方向、速度和质量起到激励或约束作用(王厚军等，2008)。姚士谋(2001)认为国家宏观调控对长江三角洲地区的经济发展和建设用地扩张有正向刺激作用。鲍丽萍等(2009)分析得出国家政策的不连续性、多变性和衔接性较差是导致城市建设用地扩展周期波动的根源的结论。因此，政策在城市空间成长中起着关键作用，是引起城市空间成长周期性变化的主要原因。

(6) 城市网络驱动力。

当今世界，全球化进程对城市的经济和社会变化产生了巨大的影响，城市网络体系间的交互作用是城市空间扩展的一个主要因素。Neal(2011)在对企业数据进行研究之后，具体介绍了全球化发展对城市用地扩张与空间结构形成的影响。Ye等(2005)强调,全球化与改革的交互作用促进了杭州市的空间扩张和重构,城市成长已不是各城市孤立发展,而是在城市之间相互作用影响下的共同发展,并逐渐形成具有网络化组织、层级结构的城镇组群。资金、劳动力、土地等诸多要素的相互作用成为群内城市空间扩张的影响因素(张荆荆,2014)。

张颢瀚等(2012)认为区域中通过交通网络、功能层级网络连通了更多的市场空间,带动了城市的成长,形成了相对稳定但又不断优化调整的区域空间结构均衡体系。焦利民等(2016)以长江三角洲城市群为例,基于交通网络、引力模型和空间句法模型,运用Landsat遥感影像提取建设用地扩张信息,计算空间相互作用力强度与城市空间扩张强度的关系,结果表明:交通网络组织的不断完善对城市空间扩张的影响呈先增强后减弱的趋势,核心城市拉动附近城市扩张的作用力逐渐增强,说明城市间的空间联系起到重要作用。张荆荆(2014)发现城市间相互作用对城镇建设用地扩张的影响是以正向作用为主,但对某些城市是负向的,当城市群进入密切协调阶段时,区域资源得到更高效的配置、土地集约利用程度提高,空间扩张速度将放缓。

总体而言,城市空间成长是多重驱动要素在不同成长阶段交互作用的结果:地理环境是城市空间成长的基础条件和限制因素,经济发展和人口增长是城市空间成长的根源动力,而交通等基础设施、城市规划等政策制度则引导了城市空间成长的模式和方向,城市之间的相互作用进一步影响了城市在区域层面成长的路径和趋势。

3. 城市区域空间成长管理与优化

城市发展既要合理应对空间扩张成长管理的需求,又要适应经济结构优化调整的空间内涵成长管理的需求(陈锦富等,2009)。如何协调城市空间扩张、经济发展和自然环境保护之间的平衡,如何采取合理的政策方针与空间规划策略引导城市可持续成长成为社会实践与学术研究的重大课题。

1) 相关理论研究

(1) 精明增长理论。

精明增长理论由美国的环境学者和城市规划师于20世纪80年代提出,其核心内容如下:①关注存量空间而非增量空间;②城市应以区域整体生态系统的制约控制空间增长边界；③引导和增强废弃、低效用地的再开发效率；④倡导土地的混合与紧凑使用，减少交通运输和设施使用成本；⑤城市增长的可预知性、公平性和成本收益（梁鹤年，2008；唐相龙，2008），并相应形成了一套策略体系（表 2-3）。

表 2-3　精明增长的策略体系

精明增长的策略	精明增长的技术手段
保护开敞空间	规划控制、税收激励、土地许可
成长边界	划定城市成长边界范围
紧凑发展	传统邻里开发、公共交通导向的开发
更新建成区	旧区再开发、棕地再开发、灰地再开发
公共交通	地方、区域公共交通项目
区域规划协调	区域政府、管理机构
资源和负担共享	区域税收、负担共享

资料来源：吉勒姆.无边的城市——论战城市蔓延[M].叶齐茂，倪晓辉，译.北京：中国建筑工业出版社，2007.

国内对城市精明增长的研究基本上是从 2000 年后开始的。理论研究方面，有学者强调，我国城市空间扩展必须充分考虑中国城市发展的特点，切合实际参考"精明增长"原则。具体而言，要强化城市存量土地利用价值；编制城市边缘带土地利用总体规划，并与交通系统规划有机结合起来，倡导 TOD 模式（刘志玲等，2006）。从规划角度，我国城市可采取如下三方面措施：①发展权转移；②明晰城市增长边界；③填充式开发及再开发。实践探索方面，付海英等（2007）建立了耕地损耗模型与城市发展偏好模型，确立泰安市"精明"的空间拓展方向，并对城市不同发展情境下平衡城市发展与耕地保护的规划方法进行研究；任奎等（2008）以宜兴市为例，以精明增长为约束条件，对其土地利用结构进行优化配置研究；雒占福（2009）基于精明增长原则对兰州市空间扩展现状进行评价，并从公交导向、城市边界、保护生态、土地紧凑开发几个方面提出优化策略；刘克华（2011）利用元胞自动机模型，设置两种情境模拟预测泉州市中心城区未来建设用地需求量，估算建设用地的增量和存量供应潜力，进而构建精明增长下城市用地扩展调控体系，包括引导土地利用、调整建设用地工序方式、优化产业结构布局、划定城市发展方向与增长边界等。

(2) 城市成长经济理论。

城市成长经济理论是通过对企业成长展开研究之后逐步形成的。成长经济理论具体由企业动力能力论、企业资源基础论以及企业知识基础论三大板块构成。就城市而言,城市成长和企业成长之间存在显著区别,但企业成长亦具有可借鉴之处。在工业化社会阶段,聚集经济效应是城市经济增长的核心力量,而聚集经济需要的外部条件包括:健全的要素市场、科学的投入关系、知识与技术的溢出效应(曹宗平,2009)。上述诉求均指向了内生资源的挖掘优化配置。因此,城市成长经济理论的核心观点是:对自身未利用资源的挖掘和已有资源的整合是城市成长的根基。张波等(2003)对过去城市发展研究中规模学说的不足之处进行了阐述,指出静态城市最优规模与城市的动态发展之间存在冲突,仅采取以规模定政策的方式指导城市发展建设科学性不足。梁兴辉(2004)认为城市成长经济的实现需要合理的成长战略思想的引导、优质的成长政策环境的支撑及不断优化创新。此外,有学者认为城市成长的主要动力一方面源于城市内部资源基础,如基础设施承载能力、人力资源储备、文化环境、综合自然环境、公共服务设施容量、科技及信息以及城市土地资源拓展等,另一方面受外部规制和环境影响较大,因此需要从城市的资源基础、动力能力和知识积累三方面推动城市成长(张波等,2008)。唐任伍等(2017)提出中小型城市"内生互惠"成长模式,认为中小型城市内在通过优化自身要素配置提高生产效率,外在通过城市间互惠网络替代层级控制。

2) 空间成长管理政策研究

20世纪60年代,美国的许多城市都面临着无限制成长而引发的"城市病",试图采取各种管控方式抑制城市无序蔓延,城市空间成长管理问题逐步进入学术研究和社会实践视野(陈锦富等,2009)。城市空间为城市成长管理的客体,管理目的是通过政策调控城市空间成长,促进社会、城市经济、环境实现可持续、协调发展,具体的方式包括管理政策工具和运行保障制度。

(1) 管理政策工具。

美国城市土地协会(Urban Land Institute,ULI)指出,成长管理是指政府通过使用各类传统和演进的工具、活动、技术及计划,对地方的土地使用模式、速度、区位及性质等进行有针对性的指引。为实现对城市空间成长的调控与引导，必然需要创设各种政策工具。

以美国为例，各地结合自身的情况普遍进行空间成长管理的创新和实验，所采用的政策工具如表 2-4 所示。国内研究方面，李景刚等（2005）、冯科等（2008）对我国使用的一些空间成长管理政策工具的可操作性以及操作方式进行分析与讨论。一部分学者重点关注空间增长边界划定与规划内容、方法与管理的结合，还有学者研究如何基于基础设施引导、公众参与、环境评价及公交优先等理念，合理使用可转移土地开发权及城市增长边界等成长管理工具。

表 2-4　美国所采用的空间成长管理政策工具总结

抑制（引导）成长类	保护土地类
城市空间成长界线	公共征购土地
增长率限制	社区土地信托
环境影响报告	土地保护税收激励机制
设定城市最终规模	公共土地银行
足量公共设施要求	预留开敞空间
设定成长标准	购买开发权
调整分区控制指标	税收激励机制
投机开发限制	农田专区
住房消费限制	开发权转移

资料来源：吕斌，张忠国. 美国城市成长管理政策研究及其借鉴[J]. 城市规划，2005，29(3)：44-48，54.

（2）运行保障制度。

城市空间成长管理是国家、地方政府、开发商、居民多维主体之间的动态博弈过程，通过规划、税收、土地、法规制度进行规范保障（吕斌等，2005）。不同政体与意识形态下的城市空间成长管理制度设计不同，主要分为政府调控和市场主导两类（表 2-5）。不论哪类，重要的是协调各部门分工，明晰各层次空间规划的衔接关系，确保城市空间成长管理制度的高效执行。

表 2-5 部分国家城市空间成长管理制度简表

<table>
<tr><th rowspan="2">国家</th><th rowspan="2">管理模式</th><th rowspan="2">控制手段</th><th rowspan="2">空间规划层级</th><th colspan="2">空间规划体系</th><th rowspan="2">法律体系</th><th rowspan="2">规划衔接</th></tr>
<tr><th>土地规划</th><th>城乡规划</th></tr>
<tr><td rowspan="3">英国</td><td rowspan="3">政府调控</td><td rowspan="3">土规合一</td><td rowspan="3">1 类
3 级</td><td colspan="2">国家规划政策框架
NPPF(国家级规划)</td><td rowspan="3">《(土地)利用分类令》
《总开发令》
《城乡规划法》</td><td rowspan="3">法定刚性</td></tr>
<tr><td colspan="2">地方发展规划
LDP(地方规划)</td></tr>
<tr><td colspan="2">邻里发展规划
NDP(社区级规划)</td></tr>
<tr><td rowspan="4">德国</td><td rowspan="4">政府调控</td><td rowspan="4">土规分离</td><td rowspan="4">2 类
4 级</td><td colspan="2">联邦发展规划</td><td rowspan="4">《联邦空间规划法》
《联邦建筑法》
《州国土空间规划法》
《州建设条例》</td><td rowspan="4">法定刚性</td></tr>
<tr><td colspan="2">州域发展规划</td></tr>
<tr><td colspan="2">区域发展规划</td></tr>
<tr><td>地方土地利用规划</td><td>地方建设规划</td></tr>
<tr><td rowspan="5">美国</td><td rowspan="5">市场主导</td><td rowspan="5">土规合一</td><td rowspan="5">1 类
5 级</td><td colspan="2">区域综合规划</td><td rowspan="5">各州立法</td><td rowspan="5">法定刚性</td></tr>
<tr><td colspan="2">州综合规划</td></tr>
<tr><td colspan="2">城市综合规划</td></tr>
<tr><td colspan="2">城市区划</td></tr>
<tr><td colspan="2">土地利用规划、城市设计等</td></tr>
<tr><td rowspan="4">加拿大</td><td rowspan="4">政府调控</td><td rowspan="4">土规合一</td><td rowspan="4">1 类
4 级</td><td colspan="2">省级规划</td><td rowspan="4">市政府法案
《规划法》
《冲突协调》</td><td rowspan="4">法定刚性</td></tr>
<tr><td colspan="2">城市总体规划</td></tr>
<tr><td colspan="2">区划</td></tr>
<tr><td colspan="2">分块开发规划</td></tr>
<tr><td rowspan="3">日本</td><td rowspan="3">政府调控</td><td rowspan="3">土规合一</td><td rowspan="3">1 类
3 级</td><td colspan="2">国土综合开发规划</td><td rowspan="3">《城市规划法》
《建筑标准法》</td><td rowspan="3">法定刚性</td></tr>
<tr><td colspan="2">国土利用规划</td></tr>
<tr><td colspan="2">土地利用基本规划</td></tr>
</table>

续表

国家	管理模式	控制手段	空间规划层级	空间规划体系		法律体系	规划衔接
				土地规划	城乡规划		
新加坡	政府调控	土规合一	1类2级	概念规划		《1990规划法》	法定刚性
				开发指导规划			

资料来源：罗超，王国恩，孙靓雯. 我国城市空间增长现状剖析及制度反思[J]. 城市规划学刊，2015(6)：46-55.

现阶段，我国关于城市空间成长管理的运行保障机制尚处在初步研究阶段。魏莉华(1998)强调，应遵循财产所有权的法权制定土地用途管制制度。王国恩(2005)提出在我国"议行合一"的政治体系下，城市空间成长管理制度的价值观应坚持公平与效率的统一关系。陈鹏(2009)指出，现阶段我国高度集中的土地控制政策未涉及土地产权制度，不能及时地反映各个地区土地的供需关系，不利于土地要素的市场化配置。刘宏燕等(2007)认为，要把空间管制分区和有关保障措施有机结合起来，从空间管制、指导理念及施行措施三方面入手建立我国城市规划应用的总体框架。罗超等(2015)在反思我国城市空间成长管理制度的基础上，提出了几点建议：①在权力架构上要理顺纵、横向权力划分；②在空间规划体系上，建立完善规划体系，完善空间规划衔接机制。

3）空间成长优化策略研究

(1) 空间增长预测研究。

城市空间增长预测研究大体分为用地规模预测与用地时空扩展模拟两类，常用技术模型包括多智能体模型(multi-agent system，MAS)与元胞自动机模型(cellular automata，CA)等。

基于CA模型的城市空间动态模拟研究基本是从以下两点展开的：①重建城市发展过程，对城市未来发展的趋势作出预测；②模拟城市空间演变过程。Tobler(1979)利用CA模型对美国五大湖地区底特律的扩展进行模拟分析。Herold等(2003)基于CA研发了一种成熟度更高的城市模型，即SLEUTH模型，该模型的改进之处主要体现在将定义参数的复杂过程向简单的迭代运算转化。我国最早对CA模型进行运用研究的专家包括周成虎等

(1999)和黎夏等(1999),前者较为系统地引入、介绍了地理元胞自动机模型;后者则在CA模拟中引入粒子群算法、人工神经网络算法、蚁群算法以及遗传算法等,并成功地开发出GeoSOS系统。目前,CA预测指标以人口和社会经济指标居多,如固定资产总额、人口规模及地区生产总值等(邱道持等,2005;刘学伟等,2007)。寇晓东等(2006)基于适应性CA模型的城市增长仿真模型,从局部城市单元的自适应和宏观外部约束条件变化两方面模拟西安城市的增长过程。龙瀛等(2008)提出了集成考虑近邻约束条件、规划控制约束条件、空间约束条件及宏观社会经济约束条件的综合约束CA城市模型。刘翠玲等(2015)构建了基于约束性CA的BU-DEM-JJJ模型,采用Logistic回归和MonoLoop集成的方法建立了CA的状态转换规则,模拟京津冀区域尺度的城镇空间扩张。

多智能体模型(MAS)通过对许多个体的微观行为进行观察与模拟,进而对城市和区域发展进行动态模拟和预测(Benenson,1998)。目前,MAS在城市土地利用变化、城市商业形态、城市形态演化等诸多领域得到了大范围运用。如薛领等(2003)对城市空间演化进行模拟,对许多微观主体非线性相互作用引起的宏观空间结构的演化过程进行研究分析;李新延等(2005)关注城市用地演变机制,采用MAS技术构建一个可用于模拟城市用地演变的模型;张鸿辉等(2012)以连云港市中心城区为例,基于联合"自上而下"和"自下而上"决策行为的视角,进行了3种目标情景下的城市增长情景模拟;谢中凯(2015)设计了以居民、工业、开发商和政府为智能体的城市空间增长多智能体模型,运用体现智能体间交互作用的学习型函数,选取影响城市空间增长的土地驱动因子进行空间化。

除CA和MAS这两种应用较广的模型之外,Logistic回归方程、人工神经网络、分形理论、灰色系统理论、CLUE-S模型、支持向量机模型(肖汉等,2010;石海洋,2010;余婷等,2010)、最小累积阻力模型(张有坤等,2012;李平星等,2014)等方法在城市空间扩展模拟中也得到了较多应用。

(2) 空间边界控制研究。

设置城市空间扩展在地理位置上的边界限制,在控制城市增长和维持城市生态格局方面具有重要作用。城市增长边界的划定不仅可以从边界规模和边界形态两方面入手，还应考虑到城市发展战略等政策引导作用。目前，多采用CA、SLEUTH和CLUE-S等城市模型及多情景设置方法来确定空间边界的规模和范围。国内学者认为，边界的划定应注重综合考虑自然资源条件和生态敏感性，同时应融合国土、林业、文化、农业等部门，弹性地划定城市增长边界的范畴，不能单纯借鉴发达国家的概念（刘海龙，2005；冯科等，2008）。在划定方法上，除了借鉴国外的部分城市模型，同时还应综合环境敏感性分析、土地适宜性评价、城市承载力分析、生态安全格局分析等来确定增长边界的规模和形态（何春阳等，2010；沙鸥，2011；周锐等，2014；匡晓明等，2016）。

城市空间增长边界的管理实施方面，美国的控制政策基本上是自下而上地划定中期增长边界，制定配套税收政策、区划政策、附加单元建设政策、公交导向开发政策、公共设施充分供应政策和基础设施改进计划等。国内目前主要是自上而下地通过宏观政策手段如土地利用规划、城市规划来引导、控制城市建设用地增长。钟式玉（2012）提出要将城市增长边界作为主线来整合国土、农业、林业、生态环保等各类规划的内容。林坚等（2017）探讨了在多规合一背景下，划定城市开发边界、建设用地规模边界、产业区边界、永久基本农田保护红线、生态保护红线，衔接“两规”管控手段，保证边界管控的刚性和弹性。

(3) 空间优化模式研究。

城市空间成长的优化和引导需要通过合理的空间组织、结构模式来实现。张忠国（2006）认为对于城市空间成长的管理应该从空间发展方向及模式控制、土地资源总量控制、产业空间发展与布局控制、空间开发时序控制4个方面入手，并以青岛市为例提出生态指向型、产业指向型、港口指向型、海湾指向型、卫星城指向型5种空间成长模式。有学者提出城市空间扩展应基于区域整体视野，采用引导型界外混合开发模式、控制型界内高密度开发模式及限制型绿带低强度开发模式（李翅，2007）。黄晓军等（2009）从城市增长模式、空间优化布局、耕地与生态系统保护及交通体系建设等方面入手，制定了可用于管控城市无序扩张的有效措施。金鑫（2010）通过构建“复合通道”交通走廊引导大城市簇群式空间成长，并对空间成长方向、空间组织结构、空间形态提出优化策略。李辉等（2014）提出构建适合区域层面的组团式都市区空间组织模式，推动城市从单中心的闭塞体系转变为有多个中心的开放系统。

2.2.3 空间成长力评估的相关研究

从成长力的角度去解析、评估城市空间，目前并无直接相关的研究成果。但是城市空间一直是城市地理、土地管理和城市规划学界的重点评估对象，现有文献对城市空间开展了多维度多方法的研究，大体可归纳为两类：一类是基于发展现状，即对空间发展水平的评估；另一类是关注未来趋势，即对空间发展潜力的评估，为综合维度的城市空间成长力指标体系的构建提供了参考。本书对相关研究成果进行梳理，以期在评估维度、评估体系构建、评估指标选取、评估方法等方面得到帮助。

1. 空间发展水平评估

空间发展水平评估主要是考察现状空间状态的“好”与“坏”，而评判标准为空间发展是否符合既定目标，是否与城市经济、社会、生态发展相匹配。一部分学者关注城市空间形态与结构的科学性及合理性评估。以“紧凑城市”“精明增长”思想为代表的主流观点认为城市空间应该符合紧凑集约的发展目标，该目标的内涵是城市外部空间形态与内部空间功能的紧凑统一。城市外部物质空间形态紧凑度的研究成果丰富，目前已形成一系列量化模型指标，如Richardson指数、Cole指数、Gibbs指数等（吕斌等，2013）。内部空间功能紧凑度、组团空间距离及功能活动联系（金丽国等，2012），可以通过土地利用强度、密度，产业紧凑度（方创琳等，2008），交通紧凑度与可达性（毛广雄等，2009；林小如，2015），以及用地功能混合度、人口密度、服务设施配置（吕斌等，2013）等指标来测度。城市空间结构方面，从1943年Eliel的有机分散理论设想，到Harris和Ullman于1945年提出的“多核心模式”理论，以及20世纪后期，欧洲、北美及日本引入卫星城、副中心，城市空间发展主导趋势从单中心结构逐渐转为多中心空间结构（杨振山等，2008）。众多学者针对多中心空间结构的识别与测度展开了研究，如利用人口密度模型（孙斌栋等，2010）反映城市形态多中心，以“等级-规模”分析等来测度城市“自给自足”程度（Hall等，2006），以建成区平均人口密度、密度剖面梯度及日常出行模式等来反映空间形态的多中心程度（Webster等，2004），以土地价格、交通设施密度、夜间灯光强度等要素反映多中心结构特征（张亮等，2017），利用商业服务设施数量与密度来识别城市中心(吴康敏等,2016)。

城市空间形态与结构评估关注的是空间作为物质实体的特性,但是社会特性与生态特性也是需要关注的方面。因此,城市空间发展水平评估逐渐发展为包含社会、经济、生态等要素的综合性评估,其中具有代表性的是空间发展质量评估和空间发展效益评估。城市空间发展质量评估包括空间利用质量、生态环境质量、道路交通质量、基础设施质量几个层面。夏南凯等(2013)通过交通便捷指数、空间集约指数、生态适宜指数、设施完备指数对空间进行测评;李哲睿等(2019)利用大数据考察城市用地活力、用地集约程度、用地环境质量、用地发展质量。城市空间发展效益评估则是从空间的综合利用效益角度出发,考察城市空间是否能合理配置各类空间资源,从而最大限度地满足城市各项功能的发展需求(颜文涛等,2012)。韦亚平等(2008)提出了绩效密度、绩效舒展度、绩效人口梯度、绩效 OD 比 4 个指标,分别考察生态绩效、社会经济绩效和交通绩效;陈睿(2007)通过考察制度结构、规模密度、形态结构、社会经济结构、创新结构来测度空间结构;车志晖等(2012)采用模糊评价法则对影响城市空间的社会经济、空间形态、流通空间、生态安全 4 方面要素进行评估;陈有川等(2012)从城市空间形态的经济性、城市空间布局的科学性、城市空间特色的地域性、城市空间增长的有序性 4 个维度进行了城市空间扩展的合理性评估;吴一洲(2013)从治理结构、资源配置及制度环境维度构建了关于城市空间演化绩效的研究指标体系;刁星等(2015)构建了包含资源环境绩效系统、制度创新绩效系统、社会结构绩效系统、经济绩效系统以及空间形态绩效系统等的综合指标体系;席广亮(2017)提出基于大数据的空间评估框架,包括动态监测评估、宜居与可持续性评估和规划实施成效评估,运用了要素流、手机信令等多源数据。

值得一提的是,近年来越来越多的学者将"城市生命体"概念引入城市综合评估,认为城市是由多个子系统组成的复杂生命体,可以利用多源大数据动态监测城市的生命体征、诊断问题,与本书的研究角度是契合的。柴彦威等(2018)基于多源大数据,构建了整合城市活动-移动系统、城市人口系统、城市运行系统、城市环境系统 4 个系统的城市体征诊断指数体系,该指数体系可分解为底力、动力、压力、活力 4 个维度;林文棋等(2019)以上海城市体征监测为例，提出从城市体检到动态监测的分析模式，构建包含属性指数、动力指数、压力指数及活力指数在内的多维指标体系。这类对城市的综合研究并不直接指向空间，但评估内容涉及空间活力、空间容量、空间密度等方面，值得借鉴。

2. 空间发展潜力评估

空间发展潜力既取决于先天自然资源所提供的基础保障，也受后天社会经济条件、发展理念、政府行为等方面影响。评估城市空间特别是生态空间的开发潜力与承载力是当前研究的热点，其中以资源环境本底评价、承载状态评价及预警评价最为常见（向芸芸等，2012）。李雪英（2004）建立了一套拓展条件适宜性评价的方法框架，而“拓展适宜性”概念的实质就是潜在增长条件。陈芳淼等（2015）通过评估生态服务价值供给能力进而估算土地资源承载力；贾克敬等（2017）对地质灾害、水资源约束、生态用地、地形限制及农用地等会对土地建设开发产生影响的要素进行筛选，测算出土地资源承载力；赵志威等（2017）从城市用地的“供需关系”出发，通过确定不同资源环境约束程度下的城镇建设用地供给规模和极限需求规模，深入研究城镇建设用地的保障情况；对于生态要素，岳文泽等（2019）认为除了从生态重要性与脆弱度两个方面进行评估，还应该评估生态服务价值，包括生态系统提供的物质产品服务价值、生态调节服务价值、生态文化服务价值（杨保军等，2019）。金燕等（2016）选取物质生产价值、水源涵养价值、旅游休闲价值、降解污染物价值等 9 个指标衡量国家生态旅游示范区的生态价值；杨朕凯（2016）以林地为研究对象，认为其具有制氧固碳价值、涵养水源价值、空气净化价值、土壤保持价值、防护价值、旅游观光价值、生物多样性价值；张文远等（2019）选取了调节服务、供给服务、支持服务、人文服务作为主要评价指标，并进一步建立生态系统服务价值评估模型。

对于城市后天发展条件的评估，罗中华（2010）以湖南省多个城市群为研究对象，通过比较历史时序中的空间与非空间指标，判断城市群未来成长的趋势；戴芹等（2005）对北京市分别采用定性和定量的空间分析方法，评价了其未来城镇空间增长的潜力水平。但这些研究过于偏重非空间的社会经济要素的评价而忽略了空间要素，卢雄雅（2012）提出应全面、均衡地考察空间与非空间的评价要素。王寅（2015）将城镇空间增长潜力转换为潜在增长速度并予以表述，建立了包括省域城镇用地规模有效增长理论模型、省域城镇空间增长的可持续内在动力理论模型、潜在有效增速理论模型在内的综合模型，测算空间增长潜力。

以上大部分研究的评估对象实际是城市空间"增长"的潜力，即空间所能承载城市发展的极限能力，关注的是空间的规模而非质量。在当前城市空间转向高质量发展的背景下，空间发展潜力是指空间既有稳定持续的生产能力，又有与社会、经济、环境协调发展的综合潜能。因此，一些学者从"可持续性"角度来评估空间发展潜力。如丁建中等(2009)以生态、资源与经济三要素为评价导向，选取生态重要性、自然灾害易损性、水环境风险、景观破碎度、土壤质量、水资源供给保障、可利用土地资源、人口集聚度、经济发展水平、交通优势度10个具体指标对泰州市空间开发潜力进行了评价和分级；张赛(2013)认为经济、社会、生态系统可持续性及三者的协调性是评价城市空间增长的主要依据；夏方舟等(2014)引入数字立体空间潜力模型，综合采取经济需求分析、适宜性评价及限制修正的方式，建立了基于山水视野约束的立体空间开发评价模型与方法；何韵(2019)综合经济及生态因素，建立以资源环境承载力、开发强度、经济发展潜力为准则层的评价指标体系，运用网络层次分析法与三维魔方模型评价环珠江口海岸带各区域空间发展潜力。

3. 评估模型与方法

1) 权重确定方法

现阶段求解权重的方法包括主观赋权法、客观赋权法、主客观组合赋权法。

(1) 主观赋权法。

主观赋权法是根据决策者(专家)主观上对各属性的重视程度来确定属性权重的方法。常用的主观赋权法包括专家咨询法(Delphi 法)、AHP 层次分析法、特征向量法、最小平方和法等(Chu 等，1979；Hwang 等，1987；Diakoulaki 等，1995)。专家咨询法是由多位专家讨论共同决定各指标的权重值情况，而 AHP 层次分析法也是利用专家打分，并且通过数据计算最终生成各指标权重值。主观赋权法虽然能够反映对评估系统的综合认识，但可能会因为主观认知不全面造成评估结果与实际情况不符。

(2) 客观赋权法。

常用的客观赋权法有主成分分析法、CRITIC法、熵值法、离差法及均方差法等(王明涛,1999)。其中使用频度较高的是熵值法,熵值法基于熵的概念,熵是对不确定性的一种度量,信息量越大,不确定性越小,熵也就越小。基于熵的特征,可采取求算熵值的方式对一个事件的无序程度与随机性进行判定,亦可结合熵值对某一指标的离散水平作出判定,指标的离散水平越高,此指标对综合评价产生的影响越大。

(3) 主客观组合赋权法。

为了兼顾评估专家的主观经验和指标的客观信息,使评价变得更加真实、合理、有效,基于主客观组合赋权法的研究成为焦点。此类赋权法是对系统分析的思想的一种重要反映。其中也包括引入折中系数或者偏好系数,对主客观权重进行简单的线性组合(郭亚军,2002;王中兴等,2003)。此外,应用较多的还有最大离差法、区间理论法、密切值法、最小二乘法(陈华友等,2004;毛红保等,2007;王文娟等,2008)等。从整体上看,现阶段主客观组合赋权法的研究仍不完善,有待进一步系统研究。

2) 综合评价方法

综合评价方法是运用数学函数将多个评价指标值转化为一个能够反映整体情况的综合值,根据各评价方法所依据的理论基础,大体可分为三类。

(1) 基于运筹学与其他数学理论的方法。

常用的此类方法包括模糊综合评价法、数据包络法等(Kandil等,2002)。模糊综合评价法是结合模糊数学的定义对实际问题作出评价的一种方法,然而此类方法仍依赖专家的主观判断,且无法解决评价指标间相关性过高造成的信息重复问题。数据包络法(Cullinane等,2005)是以“相对效率”概念为基础,结合多指标产出与投入展开相对效益评价的一种系统分析方式,其通过使用数学规划模型,算出比较决策单元之间的相对效率,客观评价各评价对象,并且可以从技术效率与规模效率进一步分析影响数值高低的原因与机制。数据包络法作为非参数方法,优点是将评价对象作为决策单元,建立模型前无须对数据进行无量纲化处理,规避了生产函数的构造问题,缺点是不能提供评价单元的实际发展指标。

(2) 新型的评价方法。

常用的此类方法包括人工神经网络法与灰色关联度分析法等。人工神经网络法(Firat 等,2009)是对人脑结构及其功能进行模拟的一种信息处理系统,也是在功能与微观结构上对人脑进行简化、抽象,模拟人类智能的一种有效方式,如并行信息处理、学习、联想、模式分类、记忆等。通过分析大量数据之间潜在的规律,推算新的数据计算的结果。由于人工神经网络法具有自适应、自组织能力,所以适用于评价大型复杂系统。其缺点在于对经验数据有着相当高的要求,且需要许多模拟样本,因此应用范畴有限。灰色关联度分析法使用原理为:结合样本数据列和几个比较数据列的曲线几何形状相似程度来判断各个数据序列间联系的紧密性。灰色关联度分析法度量了一个系统发展变化的态势,适合动态过程分析,但其评价结果与关联系数权重赋值存在密切联系,权重值不同,对评价结果产生的影响也会有所不同。

(3) 混合方法。

混合方法就是综合使用几种不同的评价方法去解决同一个问题,能够对评价对象做出更为全面的评价,如模糊层次分析法、模糊神经网络评价法。模糊层次分析法简单来说就是层次分析法和模糊评价法的结合,首先运用层次分析法对各个因素进行权重赋值,然后建立判断矩阵,将系统中各因素之间两两比较,确定其相对重要程度,最后通过综合重要度的计算,将各种可能方案进行排序,筛选出最优方案。模糊神经网络评价法将模糊化的数据输入神经网络,通过神经网络的学习能力提取模糊规则,既利用模糊系统弥补了神经网络分析不善于处理不确定信息的缺点,又避免了模糊系统数据处理时推理速度慢、精度较低的问题。

2.2.4 武汉都市圈空间发展的相关研究

1. 武汉都市圈空间演化格局

在对武汉都市圈空间演化格局较早期的研究中,传统的城市引力模型被用来测度武汉都市圈经济联系(颜俊等,2010)。鄢小兵等(2015)运用修正的引力模型和城市流强度模型,测度识别武汉都市圈经济空间联系呈现“单核向心、单轴扩散”的模式特征。其他学者运用统计学、经济学、地理学中的数理分析方式对武汉都市圈空间格局进行研究。卢明珠等(2013)的研究表明武汉都市圈空间自组织现象明显，具有规模分布较均衡、城市分布交通指向性明显、城市空间关联较弱、城镇体系内各城市向中心城市高度集聚等基本规律与特征。关兴良等(2012)利用 Landsat 数据，观测武汉都市圈的城镇用地空间扩张情况，用地扩展格局呈现以武汉为中心的圈层状形态，分析了其不同扩展阶段空间轨迹与特征，包括多点“开花式”均匀扩展期、散点“离心式”缓慢扩展期和集聚“首位式”快速扩展期。王海羽等(2015)利用 DMSP/OLS 夜间灯光数据，分析了武汉都市圈城市化进程和空间拓展特点。李凯等(2016)从人口和经济两个维度动态识别了中国三大城市群 2000—2010 年空间集聚与扩散的阶段特征和一般规律，其中武汉都市圈受到更多的政策性引导，正以武汉、宜昌、襄阳为支点形成初具规模的城市群，人口扩散比经济扩散更为滞后，呈现“核心都市区中心市—核心都市区外围县—城市群次圈层—城市群外围地区”空间梯度扩散的发展趋势。匡兵等(2016)运用洛伦茨曲线和偏移份额分析法分析了武汉都市圈 2001—2011 年城市用地结构的时序演变特征和空间配置差异，结果表明武汉都市圈城市用地规模扩张明显、结构调整频繁，其中居住用地、对外交通用地、道路广场用地和绿地属于增长性结构，公共设施用地、市政公用设施用地、工业用地、特殊用地以及仓储用地属于衰退性结构。王海军等(2018)基于 1990—2015 年武汉都市圈土地利用现状数据对其城镇空间扩展的时空格局进行研究，发现具有明显的波动性和阶段性，不同时期的扩展区域呈现出不同的形状，如扇形、U 形等，各城市主要扩展方向没有一致性，呈现出小城市扩展向大城市聚拢的特征，用地扩展的源头以耕地转换居多，此外还涉及林地、农村居民点、水域及其他建设用地。

对武汉都市圈城市的研究以武汉市为主。黄亚平等(2011)对武汉都市发展区 1992—2008 年 6100 多幅出让转让宗地进行定量分析，将武汉市空间成长过程分为孕育期和形成期两个阶段，并总结了内聚型发展、非均衡发展、边缘-轴线生长规律。孙娟等(2014)通过对武汉市人口与空间发展的分析，发现武汉市目前人口集中于中心城区，而近域的六大新城组群则出现空间快速增长和人口相对滞后的发展现象。部分学者总结提出了武汉都市圈小城镇发展路径与模式，包括城市带动、城镇互动、城乡联动、区域导控 4 种模式（胡跃平，2009）。

2. 武汉都市圈空间优化策略

关于武汉都市圈空间格局优化模式，不同学者基于自己的研究角度提出了建议。王珺（2008）在其学位论文中对武汉都市圈空间结构演化及特征进行了分析，基于新区域主义理论提出网络城市系统模型来优化武汉都市圈空间结构。方创琳等（2008）基于中心地理论提出了武汉都市圈的点轴空间整合模式和三圈层空间整合结构。胡跃平（2009）认为武汉都市圈不同的发展阶段应建立适应其空间发展重点的空间结构，采取相应的空间策略，进而从流动空间、边缘空间及生态安全空间 3 个方面开展武汉都市圈与长株潭城市群空间协同的研究，提出走廊空间联系模式、边际空间联系模式、绿色空间联系模式 3 种空间协作模式。郑伯红等（2011）认为武汉都市圈目前的空间结构有利于将武汉培育成强大的核心城市，但不利于周边城市的长远发展，应采取联合组团城市、突出特色功能、突出核心作用等空间整合措施。朱俊成等（2012）基于共生思想提出武汉都市圈应构建“核心-枢纽-组团之核、轴、区、带”多中心城市-区域结构。

近年来，城市群空间整合、空间成长问题成为热点。郑迎春（2012）从政治学的视角提出了“同圈同构、同圈同理、同圈同制”的跨界治理理念、结构和制度框架。一些学者基于“低碳创新”的视角研究城市群系统空间布局，提出需要从产业、区域、跨区域等层面进行空间布局，即加强产业层面的低碳技术创新空间关联、区域层面的低碳知识创新空间关联、跨区域层面的低碳文化创新空间关联（陆小成，2012）。周沂等（2013）基于“3D”研究框架（density，distance，division）分析认为武汉都市圈应重点考虑发挥集聚效应，提高群内经济密度，通过快速交通建设缩短各城市之间的距离。张博野（2015）基于对武汉都市圈空间演化特征的分析判断，提出区域整合的思路与路径，包括促进增长中心极化、培育重点发展轴线、形成枢纽网络结构、组织成长发展圈域等。

3. 武汉都市圈空间支撑领域

（1）交通网络体系。

交通网络体系是影响城市区域空间发展的一个重要因素，两者存在互动耦合的成长演进关系。从作用机理来看，交通网络体系对武汉都市圈空间扩展起着重要的支撑和推动作用，武汉都市圈空间扩展在“量”和“质”上对交通运输提出了新要求，刺激并保障了交通网络体系的发展；从政策机制来看，交通网络体系的空间不均衡是造成区域经济发展水平差异的重要因素，制定差别化的交通发展战略和一体化的交通网络体系是加快区域经济增长和缩小地区差距的重要途径(关兴良等，2014)。张博野等(2015)研究武汉都市圈高铁、城际铁路、地铁(简称“三铁”)的空间效应问题，结论表明“三铁”枢纽对武汉都市圈的服务范围呈现明显的“核心-边缘”形态，“三铁”线路对武汉都市圈产生的空间效应集中在节点城市，如武汉市、咸宁市、孝感市和黄冈市。“三铁”的进一步建设将强化武汉都市圈极化与扩散兼有的空间格局。刘承良等(2013)从节点重要性、可达性、集聚性3个方面定量揭示了武汉都市圈道路网的空间异质性，认为武汉都市圈道路网空间呈现“中心-边缘”和“等级圈层”的复合结构，并识别出两条城市交通走廊。其团队在2014年对武汉都市圈县域道路通达性的空间演化规律研究中进一步印证深化了之前的研究结论：县域通达性演化基本遵循距离衰减律，呈中心-外围的环状分异，具有强空间集聚性，形成明显的等级圈层结构；空间供给与人口和经济需求保持密切耦合，与地形地貌分布具有宏观上的对应性和一致性。

(2) 产业发展组织。

梳理武汉都市圈产业发展研究的相关文献，余斌等(2007)认为武汉都市圈是一个松散的“经济联邦”，武汉市的经济聚集程度较高，没有对附近城市形成显著的扩散效应。武汉都市圈处在发展的聚集阶段，其回流效应远比扩散效应大得多(杨梦楠，2013)，但存在区域整合的产业、空间和创新基础。刘承良等(2009)定量评价比较了武汉都市圈与沿海三大都市圈的空间竞争力，认为武汉都市圈综合竞争力处于落后地位，但在对外经济联系、产业结构竞争力和圈域居民素质指标上表现出较为明显的优势。曾菊新团队对武汉都市圈产业空间开展了一系列研究，定量评价各城市在2000—2010年的产业结构优化绩效及其产业发展的实际影响(万庆等，2013)。陈竹(2007)分析了武汉都市圈产业合作现状条件，系统地研究产业合作的资源基础、制约因素、产业现状、合作现状与群内优势产业，提出产业合作模式与产业梯度转移方式。余斌等

(2007)提出了一种基于产业集群的创新网络空间组织优化的思路，构建基于市场联系的产业集群网络，通过武汉市的辐射带动，促进区域创新的空间均衡发展，提升城市圈的创新能力和核心竞争力。方创琳等(2008)提出了建设15个产业集群和7大特色产业带的产业发展与布局思路，提出了成员城市之间产业分工协作的方案。刘宇辉等(2012)探讨了产业资源在武汉都市圈武鄂黄黄发展带的空间配置问题。蒋子龙(2012)探讨产业特征、区域特性与产业地理集中格局的关系，提出武汉都市圈产业重组与空间组织优化途径。

(3) 生态文化发展。

梁滨等(2013)认为武汉都市圈应构建"轴-辐"旅游地域组织系统，确立枢纽轴心(中心节点)，构建多级枢纽空间格局。方创琳等(2010)采用生态状况诊断模型分析了武汉都市圈空间扩张与生态环境质量变化的关系。结果表明，伴随城镇用地扩张，城市群生态环境质量先降后升；城市群除仙桃市外各市生态综合评价指数均缓慢下降。袁俊等(2005)分析了武汉都市圈旅游资源的空间结构特征，结果表明武汉都市圈的A级景区在空间分布上属于集群型分布，空间结构上呈核心-边缘的非均衡分布态势。王志勇(2013)以武鄂黄黄城市密集区为案例，在测度其生态空间状况的基础上，提出其生态空间存在的问题及未来合理的生态空间格局。朱媛媛等(2015)基于文化信息流的表征，分析武汉都市圈城乡文化的空间结构，明确提出了在转型期多要素作用下城乡文化整合与城乡文化空间整合的概念，创新性地构建了城乡文化整合测度的修正引力模型。

2.2.5 相关研究综合述评

1. 基础理论可借鉴性强，需结合空间规划理论进一步拓展完善

城市生命体理论和企业成长力理论为认知城市提供了全新的视角。城市生命体理论中对于生命体成长发育特征和生命周期的论述有助于人们理解城市空间成长的复杂性和动态性。企业成长力理论论述了企业成长发展的核心问题——成长力体系的内涵、层次和构成，对构建城市空间成长力理论体系具有极大的借鉴意义。

但是现有的城市生命体理论、企业成长力理论及由此衍生的城市成长力模型对于城市“空间”这一关键要素的探讨较少，缺乏对空间成长规律、模式、影响因素的总结。实际上，空间成长是城市生命体成长最重要、最直接的方面，空间成长力的构成要素更多、更复杂。因此，在研究与实践过程中，应建立现有城市空间研究需求与城市生命体理论、企业成长力理论之间的连接，将其与城市空间规划理论相结合，进一步拓展完善当前的城市理论体系。

2. 都市圈研究成为重点，仍需顺应新趋势探讨不同的区域案例

都市圈是当前城市区域理论和实践中的重点研究对象，大量学者在厘清都市圈概念内涵、认知都市圈空间演化规律、优化都市圈空间格局和构建都市圈规划管理体系方面贡献了丰硕的成果。目前我国的都市圈内部城市之间存在两极分化严重、资源分配不均、分工协作不到位、低水平同质化竞争严重、跨界区域管理无序等诸多问题，制约了都市圈的高质量一体化发展。针对这些问题，目前的学者虽然已从理论和实践两方面进行了大量研究，但是一方面由于我国都市圈空间发展面临生态文明导向的政治逻辑转变和资源环境约束下的发展逻辑转变，从目标理念、机制框架、技术方法到组织实施都需要顺应趋势进行创新和变革；另一方面我国都市圈数量众多，都市圈类型、规模、发展情况存在差异性，所以仍需拓宽研究案例的广度和深度，因地制宜地探索不同都市圈的空间发展模式、路径和规划方法。

3. 城市区域空间成长研究丰富，成长力评估模型与指标体系待构建

目前对于城市空间成长的研究，偏重空间成长的动力机制与成长模式研究，已经总结形成一些有普遍意义的规律和模式，研究方法和数据来源也呈现多维多元化的发展趋势。已有的大部分成果主要是研究外延式的扩张，对城市空间出现的内涵式成长甚至收缩现象研究尚处于起步阶段。对于城市成长力的概念内涵、结构模型和构成体系还有待进一步完善，且目前量化评估研究存在几个问题。①单一要素居多，综合评估较少。具体表现为地理专业关注空间形态、结构、组织的优劣；土地管理专业侧重建设用地的供给与配置；环境专业着重测度山、水等自然资源要素对空间发展的承载能力；规划专业着眼于城市空间的社会经济综合效益。②现状水平评估较多，趋势潜力测度较少。③评估在指标选取上以静态、片面的非空间指标为主，缺乏动态、全面的空间指标。

因此,应在现有研究基础上根据城市空间成长力的内涵与构成要素,明晰评估模型的构建思路与逻辑,明确评估指标的筛选原则与方法,同时考量城市复杂系统的空间和非空间指标,反映城市空间成长的现状水平和趋势特征。

4. 武汉都市圈空间研究趋于同质化,需回应发展新需求

目前武汉都市圈空间演化与现状的研究成果较为丰富,并已形成一些共识性的结论,如"核心-边缘"结构、圈层拓展模式、武汉市为绝对核心等。后续的很多研究基本都没有跳脱这些既定认知框架,只是在延续原有研究思路的基础上进行一定的补充完善,缺乏整体全面的空间格局认知和优化模式研究,特别是缺少对未来空间成长趋势的评估与研判,并且存在关注对象多为武汉市、鲜少关注圈内其他中小型城市的问题。当前,中国式城镇化进入都市圈高质量发展的新阶段,武汉都市圈的发展出现了许多新问题和新需求,如圈域空间整合及协同问题、武汉市核心强化需求、圈内大中小城市差异化成长需求等,需要从理论和实践层面探索新理念、新方法、新路径来解决和应对。

2.3 都市圈空间成长力的理论解析框架

2.3.1 空间成长力的内涵

1. 空间成长力概念的产生逻辑

(1) 理论依据:城市生命体、企业成长力理论的借鉴与延伸。

生命体都有一定的形体特征,城市生命体的形体特征通过实体空间的形态、结构、模式来表现。城市生命体要素如人口、经济等都负载于城市的空间实体,城市文化、经济、社会等诸多子系统的发展也会在空间上投影。因此,城市空间也具有显著的生命特征,会随着城市生命体的生长发育而成长演化。可以说,城市空间成长是城市生命体成长最基础、最直接也是最直观的方面。

成长力,即生命体成长发育的能力,是生命存在、发展的基本条件。成长力实际是生命系统要素的一种激活状态,是系统实现特定的功能所必需的。

生物从胚胎发育、组织和器官的分化，逐步成长为成熟的个体。这种复杂但具有高度智能和适应性的有机体的成长，主要是由成长需求促进和推动的生命体内部机构运转(路德维希·冯·贝塔朗菲[①])，机体内部通过组织、器官的联络、运作对外部供应的能量进行吸收、调动和转化，积累并增强为自身的成长力。综上，生命体的成长力有以下特征：①成长力是生命体存在、发展的核心能力与根本动力；②成长力反映生命体的成长需求；③成长力具有独有性、异质性；④成长力是一种优势组合。

企业成长力理论也借鉴了生物学领域对生命体成长力的理解，认为企业成长力是通过学习积累改变内部组合和秩序以获得成长的动力，这意味着企业需要不断地适应外部环境并从中获得适合自身发育条件的资源，以形成相应的能力，并使其成为不可被模仿替代的竞争优势。企业成长力反映了企业的综合实力，预示了未来的发展前景。

企业和城市都是由人这个基本生命单元构成的生命有机体，具有新陈代谢、适应环境、生长发育等生命特征，以及一定的生命周期。现代企业理论认为企业的本质是人与人之间的合作生产、交易关系的总和[②]，其基本的分析单位是个人，包括生产要素的提供者和产品的消费者。城市因人而生，因人而兴，其实质是人类及其活动集聚形成的相对独立的空间综合体。这种相似性在城市和企业之间建立了联系，可以借助企业成长力理论研究城市的成长发展，一部分学者据此提出了改进的城市成长力模型。季斌等(2007)第一次基于成长力视角，建立了都市圈的评价体系。罗世俊等(2009)认为城市成长力包括成长潜力、成长实力、成长基础。其中，成长潜力是支撑城市发展的内在力量，成长实力是城市社会经济水平的系统体现，成长基础是城市成长的重要平台。林源源等(2009)将“成长环境”纳入城市成长力的评估体系，认为其是成长的外在支撑条件。其后，一些学者逐渐尝试通过城市成长力模型对城市空间的发展态势进行分析(韩玉刚等，2010)。

---

① 路德维希·冯·贝塔朗菲(Ludwig Von Bertalanffy，1901—1972)——美籍奥地利理论生物学家和哲学家，一般系统论的创始人。

② 张维迎. 企业理论与中国企业改革[M]. 北京：北京大学出版社，1999.

但是，城市生命体系统更加复杂，并且涉及“空间”这一关键要素。空间成长力的来源与构成要素更多、更复杂。现有的企业成长力理论以及由此衍生的城市成长力模型并不涉及“空间”这一关键要素，因此本书借鉴了城市生命体理论中对于生命体的成长规律、成长力作用与特征的理解，参考企业成长力理论中对成长力的概念内涵、结构层次的解析并将其延伸到城市规划专业的主要领域——城市空间的研究，结合城市空间自身的特点提出城市空间成长力这一核心概念，既是对城市生命体理论和企业成长力理论的拓展延伸，也是对城市空间规划理论的补充完善(图 2-5)。

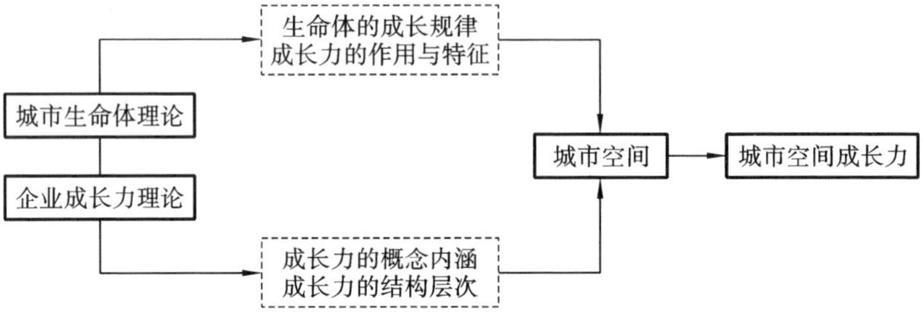

图 2-5　城市空间成长力的理论依据

(2) 现实需求：为国土空间规划的开展提供理论与方法支撑。

2018 年末，随着国家机构改革的落地，各类“空间”规划整合后形成“国土空间规划”。习近平总书记特别指出，一方面要做到对国土空间开发与资源环境承载能力进行适宜性评价，另一方面要对国土空间开发保护格局进行合理谋划，确保空间开发秩序的规范性与合理性。国务院于 2020 年 3 月对外发布了《国务院关于授权和委托用地审批权的决定》(以下简称《决定》)，文件的主要精神是相关农用地转建设用地审批事项的权力下放，此次《决定》呼应着一个大趋势，即建设用地的供应要与人口流动的方向一致。城市空间“以人为核心”的时代到来，城市的发展目标是吸引、容纳更多的人，并且使人民在城市空间中实现个人的全面发展。国家宏观政策背景和城市发展逻辑的转变对空间规划提出了新的要求：全面把握影响国土空间演变的科学机理，在认知地域功能形成和演变规律的基础上，制定合理的评估指标体系，从而对地域功能及由地域功能组合而成的空间格局有一个科学的评价，进而提出基本目标实现的途径与政策工具（樊杰等，2021）。

面向国土空间规划需求，国内相关学者提出了多种评价方案，但是大部分都集中在对指标体系的构建及计算方法上，缺少对构建指标体系的理论基础研究，导致评估的逻辑缺乏（岳文泽等，2019）、国土空间属性的认知不明（张京祥等，2019）、部分指标在城市层面可操作性不足（顾朝林等，2019）等问题。因此，本书研究基于两方面的现实需求：①城市空间成长力理论框架为认知城市空间演变规律和多元属性提供了理论支撑，也是构建空间成长力评估体系的基础；②城市空间成长力指标体系为国土空间"双评价"的修订完善提供了新的技术路线和技术方法。

2. 空间成长力的概念与特征

1）城市生命体的空间成长

"成长"（growth）源于生物学，指生命体随着时间的推移向着更积极、更完善的目标生长。本书在前人研究思考的基础之上，结合前文对城市空间的概念进行解析，认为城市空间成长是将以人为本的高质量发展作为导向，以生态环境承载能力为底线，以满足人的发展需求为目标，通过控制外部空间发展的规模和形态、调整内部空间功能结构，实现各类资源在空间上的合理配置，促使城市在空间上向最优状态发展的动态过程。根据对"城市空间成长"所下的定义，可进一步解读其内涵。

（1）空间成长既有"底线"也有"上限"。

一个城市所处的自然生态环境可供人类利用的资源越充足，空间成长的余地就越大。山水林田湖草为城市居民提供的基本生存保障是不可突破的生态底线。同时可利用资源具有有限性，一旦突破自然环境的最大承载限度，整个城市系统会面临崩溃。因此自然资源禀赋既是城市空间成长的基础条件，也是城市空间成长的限制因素，城市空间不可能无限扩张，当受环境制约达到成长上限时，需要通过自我调整来突破上限以实现不断成长。

（2）空间成长是"规模"与"质量"的统一。

城市空间成长的过程是外在空间表征与内在空间功能的持续优化及两者协调发展的过程。在城市空间发展达到饱和状态之前，城市空间范围是不断增大和外扩的，这一过程也伴随着原有内部空间的调整利用。当空间扩张无法带来递增的规模效益时，城市空间成长以空间结构的不断优化、空间功能的不断完善(如交通功能、经济功能等)、空间利用效率的不断提升为主。因此，空间成长就与空间增长完全区别开来，空间增长是一个数量概念，空间成长是“质数统一”的概念。

(3) 空间成长是主动适应需求的过程。

空间成长源于城市自身对空间发展的需求，其根源是人的发展需求，而人的需求是随着个体发展及外部环境的改变而不断变化的，城市会主动感知与适应变化，最大限度地获取、选取并利用自身条件与外部资源，通过自组织形成更合理、稳定、有效的空间组织秩序，最终决定了空间成长的路径轨迹。从城市个体角度来讲，城市空间总是处于动态演化之中，通过重组、扩张或收缩等方式取得与环境相互适应的关系；从城市体系角度来讲，城市之间形成的网络环境为个体城市的空间成长带来了条件、机会和约束，而个体城市的空间发展又会促进城市环境网络的稳定、协调发展，城市在不断与外界进行的物质、能量交流中实现个体和群体的空间成长。

(4) 空间成长是波动向上的阶段性过程。

在一定程度上，所谓“最优状态”并非终极目标，只有阶段意义。阶段意义的实现建立在上一阶段的基础之上，同时又为下一阶段的运行做准备。为满足不同阶段的发展需求，城市空间会不断地自我更新、淘汰、修复，达到与当前阶段需求相适应的平衡状态，直到平衡被打破进入下一个阶段，这一过程是平衡与非平衡循环上升的波动过程。城市空间在不同的阶段既有空间的扩张、集聚和更新，也会出现空间的紧缩、停滞甚至衰亡。但无论以何种形式表达，都是城市生命体根据当前状态所做出的调整与完善。在不断的发展中突破原有状态的制约，在与外界环境的能量交换中注入新的因素，使城市空间成长整体保持向上的进化趋势。

2) 城市空间成长力的概念特征

城市空间成长是通过不断地自我完善以突破现有的成长阶段，进入下一个成长阶段的过程。这意味着城市需要不断地适应需求变化，从中获得适合自身发育条件的资源并形成相应的能力。城市空间的成长与能力相辅相成，互相促进，这就形成了城市空间的动态能力——空间成长力。空间成长力是城市空间成长的核心能力与根本动力，它反映了城市空间存在和运转的状态，这种状态为其适应环境、维持其功能和形态演进等成长过程提供基本的保障条件；它是城市空间主动适应性能力的体现，通过自我完善并调节需求变化引起的不平衡，使城市获得可持续的成长动力；它同时是城市空间成长潜力极限的体现，决定了城市空间是否能维持当前的成长状态、是否能突破当前的成长阶段。从区域层面解析，城市之间形成的网络环境为个体城市空间成长力的形成、提升提供了能量与资源，个体城市空间成长力的改变又会影响周边其他城市及环境的改变，进而产生群体效应。因此，城市空间成长力与其所在的城市体系或区域关系密切，城市群内各个城市空间成长力的水平决定了城市群整体的空间成长发展。由此，总结城市空间成长力的概念特征如下。

(1) 城市空间成长力是成长条件、水平、潜力的综合体现。

城市空间成长力的概念蕴含着过去、现在、未来三个时间维度的含义：①过去时间段的成长条件是成长能力形成的基础；②过去时间段的成长能力累积到当前时间段的空间成长能力，当前时间段的空间成长能力是过去时间段的空间成长潜力的显化；③当前时间段的累积成长能力又成为未来空间成长的条件，是今后某个时间段的空间成长潜力的显化。因此，城市空间成长力既反映了当前城市空间成长条件，又反映了城市空间总体实力水平，还能体现未来某个时间段的城市空间成长潜力，在区域层面能作为预测城市体系未来空间发展态势的依据。

(2) 城市空间成长力是由多层次多要素构成的系统。

城市作为一个巨系统，内部主体需求的多样性和外部环境的复杂性决定了城市空间成长是一个涉及多主体、多系统的过程。在这一过程中，各个行为主体的交互产生了各种需求，需要形成与之相适应的成长力来满足这些需求。

(3) 城市空间成长力是一个具有阶段性和相对性的概念。

构成空间成长力的诸多要素在成长过程中的作用是不断变化的，不同阶段起主导作用的要素是不一样的，不同阶段各类要素的作用效果是不一样的。城市空间成长力需要不断适应内、外环境因素的变化，并随之调整，动态变化的空间成长力才能与城市空间发展的阶段需求和目标相匹配。

城市空间成长力是动态变化的抽象概念，只有通过测度的相对性才能被具象感知，也就是需要与其他城市的成长力或是与自身过去各个阶段的成长力进行比较，才能够被客观认识。

3）相关概念辨析

（1）空间增长与空间成长。

从表面词义来讲，空间增长是一个数量概念，“增长”更接近“increase”的含义，偏重规模的扩大、数量的增加，形态上表现为空间范围的扩张；空间成长相对于增长来说是一个更为中性的概念，并不强调规模数量绝对值的增加，因此空间成长不一定是空间的扩张，也有可能是空间收缩，更强调质量而非规模。从内在含义来说，城市空间增长与空间成长作为两种发展模式，在价值观导向、发展目标、发展重点及空间表现方面都是有差异的（图2-6）。具体来讲，城市空间成长始终以人为核心，在城市空间发展达到饱和状态之前，城市空间范围是不断增大和外扩的，但当空间扩张无法带来递增的规模效益时，城市空间成长以空间结构的不断优化、空间功能的不断完善（如交通功能、经济功能等）、空间利用效率的不断提升为主。因此，空间成长是空间增长的结果和目的，但空间增长不一定带来必然的空间成长。

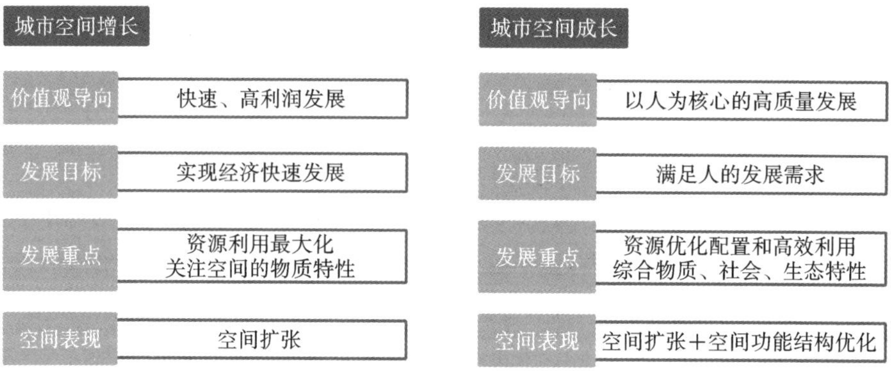

图2-6　城市空间增长与城市空间成长的辨析比较

（2）成长力与竞争力。

倪鹏飞（2001）强调城市竞争力是相比于其他城市所具有的特殊吸引要

素，以及利用环境更快地创造财富、为其居民提供福利的能力。许学强(2006)认为城市竞争力既体现了综合比较优势，又涵盖了以吸引、集聚和配置资源要素能力为主的动态竞争优势。

成长力与竞争力在概念定义上的相同点在于：两者都是一种持续的动态能力，都是由多种能力构成的体系。不同点在于：①竞争力是一种比较优势，而成长力源于城市生命体自身的成长需要；②竞争力更多的是现状发展实力的体现，而成长力包括了未来发展的潜力和动力；③竞争力强调城市之间的竞争关系，而成长力则建立在城市之间分工协作的基础上；④成长力面对外部环境影响时，能够保持拥有稳定适应、完善提升的机能，强调城市作为一个生命体的主观能动性。

(3) 成长力与潜力、动力。

成长力的概念包括过去、现在、未来三个时间维度的含义，它反映了城市空间存在和运转的状态水平，当前的水平既是过去某个时间段的成长条件的显化，又是城市空间适应环境、维持功能和形态演进等成长过程的保障条件，通过自我完善、调节需求变化而引起的不平衡，获得可持续的成长动力，同时还是城市空间成长潜力极限的体现。

动力从词义上讲是推动事物前进和发展的力量，成长力的作用也是推动城市空间成长阶段演替，从这一点上来看两者是相同的。不同点在于，成长力是城市空间的成长条件，而成长条件中的某些要素如自然环境，并不是在任何阶段、任何情况下都对城市空间成长起着推动作用，有时反而是限制要素，就像人受到先天禀赋限制(如身高、体重、寿命)而不会无限成长一样。如作为城市空间发展动力之一的经济要素，当生产要素、生产方式不能满足城市发展需求时，同样也会变成限制要素。所以，成长力从定义内涵来讲，比动力更全面，更能反映城市空间发展的复杂性。

因此，成长力与潜力、动力是包含关系，潜力是成长力内涵中面向未来时间维度的组成部分，动力是成长力内涵中反映其作用的组成部分。

3. 空间成长力的阶段表征

1) 城市空间成长的阶段特征

城市空间作为城市生命体的组成部分，会随着城市生命体的生长发育而成长演化。在城市生命周期的不同阶段，城市空间会形成与当前阶段相适应的结构、模式、形态。因此，城市空间成长也具有明显的周期阶段规律。目前城市生命周期的划分主要是“五阶段”论，与此相对应，城市空间在这五个阶段会表现出不同的外部形态与规模增长特征以及内部功能结构演替特征。

从城市群体角度，个体城市之间存在着功能上的互补与竞争、空间上的隔离与邻近及资源的共享和限制等。在同一时间截面上，各个城市不会处在同一个成长阶段，个体城市尤其区域核心城市的成长和进化，会对周边城市产生巨大影响，这种影响的扩散、累积最终推动城市群共同成长，因此在一段时间序列中，群域空间也会表现出不同的特征。

(1) 初生期——低水平均衡与分散式成长。

在初生期，新的集聚点产生，人口迅速向城市集中，但此时经济发展也处于发展初期，生产力水平低下，以农业经济为主，因此城市规模普遍较小，空间扩张速度、强度相对较低，总体上处于低水平的均衡状态。此时城市空间没有明显的优势区位和空间扩展轴向，以面状扩张为主，由于初生期的城市空间范围较小且内部功能还未完全分化，居住、商业、工业等功能混杂集中布置(图 2-7)。从区域层面看，城市之间的联系较微弱，每个城市基本处在孤立成长的状态，没有产生等级结构分异。

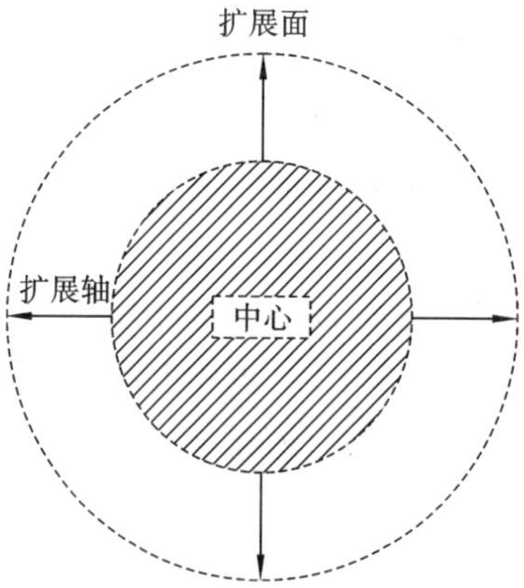

图 2-7　初生期城市空间成长模式

(2) 发育期——集聚扩散作用下快速成长。

在发育期的初始阶段，集聚仍然是空间成长的主要驱动力。由于集聚经济利益的存在，以追求最大利润的厂商和最高效用的居民的均衡决策会随之向集聚效益高的地方集中(汤放华等，2010)，刺激经济和人口的增长，因此对土地的需求激增。为了适应大规模的扩张，以土地开发和基础设施为主要内容的公共服务设施建设展开，为城市发展提供基础，进一步吸引各类要素向中心集聚，导致城市空间快速向外扩张。通过循环累积过程，各类要素由外围向高态势区位迅速极化，形成明显的增长中心，表现为城市空间的单中心结构。

空间集聚到一定程度，就会出现集聚不经济的问题，此时城市外围地区也具备了一定的发展条件，使部分产业和人口开始由中心向外围扩散，这一现象亦被称为郊区化阶段。部分产业为适应市场和发展需求的变化在外围寻找新的区位，居民由于偏好分化也产生了集聚空间的分异，向城市外围迁入的人口增多，各类要素在外围新的区域集聚，成为新的增长点。同时基础设施特别是交通设施的改善，改变了沿线地区的可达性与区位条件，引导人流、物流转向新的集聚点，使交通干线沿线成为空间扩展的优先地区。此时城市空间成长具有明显的轴带指向性，表现为带状、星状、指状、簇群状等外部空间形态。城市空间功能在这一阶段开始分化，服务业与部分产业仍集中于中心区，依赖规模集聚效应的产业布局在中心区外围，居住区进一步分散化，出现经济活跃期的另一种扩展形式——飞地型，即在城市中心外发展新城或工业开发区，多中心的城市空间结构逐渐形成(图 2-8)。在整个发育期，“集聚—扩散—再集聚—再扩散”使空间不断成长演化。

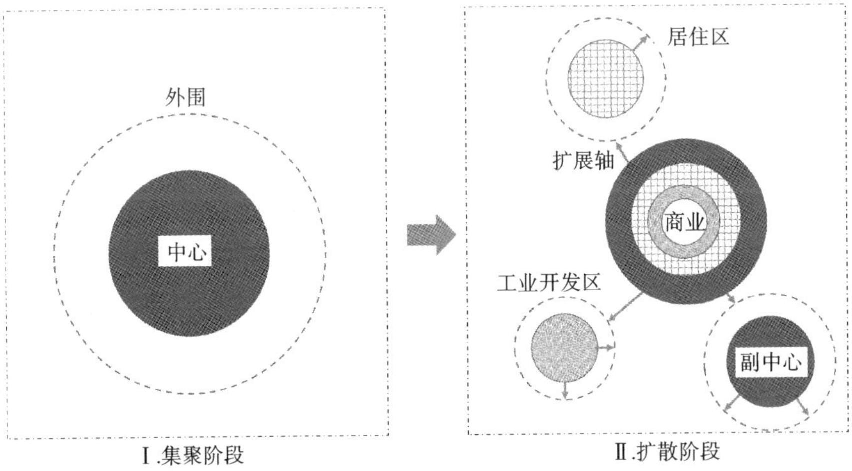

图 2-8　发育期城市空间成长模式

从区域层面看，城市与城市之间的点轴联系已经形成，主要城市的集聚强化和轴带扩散联系并带动了周边的中小城市发展，开始有中心城市和腹地城市的区别，形成具有一定结构功能和分工协作的城市组群形态，此时的空间功能结构还不够紧凑，比较松散。

(3) 成熟期——渐进式内向填充更新成长。

经过发育期的快速成长后，城市空间成长的速度与强度逐渐变缓，空间不再是大规模的增长，而表现为宏观稳定状态下的渐变发展。此时城市的经济、人口和空间发展处在一个相对协调平衡的状态，但仍具有向多个方向发展的可能性，这种开放性在空间形态上表现为渐进的外部扩张和集聚程度的增加，结构上表现为对原有结构的延续，内部功能上表现为不断复合调整。城市空间的优势拓展轴在这一阶段趋于稳定，随着空间距离的增大与种种限制因素，轴向发展的经济效益迅速下降，此时开始集中填充发育期形成的伸展轴之间还未开发的轴间空地，城市空间形态开始从星状、指状、簇群状向团块状转变(黄亚平，2018)，多中心空间结构更加稳定，并形成多个功能圈层(图 2-9)。此时城市的社会、经济也处于较高的发展水平，产业结构不断优化、居民生活不断丰富，由此产生新的需求使城市空间通过自我更新进行适应性调整。这种更新一般是城市内局部空间功能的调整，许多城市提出的"旧城改造""棚户区改造""退二进三""双优化"等工程都属于这类范畴，具体表现为城市空间利用效率提升且功能更加多样化、复合化。

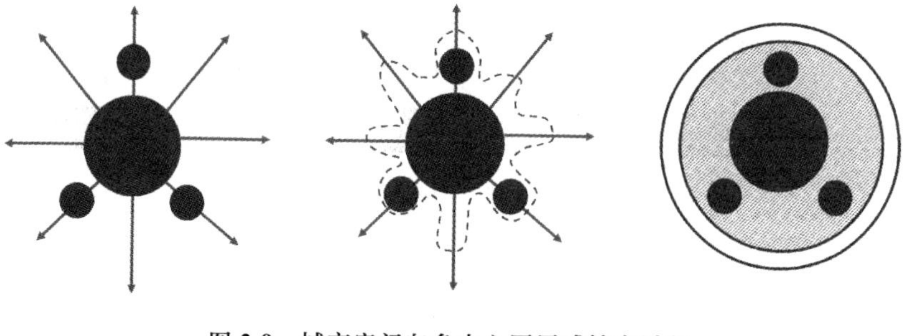

图 2-9　城市空间向多中心圈层式转变过程

成熟期的城市人口总体趋于稳定，有微小波动，但是交通设施的改善和技术进步使人口的流动性增强。城市之间的人际流动加强了资金、信息等要素的联系，中心城市对于各类要素的集聚和支配能力进一步增强，此时区域内的城市形成了较为稳定的等级结构，周边的副中心城市与节点城市承担相应的配套与补充功能，城市之间有较为紧密的分工协作关系网络。

(4) 衰退期——功能性停滞或收缩式成长。

衰退是一个相对于增长而言的概念，当受限于城市空间当前的承受能力和调节能力，无法满足新的发展需求时，会引起城市内部某一片区乃至整个城市的空间衰退。纵观人类发展史，到目前为止城市总体来说仍处于发展阶段，但从 20 世纪后期开始，在郊区化、全球化、局部金融危机和社会转型的交叠影响下，部分城市已经出现了明显的经济衰退、人口减少现象(吴康等，2017)。阳建强(1996)将城市衰退的类型分为三类：第一类是物质性老化，指建筑和设施功能性衰退；第二类是功能性衰退，指城市超负荷运转，整体机能下降；第三类是结构性衰退，指城市结构不适应发展变化的要求，由发展不平衡引起城市老化衰退。物质性老化常见于城市的老旧片区，即空间设施的老化与功能退化，不能满足居民的使用需求，导致空间品质和空间活力的下降。功能性衰退在资源型城市中较为常见，此类城市发展依赖水、矿产、煤炭等自然资源，当城市发展超出自然资源的承载能力时，就会出现城市空间衰退现象。结构性衰退较为典型的例子有东北老工业区，人口持续外流、地方财政收入增速缓慢，少数城市甚至出现了增长停滞和负增长现象。处在衰退期的城市空间增长非常缓慢甚至停滞，城市内部空间“空心化”，表现为部分地段建筑房屋空置、空间结构无序、空间品质下降、空间功能退化、人口外迁等。

虽然导致空间衰退的原因很多，包括宏观政策调整、环境变化、产业转型等，但根本原因是城市社会经济发展与空间发展的不平衡，若这种不平衡长期无法调节，城市最终就会步入衰退的终极状态——死亡。对于城市生命体而言，局部地区的衰退具有一定积极意义，为内部更新提供了条件，同时由于城市生命体具有自我调节和适应能力，空间整体资源和结构的调配能够弥补和修正局部的损失与偏差，大多数城市会在衰退过程中孕育新的机会而获新生。对于城市体系而言，若干城市的衰退可能是城市网络体系达到协调稳定状态过程中的正常新陈代谢现象。因此，应当以发展的眼光看待衰退，当城市空间成长进入衰退期时，关键是城市如何根据当前阶段做出自我调整与完善，避免走向死亡。

(5) 进化期——渐变突变交替超越式成长。

“进化”在生物学中是指种群里的遗传性状在不同世代之间的变化。在1859年出版的《物种起源》第一版中，达尔文用“经过改变的继承”(descent with modification)来阐释进化的概念。城市生命体的进化是与衰退相对应的，当原有的城市无法承载新的发展需求，城市系统的整体效率下降、发展出现停滞或衰退时，旧的结构逐步瓦解，新的结构从原有结构中逐渐游离出来，发展成为一种潜在的形式，并在继承原有结构优势特点的基础上不断吸收新的要素，重构成为更能适应新环境的结构形式，使城市达到比上一阶段更好的生命状态。生物的进化通过遗传漂变与基因突变两种形式来实现。城市系统局部的调整完善积累到一定程度，会表现为整体的城市升级，因此渐变是由量变积累引发质变的过程。以上海市为例，上海开埠前在经济发达的江南地区还算不上中心城市，但开埠后随着数次的进化，不断在原有的基础上调整、改变自身的发展方向，整体向着更好、更强大的方向成长，随之形成更有序的空间结构(表2-6)。

表2-6　上海市城市成长进化过程

时间段	职能定位	产业发展	空间结构
1843—1949	中心城市	对外贸易，金融	同心圆圈层式
1950—1978	全国综合性工业基地	以重工业为中心	中心＋卫星城 轴带放射型
1979—1900	长江三角洲中心城市，国家最重要工业基地、经济贸易中心	信息业，服务业	指状填充 双功能圈层式
1901—2016	长江三角洲核心城市，国家重要的经济、航运中心，世界经贸中心	先进制造业，金融，贸易，航运	多功能、多层、多级

续表

时 间 段	职能定位	产业发展	空间结构
2017—2035	长江三角洲世界级城市群核心城市，国家历史文化城市，国际科创生态大都市	国际金融，国际贸易，科技创新产业，文化产业	一主、两轴、四翼多廊、多核、多圈

资料来源：部分内容参考王竞梅.上海城市空间结构演化的研究[D].长春：吉林大学，2015.《上海市城市总体规划(2017—2035 年)》。

突变则是一种相对快速、剧烈的变化过程，是质的飞跃，一般表现为城市功能的跃迁和空间载体的扩张。其中有从衰退走向新生的城市，如德国鲁尔区从发展工业到文化的跃迁，也有面对危机超前跨越式成长的城市，如北京市为疏解非首都功能而设立雄安新区。可以看出，不论是渐变和突变，城市都经历了大的转型变化，通过培育新的经济增长点来获得更高速的发展，既有对内的适应性调整优化，也有向外的战略性拓展，功能的重构引发了城市空间的重组，空间与社会经济发展进入新的平衡状态。

从群体层面讲，新生的城市会更适应区域的整体职能分工和空间组织，有利于高效地参与合作与竞争，此阶段信息化与产业高技术化的发展使城市之间的引力加强，出现新的连接性节点，呈现出网络流动型空间格局，结构更复杂(图 2-10)，要素空间流动性更强。这种影响的积累最终使城市群共同进化。

需要指出的是，本书对城市空间成长“五阶段”的划分与特征解析是对一般规律的总结，而城市生命体的具体成长过程是有个体差异的，并不全是按顺序前进。如有的城市从诞生至今已经经历了数个生命周期，而有的城市可能还未经历一个完整的生命周期；有的城市没有经过衰退期，直接从成熟期跨越至进化期，而有的城市还未进入成熟期就提前进入衰退期；即便是处在同一阶段，不同城市成长的方向、速度、模式、时间也不尽相同。因此，城市空间成长在具有一般规律性的同时也表现出多样性，而导致这种多样性的关键在于成长力。

2) 空间成长阶段演替的关键——成长力

一个完整的城市空间成长生命周期有三个关键点，分别是起始点、巩固点

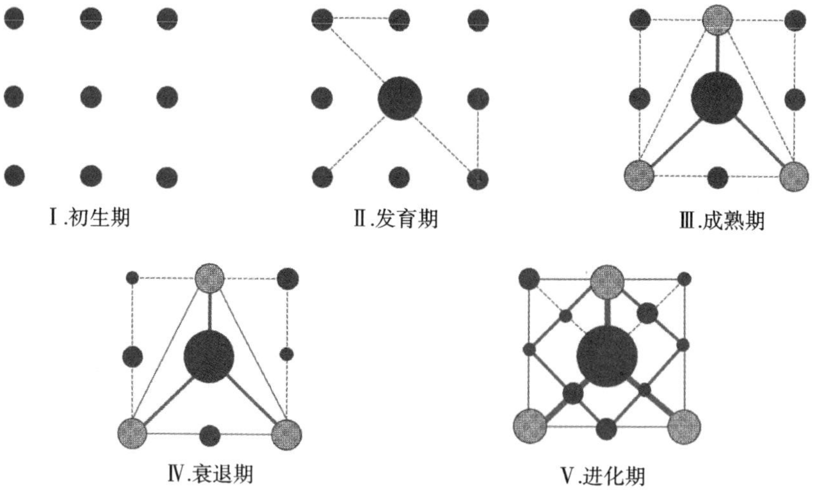

图 2-10　不同成长阶段区域城市空间格局演变过程

和转化点(图 2-11),这不仅是空间成长阶段演替的关键点,也是不同城市空间成长进程的分化点。

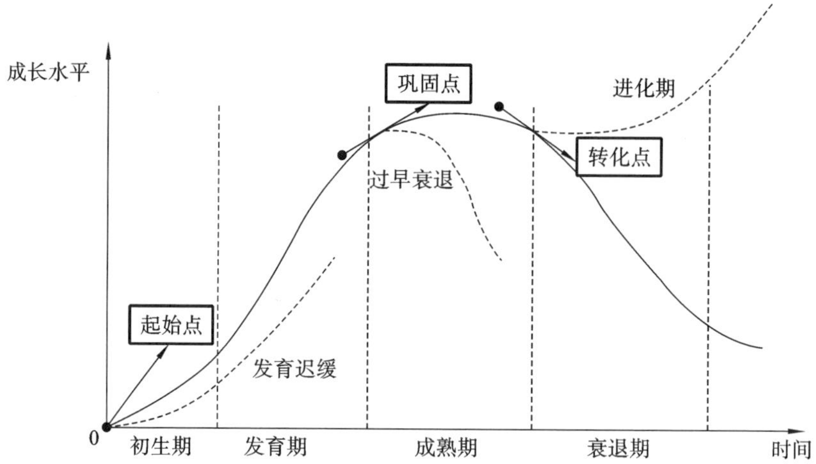

图 2-11　城市空间成长阶段演替的三个关键点

(1) 起始点。

以大自然中其他生命体为类比,一个种群内的不同个体由于先天的基因差异，所具备的条件禀赋是有区别的，自身禀赋越好的个体往往能在发育期获得更大的竞争优势，比其他个体发育得更快、更强壮。一个城市如果具备较好的初始条件，就能为之后快速发育奠定稳固的基础，城市空间成长的初始启动力就越大，能够推动城市空间快速发育，此时的成长轨迹是一条上扬的曲线。如果城市初始基础薄弱，不能为后续的发育提供强有力的支持，就会出现发育迟缓的现象。例如有的城市地理环境区位较为优越，拥有丰富的可利用资源，能为城市空间发展提供充足的生产要素，这类城市通常就比地理环境偏远、可利用资源稀少的城市发育得更好。

(2) 巩固点。

当生命体经过漫长的发育期，生命系统已经临近峰值时，发育初期的先发优势差距已基本消失，生命体在发育期间积蓄的能力成为不同个体成长进程分化的关键因素。有的个体能够在高水平生命状态维持较长的时间，而有的个体在达到峰值或临近峰值时由于持续成长力不足，在发育期与成熟期的拐点急剧下降。一个城市经过成长发育后，空间的主要目标是稳定、优化，不断夯实发展的基础，提高成长的实力。但是，此时的城市空间发展到了一定规模，外部环境与内部情况趋于复杂，由于内部结构和组织系统应对快速变化的外部环境总是显示出难以改变的惰性和滞后性，如果此时不能根据新的需求进行调整更新，就会导致城市空间功能结构失调，系统的动态平衡遭到破坏，从而使城市空间发展的障碍越来越多，最终导致城市过早老化，进入衰退期。

(3) 转化点。

经过了成熟阶段之后，城市发展来到了转化点，这也是整个生命周期中最难以突破的关键点。由于城市空间长期处于快速、平稳的成长进程，已经对原有的成长模式形成了一定的路径依赖性，忽略了客观环境可能出现的重大变化及城市自身结构可能出现的系统问题(徐姗姗，2008)。城市空间成长的平衡是相对的，不平衡却是绝对的，但有时这种不平衡的持续时间可能很长，使城市不能及时地自我调节以适应客观环境的变化发展，导致城市空间出现物质性老化、结构性衰退、功能性衰退，成长曲线呈现惯性下冲的走向态势。此时如果城市能够通过寻求新的成长驱动力来突破发展瓶颈,实现自身功能结构的转型升级,重新达到新的平衡,往往能够进入一个更高层次的发展周期,实现质的飞跃。

认知城市空间成长"关键点"的意义在于:①准确研判城市空间成长所处的阶段,预判生命周期的"关键点",可以为解决阶段性问题制定有效的方法,如果能顺利突破"关键点"的发展极限,城市就能延长当前阶段或进入另一个成长阶段,保持持续向上的发展态势,否则就会走下坡路;②城市空间从初生期转化为发育期依靠初始启动力,从发育期转化为成熟期依靠上一阶段积蓄的实力支撑,从成熟期转化为进化期依靠内生动力,因此城市空间成长阶段演替的关键在于城市自身为应对内外部需求变化所持续产生的成长驱动力,也就是本书定义的空间成长力。

2.3.2 空间成长力的结构模型

法国哲学家、社会学家卢梭曾说"房屋只构成镇,市民才构成城"(Houses make a town,but citizens make a city)。回顾城市建成发展的历史长河,人不仅是城市发展的核心资源,更是城市发展的最终目标。本书前述内容已经提出"以人为核心的高质量发展"是新时代城市空间成长的目标导向,"以人为核心的高质量发展"实质上就是要提供精准化、精细化服务,把满足人民的发展需求放在首位。

作为城市空间成长的驱动力,成长力源于城市生命体自身的成长需求,而城市生命体成长需求的根源是人的发展需求。城市空间成长力越强,就越能满足人的需求,越能吸引更多的人参与城市空间的使用和营造活动,城市空间才能实现持续成长。因此,分析城市空间成长力的关键在于全面认知人的发展需求。

1. 城市空间成长力结构的理论溯源

1) 城市生命体的需求分析

城市因人而生,因人而兴,城市生命体是由人这一基本单位构成的,人作为生命个体单元所产生的多样活动是城市生命体复杂生命特征的来源。在马克思看来，人以其需求的无限性和广泛性区别于其他一切动物，人的发展本质上就是通过生产实践活动产生和满足需求的过程，这些需求是人们进行一切活动的动力。马克思将需求定义为“人对物质生活条件和精神生活条件依赖关系的自觉反映”①，从中可以解析人的需求内涵：①需求的基础是一定的物质和精神条件，人的物质生活不仅包括维持生命存在的需求，还包括丰富多样的社会需求；②人通过实践互动不断满足自身需求，产生高一层级的需求；③需求反映了人的主观能动性，需求的对象来源是客观世界，但是需求的满足是人作为能动的主体通过有目的、有意识的实践活动实现的（蒋丽娟，2013）。

需求的内容是复杂多样的，正如马克思所说“一旦满足了某一范围的需求，又会游离出、创造出新的需求”②，可以从不同角度对需求进行不同形式的划分。划分的意义在于了解需求的全面性和层次性。对于人的需求划分，最经典的理论包括马克思的解析理论和马斯洛的五层次需求理论（1970 年后修订为七层次），本书将这些需求与城市空间功能相对应，归纳为三类。

（1）容纳型需求。

生存需求是人最本能、最初级的需求，人类的第一个历史活动就是生产满足生存需求的资料。城市空间的作用是提供人生存所需的物质资源和环境条件，如土地、空气、水、动植物等。①城市空间所提供的物质资源必须是充足的，在城市的初生期，生产力水平较低，人口规模也不大，所以物质资源一般是足够的。但是大部分物质资源作为不可再生资源是有限的，随着人口增长，需求总量增多，可能会超出资源的最大承载能力范围。②城市空间必须提供稳定安全的环境条件，使人避免受到自然灾害、环境污染等威胁生命健康因素的侵害。总而言之，城市空间要有充足、安全的生存场所、生存物资、生存环境来容纳一定数量的人进行发展活动。

（2）保障型需求。

当满足了最基本的生存需求后，人会产生更高层次的需求。马克思将其

---

①② 马克思，恩格斯．马克思恩格斯选集[M]．中共中央马克思恩格斯列宁斯大林著作编译局，译．北京：人民出版社，1995.

概括为享受需求，与此相对应的是马斯洛需求层次中的安全需求和社会需求。所谓安全需求是人内心对稳定物质生活与有序社会环境的向往，如稳定的工作及相应的劳动保障，足够的住房、医疗、教育资源，便利的交通、市政、信息基础设施等。而社会需求是指，人存在于现实的社会关系中，随着人的集聚与发展，会在社会实践活动中丰富完善自己的社会关系，如政治关系、经济关系、文化关系等，城市空间要提供足够的场所和生产资料，以保障这些活动的实现。

（3）提升型需求。

随着人们物质需求的满足，人们越来越多地关注更高层次的需求，即精神层面的满足和自身价值的实现，这与马斯洛提出的自尊需求和自我实现需求相对应。人一方面希望得到别人的尊重、承认和赏识；另一方面需要满足自我的情感需求，如自信、自强、自足等。通过自我实现充分展现自己的才华和潜能，最后完全实现自己的人生价值。所以自尊需求和自我实现需求是相辅相成的，都是人实现全面自由发展的提升型需求。其中最典型的是精神文化需求和社会参与需求，包括创业的机会、丰富的社会活动、宜居的环境、社会公平与正义等。

这三类需求并不是并列关系，而是层级递进关系。但并不是当一个相对低级的需求得到满足后，另一个相对高级的需求才会出现，而是一个新的需求缓慢产生并逐渐占据主要位置的过程（图 2-12）。从图中可以看出，三类需求的形成不是间断或阶梯跳跃式的发展过程，而是一个波浪式的推进过程，只有满足了低级需求，高级需求才有出现的基础，并且高级需求总是比低级需求的满足程度要低，即更难被满足（罗道友，2007）。除了在人的初生阶段没有高级需求，在其他阶段三类需求都是共存的，只是重要程度不同，实现的难度也不同。

2）城市空间成长力生成机制

人的成长发展与城市空间成长具有内在的本质联系。城市空间从低级阶段向高级阶段的成长过程，也是人从低级到高级不断成长的过程。在动态成长过程中，人的需求会因阶段的不同发生变化，城市空间也会通过自我调节完善形成与之相匹配的能力，达成“满足人的需求”的目标，而城市空间也在“刺激—反馈”的循环过程中完成阶段的演替，实现可持续成长（图 2-13）。

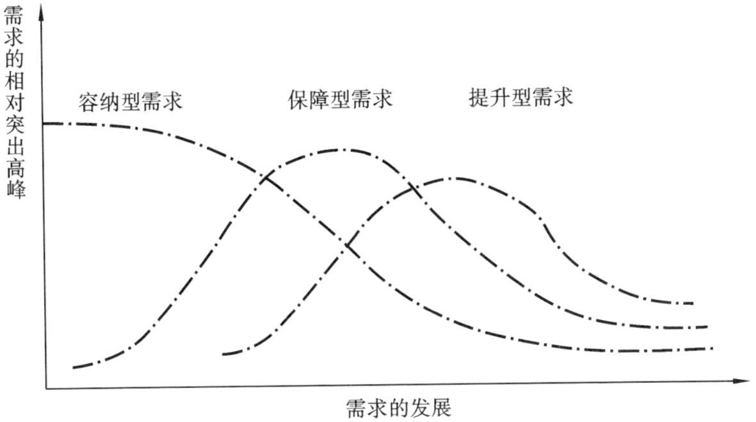

图 2-12　人的需求层次演进

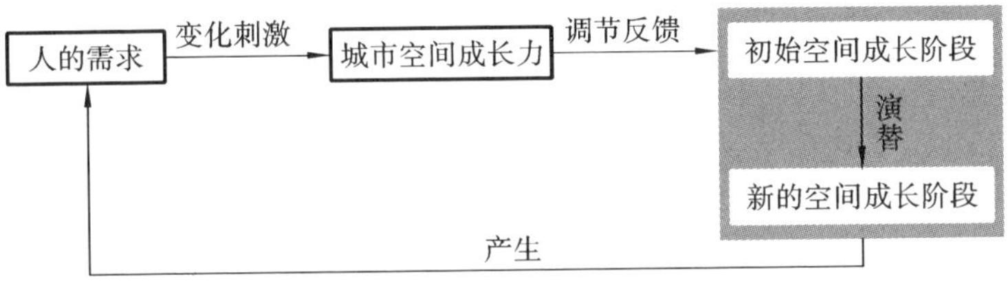

图 2-13　城市空间成长力生成机制

根据前文的分析，人在不同阶段会产生容纳型需求、保障型需求、提升型需求。为满足这三类需求，城市空间形成与之相匹配的三种力，共同构成城市空间成长力(图 2-14)。

(1) 容纳力——满足容纳型需求。

Lewis Mumford 曾把城市比喻为一个容器，这个容器容纳了人和人的所有活动。而城市空间就是这个容器的物质实体。城市能吸引多少人，取决于城市空间能够容纳多少人，即是否能够为人的生存提供稳定的环境和充足的资源，这是最基础的先决条件。容纳力相当于城市所拥有的资源禀赋条件，虽然是在城市的初生期的低层次能力，但是却非常重要，因为资源是具有稀缺性

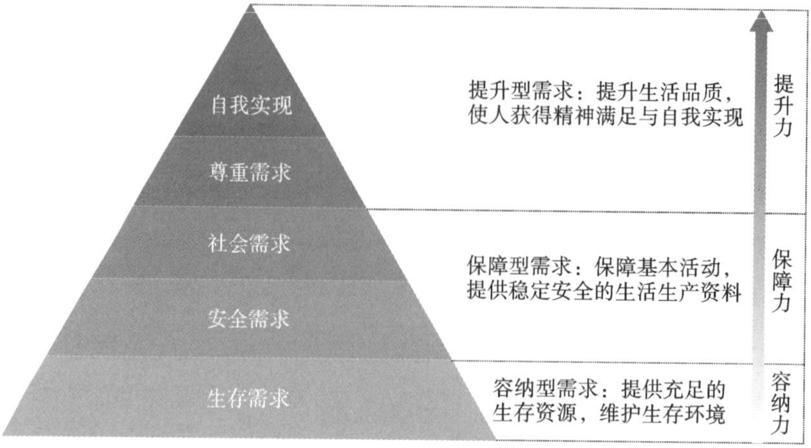

图 2-14　人的需求层次与城市空间成长力层次的对应

和有限性的，城市和人的发展不能超过空间环境的最大容纳限度，所以容纳力决定了成长力的底线和上限。

（2）保障力——满足保障型需求。

当城市进入更高的发展阶段时，生产力水平提高，随着人的集聚与发展，会产生更多的社会性和生活性需求，如就业、饮食、居住、教育、医疗等，城市空间要提供足够的场所和生产资料，以保障这些需求的实现。保障力是成长力的重要组成部分，涉及城市社会经济发展的方方面面，保障力的强弱很大程度上决定了成长力水平的高低。

（3）提升力——满足提升型需求。

到了城市发展的高阶时期，人类对城市空间的需求不再局限于满足基本生存、生活，而是更加看重如何获得精神层面的满足和自身价值的实现，例如生活的品质、宜居的环境、创业的机会等。这些需求仅仅依赖保障力是无法满足的，依靠技术创新、品质提升、空间治理这些新的能力才能实现。提升力是推动城市空间向更高阶段成长的动力，是实现空间高质量发展的关键。

2. 城市空间成长力结构的总体模型

根据前文分析，本书基于容纳力、保障力、提升力之间的交互关系构建了城市空间成长力三维共轭角力模型，该模型是城市空间成长力理论框架的核心，也是本书评估体系构建的重要基础。

“共轭”是指遵循相互影响、相互制约的一定规律形成协调发展的格局，使整个系统结构达到要素联系紧密、整体功能协调、对环境适应性强的稳定状态，是一种以动态平衡为主要目的的控制方法。城市空间成长力系统中的三维分力相互制约、相互影响，共同推进城市空间正向优化成长，共轭思想可为实现这一目标提供良好的借鉴(黄贤金等,2019)。其中，容纳力是保障力和提升力的基础，通过提供空间环境条件，满足人的生存需求；保障力是各类空间活动产生与实现的物质保障，满足人的安全和社会需求；提升力是容纳力和保障力向更高水平提升的条件，通过提供更高品质的城市空间功能与服务，满足人更高层次的尊重与自我实现需求(图 2-15)。

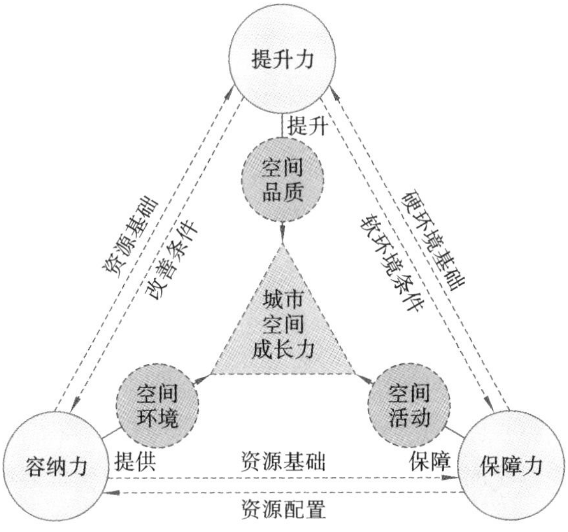

图 2-15　城市空间成长力三维共轭角力模型

城市空间成长力的合成遵循物理学中的力的合成原则，即平行四边形法则。图 2-16 给出了城市空间成长力合成示意，三个分力按照不同的权重、大小和方向形成城市空间成长合力。需要指出的是，图中的三维分力构成方式是为了便于表示，并且仅仅是三力呈正交方向的合成示意。实际情况下，三种力的方向往往并非正交，且力的权重、大小又总是处于动态变化之中，因此，现实中三力的合成要比图示更为复杂。

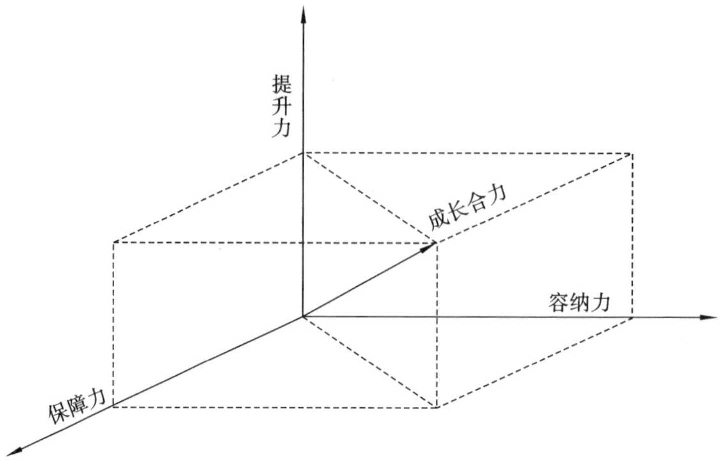

图 2-16　城市空间成长力合成示意

3. 城市空间成长力结构的内部交互

1）三维共轭角力的交互作用机理

容纳力、保障力、提升力三种力复合形成城市空间成长力场。受到这一力场的作用，城市完成由无序上升到有序的空间成长过程（图 2-17）。而这三力之间也存在着相互制约、相互促进的复杂作用关系。

（1）三力功能的互补是实现城市空间成长的内在机理。

容纳力是城市空间成长的直接物质基础，决定了成长的起始力，容纳力越大说明空间成长的资源容量就越大，也是其他几个力形成的基础；保障力中包含的社会经济实力和基础设施保障为城市空间进一步发展壮大提供强有力的支撑，同时也会影响容纳力，如经济发展加大了资源环境供给压力；提升力作为更高层次的成长动力源，是空间成长发展进化至下一阶段的关键，为提高资源利用效率、保护生态环境、促进经济社会发展提供条件，间接提升了容纳力和保障力。

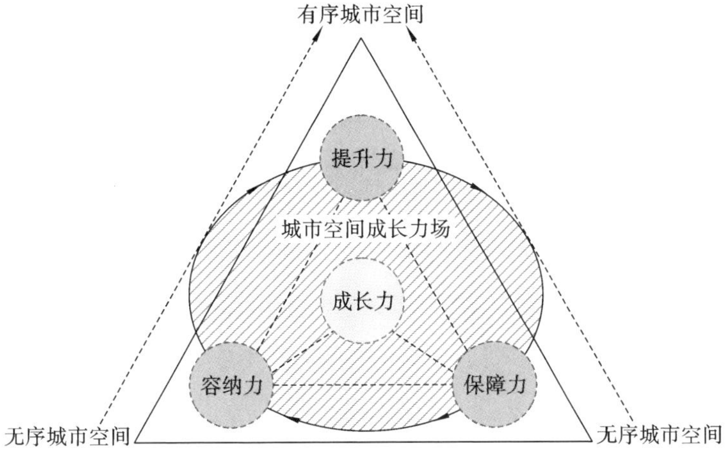

图 2-17　城市空间成长力交互作用机理

（2）三力缺位支撑结构是维持空间成长相对稳定的机理。

在城市空间成长过程中，随着内、外部环境的改变，不可避免地会出现局部或整体的衰退、蜕变和更新现象。表现为某种力的萎缩甚至缺失，譬如资源枯竭型城市，容纳力就呈现逐渐减小的态势。但是三力结构的其他维度可以支撑城市空间在衰退、蜕变过程中的正常运转，提供时间差，直到城市空间达到新的平衡状态。

（3）三力结构可以通过各力大小、方向、作用的改变实现提升。

城市空间成长过程中，三力维度结构要经历从不稳定、不规则到稳定、规则的过程。通过调整、改善某种力，促使其他二力进行调整，直到形成更稳定合理的合力结构，此时整体的空间成长力水平也得到了提高。

2）三维共轭角力的交替作用机理

在城市的不同成长阶段，三种力对于城市空间成长的作用效果不同，这也是城市空间成长呈现出阶段性特征的内在机理之一（图 2-18）。总体来说，三种力对于城市空间成长在不同阶段的作用效果，符合要素驱动—投资驱动—

创新驱动—财富驱动的一般发展规律①。

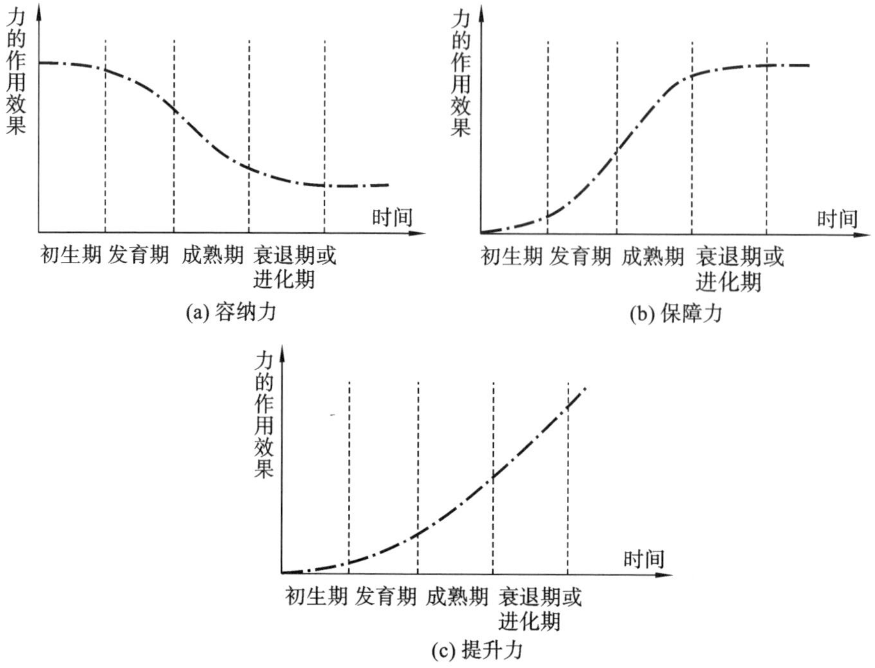

图 2-18　三种力在城市空间不同成长阶段的交替作用

(1) 容纳力——初始主导,逐渐减弱。

自身禀赋越好的个体往往能在发育期获得更大的竞争优势,比其他个体发育得更快、更强壮。一个城市如果具备较好的初始条件,就能为之后快速发育奠定稳固的基础。但随着城市空间不断成长,有限的初始资源被不断消耗,供给总量下降,环境压力增大,而经济社会和科学技术的发展使城市配置、利用资源的能力不断增强,容纳力对空间成长的作用逐渐减弱。

(2) 保障力——逐渐增强,持续平稳。

以经济产业实力、基础设施供给力为主的保障力对城市空间成长的作用

① 波特.国家竞争优势[M].李明轩,邱如美,译.北京:华夏出版社,2002.

持续增强。一方面经济社会的发展对空间增长有实际的需求，另一方面空间成长使大量人口和资源集聚，需要经济社会发展的持续支持。随着空间成长转向以存量开发为主的高质量发展阶段，保障力虽然仍旧是城市空间成长的主要动力，但作用不会持续增强。

(3) 提升力——后期主导，逐渐增强。

当城市空间进入成熟期时，此时城市空间长期处于快速、平稳的成长进程，对原有的成长模式有了一定的路径依赖，传统要素进一步投入所产生的边际效益越来越小，终将碰到成长瓶颈，甚至面临衰退的危险，提升力成为新的驱动力。一方面以创新学习、空间治理等能力为主的提升力更符合人的需求；另一方面提升力增强产生的联动效应可以提升其他分力的水平，进而提升整体成长力水平，推动城市空间突破发展瓶颈，进入一个新的发展阶段，实现质的飞跃。

2.3.3 空间成长力的构成要素

城市空间成长力是一个多层次多要素构成的集合系统。前文已将城市空间成长力分解为容纳力、保障力、提升力三个层次维度。这一节将解析构成每种分力的能力要素。

1. 容纳力构成要素

1) 空间资源承载能力

空间资源要素与人类活动的相互作用与反馈机制体现在资源对人类活动的支撑和人类对资源的消耗两个方面（岳文泽等，2019），即人类为满足自身生存和发展所需要的物质和能量，需要不断向自然索取，而主要的资源（如土地资源、水资源等）具有有限性。自然资源的有限性一方面是指在特定的时间和空间范围内，其数量是可计量的；另一方面是指在特定社会中，受技术、经济、社会等条件限制，人类所能认识和利用的自然资源是有限的。自然资源的有限性与人类发展需求的无限性存在矛盾，当人类向自然环境索取的物质超出可承载极限时，会引发资源短缺、生态破坏等问题，整个城市系统将面临崩溃。因此自然资源的禀赋条件和可开发利用规模决定了其承载人类活动的极限，它既是城市空间成长的基础条件,也是城市空间成长的约束条件。一个城市所处的生态环境可供人类利用的自然资源丰裕程度越高,承载能力就越强,空间成长的潜力就越大,就越能容纳更多的人类活动。自然资源是指天然存在并有利用价值的自然物,包括土地、水、生物等,各类自然资源拥有量、空间分布通过多种机制影响乃至决定城市空间扩展的方向、区位、速度、规模及成长模式和效益等,甚至有学者认为自然资源条件的差异决定了城市发展程度的差异。一个典型的解释逻辑可用图 2-19 描述,即自然资源条件可以直接作用于经济社会发展或促使城市采取掠夺性制度政策来影响经济社会发展。此外,经济社会发展水平还会促进或限制技术发展(图中虚线),而新的技术又会改变制度政策,这就构成了内生循环。

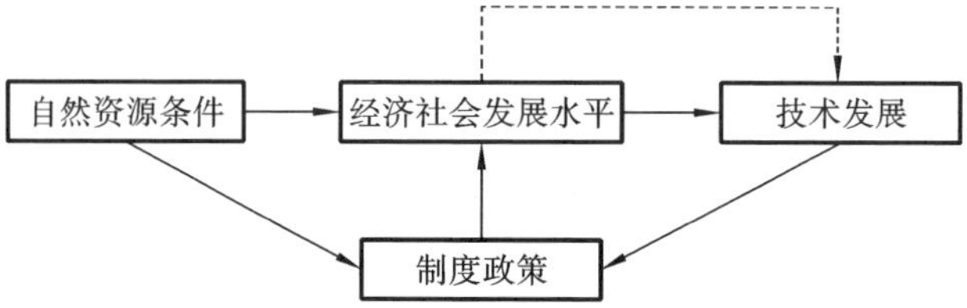

图 2-19　自然资源条件作用的解释逻辑

(资料来源:作者根据参考资料改绘①)

城市高质量发展的目标对空间生态系统提出了更高层次的要求,生态资源要素与人类活动的作用关系不仅是承载和容纳,更是为人类提供生态系统服务,是一种更高级别的"承载"。生态系统服务是指生态系统在人类社会对其消耗过程中保持结构完整性和组织自主性的同时,为人类社会提供数量、质量和功能效益服务的综合能力(管青春,2020)。这种服务能力是建立在对生态系统多元价值体系认知的基础上的,包括物质产品价值、生态调节服务价值、生态文化服务价值等。生态系统的综合价值越高,服务能力就越强,人与自然的关系就越协调。

---

① 赵红军.交易效率、城市化与经济发展[M].上海:上海人民出版社,2005.

2）空间结构支撑能力

空间是城市经济、社会、生态所有要素的承载实体，空间形态结构是将社会经济发展的潜在可能和需要以空间语言进行表述的结果，因此空间形态结构是城市空间成长的基本骨架，决定了各类要素在空间上的分配和组织，支撑着空间的外向拓展和内向更新。本书认为紧凑集约的空间形态和有机多核的功能结构能够为城市空间成长提供良好的支撑。

紧凑集约的空间形态在满足城市发展规模、使城市获得最大规模效益和集聚效益基础上，通过增加存量土地投入、改善经营管理等途径，不断提高城市土地资源的利用效率（林小如，2015）。具体表现为：①外部几何空间形态的紧凑集中；②整体用地结构、圈层密度格局紧凑；③交通系统的紧凑。紧凑集约的空间形态相比于粗放扩张的空间形态更有利于空间资源的合理利用，在一定程度上提升了空间的容纳能力。

有机多核的功能结构即具有一定形态特征的多中心格局。层级数量适宜、空间距离恰当、功能类型多元的多中心结构投影到各类城市空间要素上，形成人口、产业、基础设施等要素的空间布局与交互模式，进而促进城市功能良性发展：①避免城市空间过度集中；②优化城市组团之间的职能分工；③有利于城市交通网络的组织。多中心结构采用“分散化的集中”模式更有利于空间资源的合理化配置，有利于人的活动集聚。

3）空间环境维护能力

人类在利用自然环境中各种物质和能量的过程中，无可避免地会产生一些废弃物，空间环境具有容纳及消解废弃物的功能。但是环境对废弃物排放的容量是有承载极限的，当超过了自然环境的自净能力时，会产生严重的生态环境问题，进而损害人类自身的可持续发展能力。因此，城市需要具有维护空间环境平衡的能力，不能超过其容纳（消解）的极限。这种极限往往与城市的产业结构、发展模式及技术条件紧密相关，如以发展环境友好型产业为主的城市就比重工业型城市对空间环境的影响更小，而科技进步改变了城市对资源的利用效率和方式。城市空间环境维护能力越强，说明越能有效利用资源、对空间环境的负面影响越低，间接扩大了城市向环境索取资源、能源的深度和广度，提升了容纳限度。

2. 保障力构成要素

1）空间生产运行能力

城市是具有一定空间形态的经济聚集体，城市经济和城市空间的相互作用关系表现如下：一方面，城市的经济发展及结构变化需要空间的支撑，是经济发展战略在地域空间上的投射；另一方面，城市空间成长是将经济发展的潜在需要以空间语言进行表述的过程。经济发展对城市空间增长的推动作用毋庸置疑，它不仅对城市用地的扩张产生直接影响，而且通过刺激城市人口增加和改善城市环境间接影响城市空间增长。

经济发展和城市空间之间的互动关系是客观存在的，本书关注的重点是这种关系好还是不好，即经济在城市空间中运行的效果如何。例如，良性的互动关系下，经济要素会在消耗同等空间资源条件下节约更多的投资、运输成本和管理费用，从而提升经济效益和用地产出效率。经济在城市空间中运行的效果可以通过空间生产运行能力来判断。空间生产运行能力指为满足城市基本功能运转所做的投资的预期回报，并使城市保持正常运转以及创造附加值的能力，是城市空间成长力得以保存的经济基础。空间生产运行能力越强，说明城市为城市居民提供生产资料的保障能力越强，如就业岗位、基础设施、教育医疗资源都需要强大的经济实力保障。

2）空间设施供给能力

城市人口的不断增长必然带来城市居民对住房和配套公共设施等方面的需求扩大。从制度经济学的视角，城市的本质是通过空间途径提供公共产品和公共服务，这些公共产品和公共服务主要包括市政基础设施、学校、医院等，涵盖了一个居民衣食住行的方方面面。因此，公共产品和公共服务的充裕度和便利度对人的发展有着最直接、最全面的影响。空间资源承载能力决定了城市给人的发展提供的自然条件，而城市空间设施供给能力决定了城市给人的发展提供的人造条件。

城市空间设施还具有长期性和超前性，超前性表现为城市空间设施建设水平一般要比城市当前所需要的水平高，因其长期性，所以一旦建成会在很长一段时间内对城市空间产生影响，使投资的成本在长期的使用过程中得到价值的补给（康红梅，2012）。这种特性使空间设施成为城市经济发展的前提保障，同时对发展社会经济、改善空间环境有引导和促进作用。如空间设施的完善为城市第二、三产业的规模集聚提供更加便利的条件，通过大规模建设空间设施，提升空间设施建设的技术水平，进而提高空间环境维护能力。

3）空间流通合作能力

人的本质是各类社会关系的集合，而社会关系网络是依靠各类能源、物质、信息"流"在空间领域的"流通"建立联系，此类"流"需要媒介和城市内、外进行交换，该媒介为网络、通信等城市设施。

随着城市人口的增加，包括工作需求、交往需求等多类型需求在内的社会需求增加，城市流通空间使这些需求的产生和满足成为可能。城市流通空间是可完成运载、发生位移的功能性空间（刘红霞，2003），如城市交通保障各种物质的运输，城市的邮电通信系统能有效确保各类信息向城市所有区域传递。换言之，城市流通空间的完善程度、运行效率、服务水平、承载能力等对城市社会经济的发展和空间结构的优化调整具有积极影响。城市空间结构与城市社会经济发展模式的变化又决定着城市流通空间的状况，如产业结构的优化及出行结构的改变促进了交通方式的多样化，科学技术的进步及生活方式的改变创造了新的社会关系，赋予城市空间新的流通功能。

区域层面，在现代技术和运输条件不断改善的背景下，新型流通方式逐渐取代了传统的物流方式。因此，空间的可达性以及空间转移效率的提升会使空间系统的生产组合方式与地域劳动分工方式出现变化，产业规模与空间结构发生改变。人的活动空间范围不断扩大，人与人之间联系不断增强，而微观上的人与人之间的作用在宏观上表现为两个区域之间的作用（董光龙等，2012），即城市空间不断扩展，城市间联系不断加深，这成为都市圈形成的重要因素之一。此时，城市空间的流通合作能力决定了城市是否能与外界进行各种物质、信息和服务的交换，区域资源是否能够得到有效配置和充分利用，是否能形成利益共享的协调发展格局，这些作为区域外部环境的组成部分影响着城市内部的空间格局。流通空间由流通网络、流通节点、流通线路三个关键要素构成。城市空间流通合作能力取决于流通网络的结构与密度、城市作为流通节点在网络体系中的地位和作用，以及流通线路的通达性和多元性。

3. 提升力构成要素

1）空间创新能力

创新是推动城市由规模增长迈向高质量发展的本质动力。科技创新推动城市发展的效率更高、质量更优、潜力更强；城镇体系由金字塔形朝着扁平化、网络化的方向发展，加深城市与城市之间的关联性（图 2-20）。

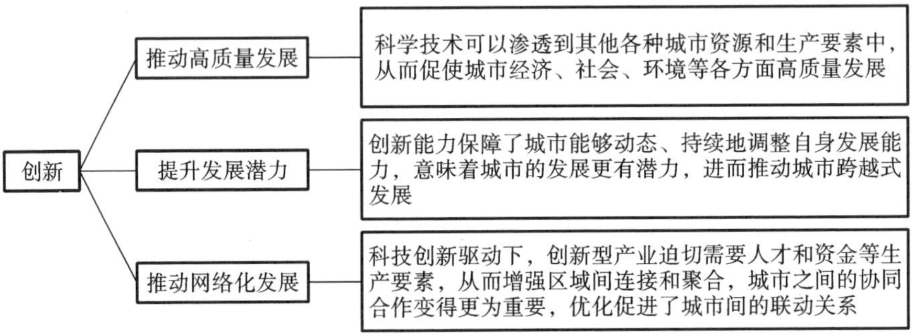

图 2-20　创新对城市发展的作用

在创新驱动阶段，城市科技创新功能在与其他功能的相互作用中，不断重塑城市空间。城市迫切需要提升自身的空间创新能力，需要认识创新活动与空间的互动逻辑，激发创新活动不断涌现。城市空间发展的重点在于营造创新环境、提供创新资源，吸引、服务创新主体。具体来说，包括如下几点。①创新环境支撑能力。创新环境有软环境与硬环境之分，其中后者多指创新基础设施，具体有技术基础设施、物质基础设施；前者集中体现在法律政策、市场需求以及创新文化等方面。②创新资源配置能力。直接的资源配置包括政府、企业通过政策、资金投入加大对科技的投入，加强对企业创新能力的培育。间接的资源配置包括开放式创新网络的构建，尤其是产学研的合作网络，促进知识在区域内部不同创新主体间的交流或互动，以达到知识共享的状态。③创新主体吸引力。营造能够吸引具有原始创新和自主创新能力的高校、科研院所、企业等创新主体、人才就业定居的宜居宜业环境，打造有利于产业集聚的多元空间模式等。④创新应用能力。技术知识只有应用于实践并转化为生产力才有最终的价值。创新应用环节所体现出来的能力对整个能力系统起到决定性的作用。

2）空间服务能力

在城市发展初级阶段，由于经济基础较为薄弱，再加上增长主义发展模式的影响，城市基本上都被当成经济发展的载体，有轻生活、重增长的特征（张京祥等，2019）。到城市发展高级阶段，人成为城市的核心资源与发展目标，“招才引智”成为继“招商引资”之后城市间竞争的新内容，城市空间功能从生产型逐步向服务型转变。在成长高级阶段，城市想实现进化超越，就必须努力提高空间服务能力。所以，城市空间需要努力迎合人民的生活需求，营造与之相互契合的空间功能服务系统。

通过梳理当前国内外发达城市的空间发展理念及目标发现，城市进入成熟发展阶段后会更关注空间的创新活力、绿色宜居、安全公平等方面，强调科技创新、绿色生态、多元包容、多元文化繁荣的软环境建设。综上，城市空间需要有能够为人民提供更高品质服务的能力（表 2-7）。

表 2-7　国内外 8 个大城市发展理念及目标

城市	发展理念	发展目标
纽约	公平、健康、繁荣、可持续	“更绿色、更美好”的纽约
伦敦	多元文化、生态美好、安全便捷、可持续生长	适应经济和人口增长，树立改善环境领域的典范，各类设施安全便捷
巴黎	可持续、开放融合、绿色环保	区域融合、绿色环保、可持续发展的世界城市
东京	经济活力、绿色、健康安全	成为人口与文化聚集的创意区域，建设高品质、高效率、精细化的空间，打造共生包容的地区

续表

城市	发展理念	发展目标
新加坡	充满活力、与众不同	空中花园;更多休闲选择;更大商务活动灵活性;全球商业中心;大规模轨道交通;关注城市特色
北京	人文北京、科技北京、绿色北京	疏解非首都功能,建设水城共融、古今同辉的人文城市;构建高精尖经济结构,加强城乡统筹,推进一刻钟便民服务圈,京津冀协同发展
上海	创新、协调、绿色、开放、共享	更具活力的繁荣创新之城,更具魅力的幸福人文之城,更可持续的韧性生态之城
深圳	繁荣、活力;平等、和谐;自然、宜居	提升人居环境与城市品质,实现公平和谐发展,保障生态环境与资源安全,实现可持续健康发展;优化空间开发格局,实现效率集约发展

资料来源:作者根据各大城市相关规划整理绘制。

(1) 宜居宜业的城市空间要满足人们物质和精神层面的需求。

"人往高处走"这句老话背后是人们对更好生活的不断追求,而映射到当下的中国城市语境中,则是对城市生活的多样性提出要求。近年来,我国居民的可支配收入增速逐渐超过经济增速,现代城市人的生活方式早已从传统的衣食住行升级到对高品质物质生活和精神生活的追求,表现为多元化、高层级的消费需求,包括餐饮、购物、娱乐、文化等。多样化的生活需求催生了城市中不同形式的场所,意味着城市需要提供公共服务设施配套,完善文化、教育、娱乐等服务功能。

(2) 宜居宜业的城市空间一定是更加绿色、生态,充满人文魅力的空间。

一个城市所拥有的博物馆、书店、剧院等文化设施和公园、广场、绿道等自然空间,不仅为人们提供了放松身心、提升自我的场所,更是一个城市文化内核的外在显化,彰显一个城市的特质。如古都西安、"小清新之城"厦门,能让人心向往之、为其驻足停留并产生归属感,这就是城市独有的活力与魅力。

3）空间治理能力

社会的公平正义是体现城市高质量发展的另一个维度。一个注重个体的公平自由、福利与权利、安全稳定的城市必定能够吸引更多的人驻留。而公平、自由、安全、稳定的城市环境是与城市的精细化、智慧化管理分不开的，所以政府的空间治理能力也是提升力的重要组成部分。

空间治理概念的内涵广阔，其行为主体涉及各级政府、企业、社团、个人，其领域涉及经济、社会、生态等城市发展的各个方面。从研究和评估的可行性角度出发，本书着重探讨空间治理的两种主导能力——规划调控能力和资源管理能力，行为主体限定为城市自身的市区级政府。城市自身的规划与管理政策不可避免地受到国家、区域层面规划、政策的影响，但是由于城市生命体具有主动适应外部环境并进行自我调节的能力，所以本书认为城市自身空间规划调控、资源管理能力水平也能反映城市对宏观规划政策的落实和执行能力。

规划是人干涉场所和空间的路径之一，是政府从宏观层面上实施调控的有效方式。城市规划是城市层次主导下的一种空间规划，以城市土地为手段对各个利益群体的活动内容、形式和过程进行协调，从而对城市空间发挥效用。城市规划可以人为地科学调控城市空间的发展规模、扩张方式、发展方向及增长形态，从而在城市空间发展出现问题时及时纠正，进一步优化改善城市空间结构。城市规划本身作为一种预测，其编制、决策、实施的过程充满了偶然性，所以在规划实施过程中会出现规划目标与实际发展产生偏差、规划所制定的计划得不到有效实施的现象。因此，城市规划是一种理想状态下调控空间的方式，规划调控能力才是真正作用于城市空间的，这种能力外显为规划的有效实施结果，包括规划目标实现度、规划项目完成度等。规划调控能力越强，说明规划作为一种空间治理的政策工具越能引导空间有序发展。

政府对资源管理的作用主要体现在资源分配，尤其是土地资源分配方面。城市的空间资源管理主要围绕建设用地的供给审批、用途管制、实施管理。通过对土地这一核心资源的控制，实现政府对城市内部各种资源要素的分配控制。因此，通过考察建设用地的供应、需求情况可以反映资源管理能力。

区域层面，政府通过政策、战略、规划、行动计划等管理手段，使都市圈各个城市的发展趋于平衡，实现利益共享，避免无限制的空间蔓延和恶性竞争。尤其是在涉及区域共同利益的领域时，如重大基础设施建设、生态保护、产业布局等，政府的决策与管理是关键。政府的空间治理水平决定了区域协调机制的运行、区域资源的分配、相关政策项目的落实。

第3章　武汉都市圈空间成长力评估

3.1　空间成长力评估指标体系构建

本章解决的核心问题是城市空间成长力具体如何测度，以及采用的数据和技术方法有哪些。第2章为城市空间成长力的内涵、结构模型、构成要素的理论解析直接指导评估体系框架的构建奠定了基础。本章评估体系的准则层对应容纳力、保障力、提升力3个分力维度，空间资源承载能力指数、空间结构支撑能力指数、空间环境维护能力指数、空间生产运行能力指数、空间设施供给能力指数、空间流通合作能力指数、空间创新能力指数、空间服务能力指数、空间治理能力指数分别与城市空间成长力的9个能力要素相对应，构成评估指标体系的综合指数层。通过专家判断法、主成分分析法筛选出30个代表性指标，其中包括存量用地供给量、增量用地供给量、商业中心数量、初创企业活力指数、房价波动幅度比率、规划项目完成度和土地供应计划执行率等具有一定独创性的特殊指标。数据来源多元化，包括统计年鉴、各类网站数据、遥感影像数据、POI信息点数据、规划资料、发改委信息平台等多类数据源，体现了动态与静态、传统数据与大数据相结合的指导思想。在具体指标数据的测算上，利用八爪鱼、ArcGIS、Fragstas、UCI-NET多类软件和多种数理模型进行数据爬取和处理，使测算结果更具科学性，进而对武汉都市圈39个空间单元进行了实证评估。利用基于熵权的灰色关联模型修正传统NK模型的不足，并根据改进的NK模型进行评估，从区域、次区域、城市三个层面对评估结果及其特征进行解析，包括当前各能力要素的状态水平及相互关系的特征与问题，以及未来成长力提升过程中各能力要素是否有上升潜力。进而认知武汉都市圈整体、次区域以及各类型城市的优势与劣势、趋势与潜力，为后文分类引导策略的提出奠定基础。

3.1.1 构建评估指标体系的指导思想与原则

1. 构建评估指标体系的指导思想

(1) 反映城市空间成长力的基本内涵,以及对城市空间成长规律的认识及把握。

空间成长力可进一步细化为三维分力及其构成要素:①指标体系应该选取最能反映城市空间成长力系统内涵与要素特性的指标,准确完整地反映城市空间成长力的水平;②关注空间成长的潜力,除了选取以统计数据为主的静态指标,还应该选取能够反映变化、预测潜力和未来趋势的动态指标。

(2) 基于城市生态文明认识论的视角,明晰指标体系构建价值位序和构成要点。

城市发展已进入生态文明时代,要树立生态优先的指标体系构建价值位序。在生态文明视角下,指标体系的构建应关注以下要点:①以"人与自然和谐"为本,关注自然生态与经济、社会、文化的协调发展;②生态不等于绿地,更不等于景观,注重城市空间的有机、韧性、开放、网络等;③平衡生态资源的自然属性和资产属性,将其从城市"资源"转为"资产"再变成"资本"。

(3) 顺应城市空间高质量发展的趋势,反映规划目标取向和指标选取标准变化。

以人为本的高质量发展导向推动了规划价值取向和指标选取标准的改变,具体体现在:①从经济速度转向经济质量,从关注 GDP 总量和增速指标,转向经济结构、高新技术企业占比、地均产出等指标;②从人口规模转向人口质量,从关注人口规模和城镇化率,转向人口结构、就业率、人才吸引能力等指标;③从固定资产投入转向科技创新投入、研发投入、专利数量等指标;④从城市硬设施转向城市软环境,包括城市文化、城市活力、宜居环境、政府管理水平等方面。

2. 构建评估指标体系的原则

(1) 科学性、系统性原则。

指标体系的目标层、准则层与指标层必须条理清晰,系统地体现研究对象的特性、定义，确保评估原理、流程、方式的严谨程度及全流程的合理性。确保指标之间的统一性与协调性，既相对独立又相互联系。

（2）可比性、可靠性原则。

统计指标数据的收集、选取、统计必须建立在具有权威性信息来源的基础上，特别是大数据要力求获取来源的可靠与数据处理的准确。与此同时，要考虑指标的纵向与横向、时间与区域上的可比性，横向必须考量城市之间评估指标的区别与相同之处，剔除纵向随着时间的推移不能转化或者会出现变化的指标。

（3）实用性、可操作性原则。

理论上可设计健全的指标体系系统而又客观地评估城市空间成长力水平，但是在实际操作中经常会遇到数据缺失等难以实现的问题。因此，评估指标体系不需要太过复杂，应确保数据资料易取、计算方式可行。

3.1.2 评估指标体系构建的思路与技术路线

依据评估指标体系构建的指导思想和原则来进行指标筛选，图 3-1 列出了详细的思路：①结合城市空间成长力的结构特征、概念、组成元素以及相关文献基础，海选出备选指标；②剔除无法测算或难以获得准确数据的指标；③通过主、客观定量方法相结合的策略，将有效指标筛选出来，如专家判断法、主成分分析法，以此确保指标的重要性、显著性及独立性。

1. 空间成长力评估指标体系的基础指标

本章基于对企业成长力评估指标体系与城市空间评估的研究学习，依据前文对城市空间成长力定义内涵、结构模型、构成要素的理论解析，结合笔者所掌握的特色化数据，综合打造针对城市空间成长力的具有一定创新性的指标体系，找出有针对性的、能够体现本书所构建的评估指标体系与其他相关研究存在差异性的特殊指标，构成初始评价指标体系元素。

（1）常规指标。

常规指标是指能客观反映城市空间成长力三大分力、九类构成能力要素的一般性指标。这类指标在现有的城市空间评估中应用广泛，数据源一般为统计年鉴、网站等易于直接获取的公开信息源，数据处理和计算方式也相对简

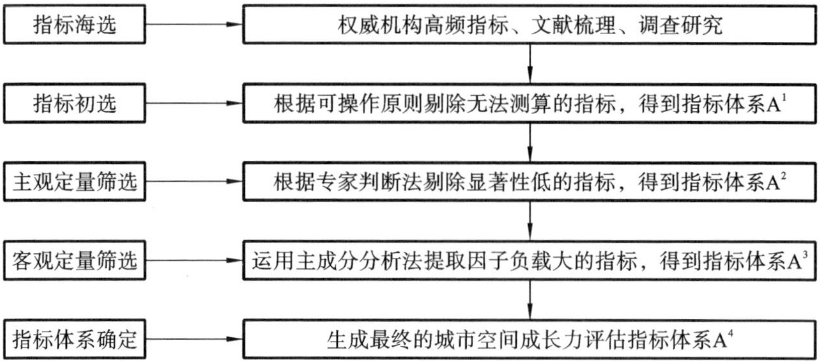

图 3-1　指标体系构建思路

单。如反映空间环境维护能力的空气质量、水环境质量、垃圾处理相关的三个正向指标；财政收入增长率、固定资产投资总额占 GDP 比重、每万人小学数、货运总量这几个评估空间生产运行能力、空间设施供给能力、空间流通合作能力的指标；高新技术产值占 GDP 比重、R&D 经费投入强度、文教娱消费支出占总支出比重、A 级以上景区数量、建成区绿化覆盖率等综合反映提升力的指标。

（2）特殊指标。

城市空间成长力评估指标体系中包含一些具有针对性的、与其他相关研究具有差异性的特殊指标。这些指标的特殊性体现在有的是基于城市空间成长力的理论内涵所提出的创新性指标，有的是数据源具有特殊性的指标。如容纳力评估方面，运用的增量用地供给量、存量用地供给量两个指标，将遥感影像数据、统计年鉴数据、土流网数据和发改委信息平台数据相结合，弥补了由于土地增量和存量数据难以获取，少有研究对其进行测算的缺憾。在空间形态结构的测度方面，以往对于城市中心的识别多采用静态数据，本书通过筛选后的商业 POI 数据识别城市的商业中心数量，以这个指标反映空间结构支撑能力。保障力评估部分，本书利用房天下、安居客网站后台数据，通过房价波动幅度比率测度住房作为公共物品的供给情况。提升力评估方面，本书利用天眼查、大众点评、湖北省政务公开网站数据，通过初创企业活力指数、品牌门店数量两个指标进行测度。相关研究多采用调研打分法对规划实施效果进行测度，根据管控政策落实情况对空间治理能力进行测度，但是考虑到数据的可获得性和本书评估体系的特点，选取规划项目完成度和土地供应计划执行率两个指标，力求通过少而精的指标来反映规划实施效果和管控政策落实情况。

2. 空间成长力评估指标的初步筛选

（1）评估指标体系准则层的设置。

对应前文城市空间成长力理论框架构建的“容纳力-保障力-提升力”3个维度的分析模型，设置3个准则层来测度综合的空间成长力水平，确定评价指标体系架构的雏形。

（2）评估指标的初步选取。

在对城市空间成长力理论与评估研究的归纳概括基础上，系统地梳理权威研究高频指标（城市可持续发展指标①、城市竞争力指标②、城市综合发展指标③），并结合国内外研究综述中空间评估相关研究（刘冬华，2007；毛蒋兴等，2008；陈爽等，2009；刘克华，2011；唐亮等，2017；许菁芸，2019；郭亮等，2019），通过调研确立指标，初步构建评价指标体系 A^1，见表3-1呈现的第1、2、3列，指标层囊括了94个指标。由于本书评估对象为区县级空间单元，许多指标受制于资料而难以获取，因此删减了15个难以通过测算或调查获得原始数据的指标，接下来将定量筛选剩下的79个指标。

3. 空间成长力评估指标的定量筛选

经过海选与初选，可获取 A^1 指标体系。尽管选定的指标均能呈现评估特征，但总的来说具有较强的主观性，并且存在数量偏多、指标间的独立性难以保证等问题。因此，对初始指标进行两个步骤的定量筛选：①选取专家判断法将显著度较低的指标去除，获取指标体系 A^2；②运用主成分分析法进行相对

---

① 中国科学院城市环境研究所可持续城市研究组. 2010中国可持续城市发展报告[M]. 北京：科学出版社，2010.

② 倪鹏飞. 中国城市竞争力报告[M]. 北京：社会科学文献出版社，2003.

③ 国家发展和改革委员会发展战略和规划司，云河都市研究院. 中国城市综合发展指标2018[M]. 北京：人民出版社，2018.

重要指标的提取，以此获取指标体系 A^3。

1）主观定量筛选——专家判断法

（1）专家判断法分析原理。

将专家对城市空间成长力指标体系中指标总的被选择次数视为一个模糊集合，并将其中每个指标 $Z_i(i=1,2,\cdots,n)$被选取的次数 Q_i 视为集合中的一个元素。假设对于第 i 个评价指标 Z_i，共 Q_i 名专家选择了 Z_i 作为显著性指标，则 Z_i 的显著度为：

$$R_i = \frac{Q_i}{N}(i = 1,2,\cdots,n) \tag{3-1}$$

式中：N——总的专家数，即回收的总问卷数。

本书参考相关文献（贺正楚等，2011）以 50％为显著度临界值，即 $R^* = 50\%$。若 $R_i > R^*$，说明指标 Z_i 相对显著，应予以保留，反之，该指标应被删除。

（2）评估指标的显著度分析。

将初步筛选得到的评估指标体系 A^1（表 3-1 所示的第 1、2、3 列）采用电子邮件、在线调查问卷、现场发放和面谈等多种形式发送给 59 位城市规划、城市管理方面的学者及相关从业人员，请专家结合自身的实践研究经验、理论知识从中选取最重要的 40～45 个指标。通过对 52 份有效调查表的统计，运用显著度公式[式(3-1)]求出各个指标的显著度（表 3-1 所示的第 4 列）。最终留下了其中的 42 个指标，构成了城市空间成长力评估指标体系 A^2。

2）客观定量筛选——主成分分析法

主成分分析法能够把多个指标转化为少数几个指标的集合，是一种降维的统计方法，并且主成分之间不相关。其基本模型为：

$$Z_i = a_{i1}F_1 + a_{i2}F_2 + \cdots + a_{ij}F_j + \lambda_i \tag{3-2}$$

式中：Z_i——第 i 个指标（$i=1,2,\cdots,n$）；

F_j——第 j 个公因子（$j=1,2,\cdots,m$），通常 m 远小于 n；

a_{ij}——因子负载；

λ_i——其他特殊因子。

表 3-1 城市空间成长力评估指标显著度分析及筛选结果

目标层	准则层	指 标 层	显著度/(%)	筛选结果
城市空间成长力	容纳力 P_1	增量用地供给量	98.75	保留
		存量用地供给量	97.62	
		森林覆盖率	86.53	
		生态系统服务价值	87.26	
		水环境容量	49.85	删除
		年均降水量	34.26	
		万元 GDP 用电量	23.44	
		大气环境容量	48.67	
		水资源丰度	不可观测	
		水土流失面积占国土面积比	不可观测	
		紧凑度指数	89.36	保留
		中心城区人口密度	92.45	
		形状指数	92.45	
		商业中心数量	85.56	
		平均核心距离	49.79	删除
		建筑密度	43.26	
		最远新城距离	32.58	
		新城数量	20.09	
		人均日通勤时间	不可观测	
		土地混合利用指数	不可观测	
		空气质量达到优于二级天数	74.65	保留
		生活垃圾无害化处理率	65.32	
		城市污水集中处理率	67.45	
		工业固体废弃物综合利用率	72.67	
		工业粉尘排放量	36.57	删除
		PM2.5 指数	不可观测	

续表

目标层	准则层	指　标　层	显著度/(%)	筛选结果
城市空间成长力	保障力 P_2	地均 GDP	48.69	删除
		地均税收	36.77	
		固定资产投资总额	25.09	
		规模以上工业企业利润总额	24.32	
		第三产业占 GDP 比重	18.69	
		工业用电量	12.10	
		社会劳动生产率	32.75	
		社会消费品零售总额	26.90	
		财政收入增长率	82.56	保留
		增量资本产出率	72.32	
		建设用地消耗强度	88.62	
		城镇居民人均可支配收入增长率	67.82	
		固定资产投资总额占 GDP 比重	25.09	
		就业平衡度	94.34	
		每万人公交线路里程数	88.76	
		道路交通面积占比	16.54	删除
		交通线网密度	35.72	
		公交出行比重	不可观测	
		房价波动幅度比率	75.67	保留
		每万人小学数	76.13	
		医疗设施覆盖率	88.86	
		每万人拥有移动电话的数量	25.42	删除
		网络普及率	32.63	
		城市燃气普及率	44.67	
		每万人拥有快递网点数量	48.72	
		人均商业建筑面积	不可观测	

续表

目标层	准则层	指　标　层	显著度/(%)	筛选结果
城市空间成长力	保障力 P_2	货运总量	74.31	保留
		交通网络中心度	90.36	
		信息流联系度	82.35	
		年国际国内大型活动举办次数	90.12	
		经济联系度	35.71	删除
		人流联系度	不可观测	
		铁路可直达城市	44.27	
		国际国内旅游人数	26.78	
	提升力 P_3	每万人拥有高校学生数	75.67	保留
		初创企业活力指数	93.24	
		高新技术产值占 GDP 比重	95.72	
		实际利用外商投资总额	86.71	
		R&D 经费投入强度	87.23	
		万人科研技术服务人员数	不可观测	删除
		规模以上工业外资企业数量	10.09	
		每百人公共图书馆藏书	11.52	
		地方政府科技投入	36.90	
		专利申请数	33.54	
		教育支出占财政支出比例	28.67	
		A 级以上景区数量	79.64	保留
		建成区绿化覆盖率	77.67	
		品牌门店数量	72.43	
		文教娱消费支出占总支出比重	86.76	
		常住人口增长率	25.42	删除
		基本医疗保险覆盖率	18.63	
		平均薪资水平	33.78	

续表

目标层	准则层	指　标　层	显著度/(%)	筛选结果
城市空间成长力	提升力 P_3	人均餐饮企业数量	41.53	删除
		居民消费价格指数	不可观测	
		义务教育学位供给量	不可观测	
		基本养老保险覆盖率	不可观测	
		万人刑事犯罪率	82.38	保留
		政务服务满意度	79.23	
		公共管理与社会组织就业人数	9.64	删除
		财政赤字占 GDP 比重	不可观测	
		规划项目完成度	87.78	保留
		规划目标实现度	85.76	
		规划满意程度	不可观测	删除
		增长调控效力指数	不可观测	
		存量土地供应比率	84.67	保留
		土地供应计划执行率	76.54	
		土地交易面积	95.56	
		土地闲置率	43.52	删除

资料来源：作者根据相关资料筛选绘制。

指标数据特征值 ε_j 为第 j 个公因子 F_j 所解释的总方差，F_j 的方差贡献率为：

$$\omega = \varepsilon_j \Big/ \sum_{j=1}^{m} \varepsilon_j \tag{3-3}$$

而因子负载 a_{ij} 与 ε_j 的关系为：

$$a_{ij} = \sum_{j=1}^{n} \varepsilon_j^2 \tag{3-4}$$

a_{ij} 数值越大，则指标 Z_i 与公因子 F_j 的相关性越高，Z_i 所含信息量越大，越重要，即予以保留。

（1）主成分分析法的分析过程。

①指标无量纲化。

正指标：正指标越大则对评估的上一级目标越有利。

$$x'_{ij}=\frac{x_{ij}-\min\{x_j\}}{\max\{x_j\}-\min\{x_j\}} \tag{3-5}$$

负指标：负指标越小则对评估的上一级目标越有利。

$$x'_{ij}=\frac{\max\{x_j\}-x_{ij}}{\max\{x_j\}-\min\{x_j\}} \tag{3-6}$$

区间型指标：期望指标最好落在某一个确定的区间，公式为：

$$x'_{ij}=\begin{cases}1-\dfrac{a-x_{ij}}{a-a^*},x_{ij}<a\\ 1,a\leqslant x_{ij}\leqslant b\\ 1-\dfrac{x_{ij}-b}{b^*-b},x_{ij}>b\end{cases} \tag{3-7}$$

式中：x_{ij}——第 j 项指标下第 i 对象的值；

x'_{ij}——第 j 项指标下第 i 对象的标准值；

x''_{ij}——经过坐标平移后的第 j 项指标下第 i 对象的标准值；

$\min\{x_j\}$——第 j 项指标中最小的一个值；

$\max\{x_j\}$——第 j 项指标中最大的一个值；

$\{a,b\}$——指标 x_{ij} 的最佳稳定区间；

$\{a^*,b^*\}$——指标 x_{ij} 的最大容忍区间。

对比分析各指标发现，只有“就业平衡度”是区间型指标。本书采用式(3-7)重新计算指标数值，最佳稳定区间为{0.9,1.2}，a^* 和 b^* 分别为数据矩阵中该项指标中的最小值和最大值。

②数据结构效度检验。

实施主成分分析法前，采用 KMO(Kaiser-Meyer-Olkin)和 Bartlett 检验的方法考察这 42 个指标之间的相关性，相关程度越高，越适用于主成分分析法。结果显示(表 3-2)KMO 检验值为 0.612>0.5，Bartlett 的球形度检验统计值 $P=0.000<0.001$，说明指标间相关程度较高，适用主成分分析法。

表 3-2　KMO 和 Bartlett 检验

取样足够的 KMO 度量		0.621
Bartlett **的球形度检验**	**近似卡方**	687.542
	df	66
	Sig.	0.000

资料来源：作者根据评估对象的相应指标通过 SPSS 19.0 软件生成。

③因子分析。

经过定量专家判断法筛选后，采用 SPSS 19.0 软件对 A^2 指标体系做进一步遴选，累积方差贡献率达到 70% 以上为筛选标准，选择 F_j 中 a_{ij} 较大的指标。

(2) 主成分分析法的分析结果。

表 3-3 结果显示，容纳力准则层总的方差贡献率为 86.56%>70%，选取第一、二、三主成分中较大的指标，删除其他指标，最终保留了 10 个指标。

表 3-3　容纳力指标层因子提取

主　成　分		**第一**	**第二**	**第三**	**合计**
特征值		**3.216**	**2.381**	**1.867**	
方差贡献率		**34.71%**	**25.09%**	**26.76%**	**86.56%**
准则层	**指标层**	**主成分负载系数**			**结果**
容纳力 P_1	增量用地供给量	0.4291			保留
	存量用地供给量	0.4412			保留
	森林覆盖率	−0.2119			删除
	生态系统服务价值	−0.4810			保留
	紧凑度指数		0.3876		保留
	中心城区人口密度		0.6845		保留

续表

主　成　分		第一	第二	第三	合计
特征值		**3.216**	**2.381**	**1.867**	
方差贡献率		**34.71%**	**25.09%**	**26.76%**	**86.56%**
准则层	**指标层**	**主成分负载系数**			**结果**
容纳力 P_1	形状指数		0.5364		保留
	商业中心数量		0.4136		保留
	空气质量达到优于二级天数			0.7610	保留
	生活垃圾无害化处理率			0.1579	删除
	城市污水集中处理率			0.6620	保留
	工业固体废弃物综合利用率			0.4110	保留

资料来源：作者根据评估对象的相应指标通过 SPSS 19.0 软件生成。

表 3-4 结果显示，保障力准则层总的方差贡献率为 93.87%>70%，选取第一、二、三主成分中较大的指标，删除其他指标，最终保留了 10 个指标。

表 3-4　保障力指标层因子提取

主　成　分		第一	第二	第三	合计
特征值		**2.857**	**3.4982**	**1.253**	
方差贡献率		**31.54%**	**48.31%**	**14.80%**	**93.87%**
准则层	**指标层**	**主成分负载系数**			**结果**
保障力 P_2	财政收入增长率	0.4110			保留
	增量资本产出率	0.1579			删除
	建设用地消耗强度	0.6620			保留
	城镇居民人均可支配收入增长率	0.2348			删除
	固定资产投资总额占 GDP 比重	0.7610			保留

续表

主　成　分		第一	第二	第三	合计
特征值		**2.857**	**3.4982**	**1.253**	
方差贡献率		**31.54%**	**48.31%**	**14.80%**	**93.87%**
准则层	**指标层**	**主成分负载系数**			**结果**
保障力 P_2	就业平衡度	0.5232			保留
	每万人公交线路里程数		−0.1049		删除
	房价波动幅度比率		0.4096		保留
	每万人小学数		0.5431		保留
	医疗设施覆盖率		0.4128		保留
	货运总量			0.4473	保留
	交通网络中心度			0.5313	保留
	信息流联系度			0.3827	保留
	年国际国内大型活动举办次数			0.2576	删除

资料来源：作者根据评估对象的相应指标通过 SPSS 19.0 软件生成。

表 3-5 表明提升力准则层总的方差贡献率为 80.1%＞70%，选取第一、二、三主成分中较大的指标，共有 10 个。表 3-3～表 3-5 中筛选出的所有指标构成指标体系 A^3。

表 3-5　提升力指标层因子提取

主　成　分		第一	第二	第三	合计
特征值		**3.5366**	**3.4075**	**1.81**	
方差贡献率		**34.89%**	**31.52%**	**13.69%**	**80.1%**
准则层	**指标层**	**主成分负载系数**			**结果**
提升力 P_3	每万人拥有高校学生数	0.1132			删除
	初创企业活力指数	0.4213			保留

续表

主　成　分		第一	第二	第三	合计
特征值		3.5366	3.4075	1.81	
方差贡献率		34.89%	31.52%	13.69%	80.1%
准则层	指标层	主成分负载系数			结果
提升力 P_3	高新技术产值占 GDP 比重	0.3817			保留
	实际利用外商投资总额	0.3085			删除
	R&D 经费投入强度	0.4375			保留
	A 级以上景区数量		0.3380		保留
	建成区绿化覆盖率		−0.4257		保留
	品牌门店数量		0.3586		保留
	文教娱消费支出占总支出比重		0.5534		保留
	万人刑事犯罪率		0.1758		删除
	政务服务满意度			−0.3980	保留
	规划项目完成度			0.4444	保留
	规划目标实现度			0.1559	删除
	存量土地供应比率			0.2238	删除
	土地供应计划执行率			−0.4794	保留
	土地交易面积			0.2232	删除

资料来源：作者根据评估对象的相应指标通过 SPSS 19.0 软件生成。

3.1.3　评估指标体系构建

1. 评估指标体系总体框架

城市空间成长力评估指标体系是以空间成长力的内涵及构成为理论基础，以成长力的具体构成要素为指标选取维度的综合指标体系(图 3-2)。

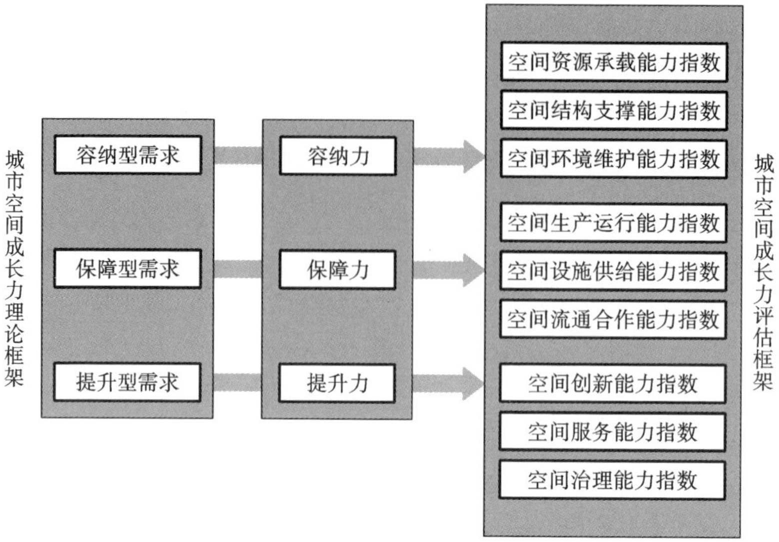

图 3-2　城市空间成长力评估指标体系构建逻辑

综合前文的筛选、降维与指标合成等定量推导，容纳力的第一主成分由 Z_1、Z_2、Z_3 指标构成，为空间资源承载能力指数；第二主成分由 Z_4、Z_5、Z_6、Z_7 指标构成，为空间结构支撑能力指数；第三主成分由 Z_8、Z_9、Z_{10} 指标构成，为空间环境维护能力指数。保障力的第一主成分由 Z_{11}、Z_{12}、Z_{13}、Z_{14} 指标构成，为空间生产运行能力指数；第二主成分由 Z_{15}、Z_{16}、Z_{17} 指标构成，为空间设施供给能力指数；第三主成分由 Z_{18}、Z_{19}、Z_{20} 指标构成，为空间流通合作能力指数。提升力的第一主成分由 Z_{21}、Z_{22}、Z_{23} 指标构成，为空间创新能力指数；第二主成分由 Z_{24}、Z_{25}、Z_{26}、Z_{27} 指标构成，为空间服务能力指数；第三主成分由 Z_{28}、Z_{29}、Z_{30} 指标构成，为空间治理能力指数。

因此评估指标体系是按照"城市空间成长力—三大分力—九类能力要素—具体指标"的层次框架来构建的，最终形成由三大准则层、9 个综合指数层与对应的 30 个具体指标构成的基于定性和定量筛选的城市空间成长力评估指标体系框架（图 3-3），各指标名称、属性与数据来源详见表 3-6。

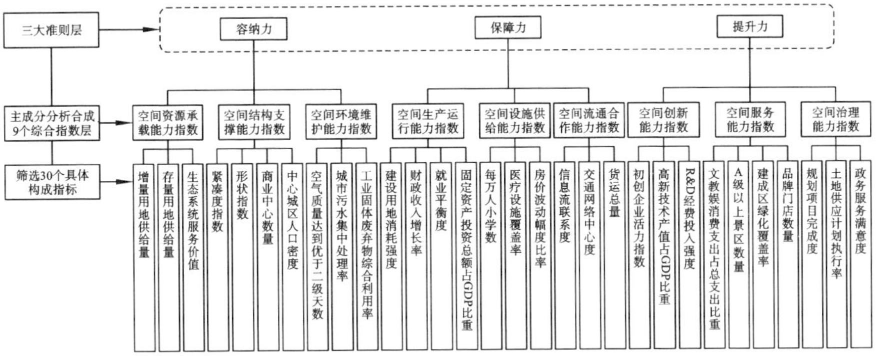

图 3-3　城市空间成长力评估指标体系框架图

表 3-6　城市空间成长力评估指标体系一览表

目标层	准则层	主成分分析综合指数层	指　标　层	指标属性	数据来源
城市空间成长力	容纳力 P_1	空间资源承载能力指数 Y_1	Z_1 增量用地供给量	正	综合数据计算
			Z_2 存量用地供给量	正	
			Z_3 生态系统服务价值	正	
		空间结构支撑能力指数 Y_2	Z_4 紧凑度指数	正	遥感影像数据计算
			Z_5 形状指数	负	
			Z_6 商业中心数量	正	POI 数据点计算
			Z_7 中心城区人口密度	正	统计年鉴数据计算
		空间环境维护能力指数 Y_3	Z_8 空气质量达到优于二级天数	正	
			Z_9 城市污水集中处理率	正	
			Z_{10} 工业固体废弃物综合利用率	正	
	保障力 P_2	空间生产运行能力指数 Y_4	Z_{11} 建设用地消耗强度	负	
			Z_{12} 财政收入增长率	正	
			Z_{13} 就业平衡度	区间	
			Z_{14} 固定资产投资总额占 GDP 比重	负	

续表

目标层	准则层	主成分分析综合指数层	指标层	指标属性	数据来源
城市空间成长力	保障力 P_2	空间设施供给能力指数 Y_5	Z_{15} 每万人小学数	正	统计年鉴数据计算
			Z_{16} 医疗设施覆盖率	正	网站数据计算
			Z_{17} 房价波动幅度比率	负	
		空间流通合作能力指数 Y_6	Z_{18} 信息流联系度	正	
			Z_{19} 交通网络中心度	正	
			Z_{20} 货运总量	正	统计年鉴数据计算
	提升力 P_3	空间创新能力指数 Y_7	Z_{21} 初创企业活力指数	正	网站数据计算
			Z_{22} 高新技术产值占 GDP 比重	正	统计年鉴数据计算
			Z_{23} R&D 经费投入强度	正	
		空间服务能力指数 Y_8	Z_{24} 文教娱消费支出占总支出比重	正	
			Z_{25} A 级以上景区数量	正	
			Z_{26} 建成区绿化覆盖率	正	
			Z_{27} 品牌门店数量	正	网站数据计算
		空间治理能力指数 Y_9	Z_{28} 规划项目完成度	正	发改委信息平台数据计算
			Z_{29} 土地供应计划执行率	正	综合数据计算
			Z_{30} 政务服务满意度	正	网站数据计算

2. 评估指标体系构成

最后形成的指标体系 A^4 所筛选的指标能够全面反映城市空间成长力的内涵与结构特性。数据来源也体现了动态与静态、传统数据与大数据相结合的思想(表 3-6)。

(1) 容纳力指标。

容纳力是构成城市空间成长力的基础,其中城市拥有的资源禀赋条件决定了城市空间成长的初始条件和最大极限,特别是土地这种稀缺性自然资源,是承载城市经济社会发展的核心自然要素,因此本书选取增量用地供给量、存量用地供给量来判断城市空间资源承载能力。比较特殊的是生态系统服务价值这一指标，目前大部分综合评估研究主要考察生态系统的自然属性，即从保护的角度出发评估生态系统的承载能力、脆弱程度等，但本书认为生态系统具有物质产品价值、生态调节服务价值、生态文化服务价值多元属性，应从"人与自然和谐发展"的角度综合考察生态系统的服务功能，这是城市空间实现可持续发展的关键。城市各类功能要素的分布位置、数量和集聚度映射在空间上即城市空间结构，是空间成长的基本骨架，紧凑集约、有机多核的空间结构能够更好地支撑城市空间发展。本书以紧凑度指数、形状指数、中心城区人口密度测度空间形态结构，以商业中心数量反映空间功能结构，其中形状指数为负指标，其值越大表明空间形态分布越离散，紧凑度越差，城市空间联系越不方便（张治清等，2013）。空间环境维护能力体现在城市消解人类活动所产生的污染废弃物，将对自然环境的负面影响降到最低。本书认为选取与空气质量、水环境质量、垃圾处理相关的三个正向指标能够较为全面地反映空间环境维护能力。

（2）保障力指标。

保障力是城市空间成长力的重要组成部分，其中空间生产运行能力不仅体现了城市经济发展水平，也反映了城市经济与空间发展协调度。因此本书着重选取能够反映经济发展绩效即综合效益的指标，如建设用地消耗强度（负指标）、财政收入增长率、固定资产投资总额占 GDP 比重（负指标）、就业平衡度（区间型指标）。公共服务设施体现了城市作为公共物品提供者的供给保障能力。市民生活需要的关键设施包括住房、医院、学校，本书分别以房价波动幅度比率（负指标）、每万人小学数、医疗设施覆盖率来衡量。空间流通合作能力体现在两个方面：一方面是城市内部各类生产要素的流通通达性，另一方面是城市在网络体系中与其他城市联系的紧密性。而考察各类要素的流通性就必须补充"流空间"的概念。各种流量中，经济流是基础，交通流和信息流是表现，因此从数据资料可获取性角度出发，截取交通流、信息流来衡量空间流通合作能力。

(3) 提升力指标。

提升力是空间成长力的关键动力来源。空间创新能力主要从创新主体、创新环境、创新资源、创新应用四个方面来考察。其中，初创企业活力指数是一个综合性的指标，初创企业的数量可以反映城市对创新主体的吸引力，高新技术产值占 GDP 比重体现了科学技术转化为生产力的转化效率，R&D 经费投入强度是衡量用于科技创新的资源充裕程度。空间服务能力方面，文教娱消费支出占总支出比重及 A 级以上景区数量可以考察城市空间是否能够提供高品质的文化、娱乐、教育等物质和精神层面的服务；建成区绿化覆盖率反映了城市绿色空间是否宜居、绿色；品牌门店数量一方面借助商业世界理性严密的选址逻辑来衡量一个城市的商业空间活力，另一方面品牌的丰富度和门店数量也是城市多样化生活服务的保证。空间治理能力方面，既往研究大多以定性或主观定量（如专家打分法）评估为主，而本书以规划调控和资源管理为切入点剖析城市空间治理能力。考虑到资料的可获取性，选取规划项目完成度、土地供应计划执行率、政务服务满意度三个指标来定量考察。

3.1.4 评估指标解释与计算说明

城市空间成长力评估指标体系中的常规指标数据源一般为统计年鉴、网站等易于直接获取的公开信息源，数据处理和计算方式也相对简单。特殊指标自身的内涵具有一定独特性，数据来源多元，需要经过一定的处理计算过程才能得到。因此本书着重对特殊指标进行解释与计算说明。

1. 容纳力指标

1) 增量用地供给量

城市内部未被利用的剩余空间资源是城市空间成长的基本条件。增量用地供给量即空间最大供应潜力，是指在行政区域范围内，除水域、基本农田、生态保护区等不适宜建设的区域外，建成区所能扩展的最大剩余空间，是一个理想状态下的极限值。本书对增量用地供给量的测算主要基于空间叠置方法，根据评估空间单元的水域、基本农田、林地、生态保护区、建成区空间分布图予以测算，其计算公式如下：

$$S_{增量用地} = S_{行政区域} - S_{水域} - S_{基本农田} - S_{林地} - S_{生态保护区} - S_{建成区} \quad (3\text{-}8)$$

其中，水域、林地面积来自对武汉都市圈第三次全国国土调查的测算(图3-4)。草地、耕地和未利用地在此极限状态下是可以转换为建设用地的。基本农田面积数据源于湖北省国土资源厅发布的《2020年湖北省自然资源综合统计年报》，统计结果如表3-7所示。

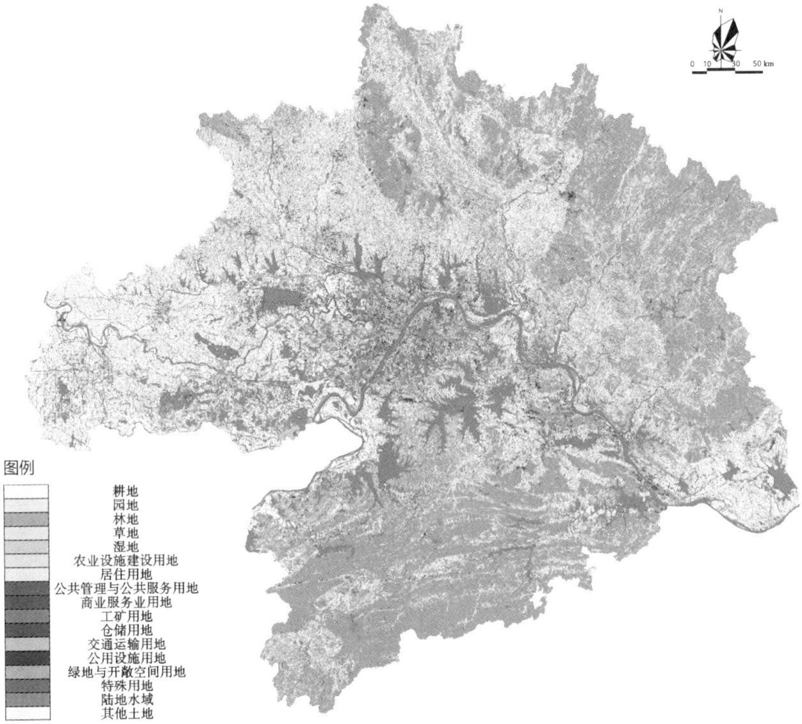

图3-4　武汉都市圈第三次全国国土调查图

表3-7　武汉都市圈各空间单元土地空间面积汇总　(单位：km^2)

空间单元		行政区域	基本农田	建成区	林地	水域
武汉市	武汉市区	886	24.24	626.86	62.05	122.06
	黄陂区	2256	778.81	166.93	523.38	214.09
	新洲区	1463	536.27	92.44	157.01	309.73

续表

空间单元		行政区域	基本农田	建成区	林地	水域
武汉市	蔡甸区	1093	338.84	196.11	56.04	154.89
	江夏区	2018	560.21	287.86	139.32	407.95
	东西湖区	495	126.54	169.06	21.77	107.92
	汉南区	287	76.44	37.58	12.16	78.92
黄石市	黄石市区	245	5.99	38.17	7.59	147.91
	大冶市	1566	382.86	124.63	378.89	157.81
	阳新县	2783	488.77	35.59	1109.49	277.83
孝感市	孝南区	1035	362.11	131.66	10.16	242.92
	孝昌县	1217	464.70	24.32	232.12	27.79
	大悟县	1986	449.02	23.14	913.03	15.52
	安陆市	1355	512.19	38.17	261.88	161.61
	云梦县	604	295.15	30.08	1.78	28.77
	应城市	1103	510.86	33.51	8.25	363.23
	汉川市	1663	755.38	86.52	12.32	114.18
鄂州市	鄂城区	593	169.22	74.16	104.44	127.78
	华容区	492	131.93	50.32	9.21	194.86
	梁子湖区	482	169.22	12.12	70.14	127.47
黄冈市	黄州区	353	55.09	78.32	39.19	147.91
	团风县	833	205.99	18.98	314.89	43.21
	红安县	1846	446.29	55.16	722.54	150.70
	罗田县	2144	267.13	22.52	1407.86	116.73
	英山县	1449	153.08	17.63	1057.79	82.57
	浠水县	1949	511.32	25.08	609.29	93.44
	蕲春县	2398	495.05	42.77	1199.33	311.49
	黄梅县	1701	568.35	62.75	346.67	208.86
	麻城市	3747	766.383	43.31	1009.16	300.81
	武穴市	1246	339.17	40.83	328.63	145.41

续表

空间单元		行政区域	基本农田	建成区	林地	水域
咸宁市	咸安区	1504	250.52	105.82	702.23	100.68
	嘉鱼县	1017	249.92	23.57	61.92	236.58
	赤壁市	1723	305.69	42.31	633.46	191.65
	通城县	1141	223.52	26.24	483.59	6.28
	崇阳县	1968	280.47	19.92	1298.56	35.99
	通山县	2680	214.84	16.23	1755.85	68.82
仙桃市		2538	959.21	81.13	33.69	134.76
潜江市		2004	958.01	51.35	4.42	487.61
天门市		2622	1309.12	52.02	78.15	339.43

资料来源:作者根据相关资料整理计算绘制。

重点生态敏感保护区的名称、所属市(县)和面积源于中华人民共和国生态环境部所公布的官方数据(表 3-8)。进一步核查发现,各重点生态敏感保护区基本都位于各空间单元土地类型识别所得的水域、林地范围内,因此在统计增量用地供给量时不再额外计算生态保护区的面积。最终得到武汉都市圈各空间单元增量用地供给量数据。

表 3-8 武汉都市圈重点生态敏感保护区

重点生态敏感保护区名称	所属市(县)	面积/km^2
九宫山国家级自然保护区	通山县	166.08
湖北九峰国家森林公园	武汉市	3.33
大别山国家森林公园	罗田县	574.27
湖北潜山国家森林公园	咸宁市	2.06
武汉东湖风景区	武汉市	88.19
赤壁陆水湖风景区	赤壁市	57.64
湖北木兰山国家地质公园	武汉市	340.00

资料来源:中华人民共和国生态环境部网站数据。

2）存量用地供给量

城市空间成长的资源条件一部分源于对存量用地的再开发利用，特别是当城市经过长时期的快速发育后，空间不断向外扩张，增量用地供给量逐渐减少，城市空间成长逐步转向城市内部更新，即对存量用地潜力的挖掘。存量用地潜力指的是在充分考虑到社会经济特征与城市自然特征的基础上，优化调整现状建设用地，对建筑密度与容积率等土地指标进行优化调整，实现对土地利用结构与土地功能的优化配置，提高经济效益与建筑用地利用效率。

存量用地供给的两大来源为：①城镇规划区范围内已有的闲置用地；②低效利用土地。闲置用地是土地使用人员已按照相关法律法规得到土地使用权的土地。现阶段无论是国土部门还是城市规划部门，都未进行覆盖全区域的城镇存量建设用地专项调查，特别是区县一级的准确数据很难得知。虽然各地土地管理部门都进行过城镇低效利用土地情况的清查，但具体的数据难以获得。因此本书根据已获得的有限资料，通过闲置用地面积、计划改造项目用地面积对存量用地供给量进行估测，以作参考。

（1）闲置用地。

本书通过土流网的数据对闲置用地面积进行估测。土流网是一个发布土地流转信息的网站，土地使用者将想转让、流转、租赁的土地信息发布在网上，包括地块面积、位置、价格等信息。研究利用八爪鱼软件爬取土流网上各空间单元所有商业、住宅、工业、仓储四类建设用地的发布信息，测算闲置用地面积。

（2）计划改造项目用地。

根据湖北省发改委“十三五”项目储备库和“十四五”初期项目储备库中的项目数据，筛选各空间单元重大产业转型升级、重大基础设施、重大生态文明建设、重大社会事业建设四大领域中涉及对现状建设用地进行改扩建的项目，统计建设用地规模。

最终得到存量用地供给量（即面积）为：

$$S_{存量用地} = S_{闲置用地} + S_{计划改造项目用地} \tag{3-9}$$

3）生态系统服务价值

城市生态系统多依靠生态空间这一载体提供服务，通过开发生态空间更深层次的价值如生态调节、产品提供、人居保障、科学艺术等，能够全面反映城市生态系统的情况。基于前文遥感影像数据的空间识别分类结果，除了城镇建设用地，各类生态空间的生态系统服务价值具体有净化空气、生物多样性维护、食物生产及废物处理等。运用谢高地等(2015)提出的生态系统单位面积生态服务价值当量法，在充分考虑到各种生态系统服务价值的基础上，以可量化的标准构建不同类型生态系统的服务价值当量，然后结合生态空间面积进行评估。根据遥感影像数据识别结果，可将武汉都市圈生态空间分为耕地、林地、草地、水域、未利用地 5 种类型，分类统计各类生态空间面积，如表 3-9 所示。根据参考文献中的系数值并结合武汉都市圈的实情予以修订，将区域耕地生态服务价值系数修正成全国平均水平的 1.58 倍并进行分析与研究，基于此求出不同生态系统的单位面积服务价值(表 3-10)，结合相关土地利用类型面积，对武汉都市圈各空间单元生态服务价值进行评估，计算公式为：

$$\mathrm{ESV} = \sum_{f}^{5} \mathrm{ESV}_f \tag{3-10}$$

$$\mathrm{ESV}_f = A_i \cdot \mathrm{VC}_{fi} \tag{3-11}$$

式中：ESV，ESV_f——某类土地利用类型生态系统服务价值和第 f 项服务价值；

A_i——土地利用类型 i 的面积；

VC_{fi}——单位面积土地利用类型 i 的第 f 项服务功能价值系数。

根据以上公式及数据，计算出武汉都市圈各空间单元的生态服务总价值。

表 3-9 武汉都市圈各空间单元生态空间面积汇总 (单位：km^2)

空间单元		耕地	林地	草地	水域	未利用地
武汉市	武汉市区	251.79	62.05	146.43	122.06	
	黄陂区	1400.59	523.38	90.34	214.09	
	新洲区	953.99	157.01	29.85	309.73	
	蔡甸区	751.93	56.04	29.37	154.89	28.78
	江夏区	1265.97	139.32	52.06	407.95	
	东西湖区	82.39	21.77	23.62	107.92	2.39
	汉南区	175.72	12.16	8.79	78.92	3.72

续表

空间单元		耕地	林地	草地	水域	未利用地
黄石市	黄石市区	112.25	7.59	1.24	147.91	
	大冶市	501.5	378.89	1.24	157.81	
	阳新县	1350.59	1109.49	37.12	277.83	
孝感市	孝南区	549.60	10.16	8.66	242.92	10.66
	孝昌县	510.42	232.12	0.81	27.79	0.05
	大悟县	506.99	913.03	10.53	15.52	
	安陆市	649.54	261.88	2.44	161.61	1.23
	云梦县	562.62	1.78	2.58	28.77	6.66
	应城市	385.73	8.25	10.24	363.23	9.49
	汉川市	573.12	12.32	19.31	114.18	18.61
鄂州市	鄂城区	314.39	104.44	0.56	127.78	
	华容区	65.63	9.21	0.27	194.86	
	梁子湖区	115	70.14	0.75	127.47	
黄冈市	黄州区	112.25	39.19	45.84	147.91	
	团风县	455.59	314.89	0.46	43.21	
	红安县	1091.67	722.54	6.57	150.70	4.69
	罗田县	672.28	1407.86	25.58	116.73	
	英山县	351.48	1057.79	20.66	82.57	
	浠水县	1243.14	609.29	1.69	93.44	
	蕲春县	1084.65	1199.33	11.83	311.49	
	黄梅县	1088.38	346.67	57.43	208.86	
	麻城市	1615.78	1009.16	113.74	300.81	
	武穴市	790.68	328.63	1.23	145.41	
咸宁市	咸安区	549.46	702.23	75.82	100.68	
	嘉鱼县	672.61	61.92	12.93	236.58	26.38
	赤壁市	798.64	633.46	45.61	191.65	3.98

续表

空间单元		耕地	林地	草地	水域	未利用地
咸宁市	通城县	371.05	483.59	155.55	6.28	84.46
	崇阳县	435.05	1298.56	201.68	35.99	2.45
	通山县	347.02	1755.85	232.06	68.82	
仙桃市		2178.66	33.69	17.26	134.76	25.19
潜江市		1764.22	4.42	0.19	487.61	1.48
天门市		1681.57	78.15	7.77	339.43	12.48

资料来源：作者根据遥感影像数据统计绘制。

表 3-10 武汉都市圈不同生态系统单位面积服务价值 （单位：元·hm^{-2}·a^{-1}）

单项服务价值	生态系统类型				
	耕地	林地	草地	水域	未利用地
食物生产	5333.04	1137.19	1490.12	3137.08	0.00
原料生产	352.92	2588.09	2195.96	901.91	0.00
水资源供给	−10313.20	1333.26	1215.62	32508.03	0.00
气体调节	4352.70	8509.34	7725.07	3019.44	78.43
气候调节	2235.17	25488.80	20430.26	8979.90	0.00
净化环境	666.63	7568.21	6744.73	21763.52	392.14
水文调节	10666.08	18587.22	14979.57	400919.30	117.64
土壤保持	39.21	10391.59	9411.25	3646.86	78.43
维持养分循环	745.06	784.27	705.84	274.49	0.00
生物多样性	823.48	9450.47	8548.55	9999.45	78.43
美学景观	352.92	4156.64	3764.50	7411.36	39.21
合计	15254.01	89995.08	77211.47	492561.30	784.28

4）紧凑度指数和形状指数

根据提取出的建成区影像数据，在 ArcGIS 软件平台中利用标识功能，分别统计每个空间单元建设用地的总面积和总周长，代入式(3-12)中计算紧凑度指数。形状指数是建立在半径基础上的一种测度，为通过对比分析被研究形状和标准圆形而获取的相对值(郐艳丽,2004)。根据式(3-13),利用Fragstas软件计算形状指数。

$$\mathrm{BCI} = 2\sqrt{\pi A}/P \tag{3-12}$$

$$\mathrm{SBC} = \sum_{i=1}^{n}\left|\left[\left(r_i/\sum_{i=1}^{n}r_i\right)\times 100 - \frac{100}{n}\right]\right| \tag{3-13}$$

式中:r_i——半径,指的是圆形外围与某图形的优势点之间的距离,图形的质心为优势点;

SBC——形状指数;

n——辐射半径个数。

表3-11是当$n=32$时的形状指数。形状指数越大,意味着空间形态分布的离散越高,紧凑度越差,城市空间联系的方便程度越来越差(张治清等,2013)。

表3-11 10个规则图形的形状指数

形状	圆形	正八边形	菱形	正方形	竖矩形	横矩形	星形	H形	扁矩形	X形
形状指数	0.0000	2.060	9.656	9.658	25.286	33.041	34.852	49.706	59.880	66.366

资料来源:潘竟虎,戴维丽.1990—2010年中国主要城市空间形态变化特征[J].经济地理,2015,35(1):44-52.

5)商业中心数量

商业是城市最主要的功能之一,商业中心是城市商业活动的关键承载,其空间格局也反映了城市空间结构。本书基于2022年百度POI数据,利用核密度分析法评估对象的商业中心数量与位置。本书实证评估共包括9个城市共计39个空间单元,由于篇幅所限,仅以武汉市商业中心的识别计算过程为例,其他空间单元的数据来源与计算分析方法与武汉市相同。

(1)POI数据分类处理。

百度POI数据涉及很多分类,每一个大类下设很多小类,但是很多分类与城市规划用地分类明显存在矛盾。比如,A3类的教育科研用地之一——为学校自己建的独立地段的学生生活用地，在百度 POI 数据分类中被划分为住宿服务类，与酒店、旅馆等同类。因此，本书主要根据《城市用地分类与规划建设用地标准》(GB 50137—2011)中有关 B 类商业服务业设施用地分类标准，经过去重、纠偏等方式与原始数据进行匹配，从中得出 251148 条商业 POI 数据，其中包括四大类：①居民生活服务；②零售消费服务；③商务办公服务；④康体休闲服务，详见表 3-12。数据经过实地调研后被证实真实可信。

表 3-12　武汉市商业 POI 数据类型

大　　类	中　　类	子　　类
居民生活服务	公共服务	洗衣冲印，宠物诊所，婚庆花艺，票务销售点，药房，美容美发，婴儿服务，物流速递，驾校，汽车服务，各类培训教育机构，丧葬服务，家政服务
	公用设施	电信网络营业服务网点，报刊电话，邮局，水、电视、气、维修服务网点
零售消费服务	零售服务	农副产品，服装鞋帽皮具店，汽车及相关用品，花鸟虫鱼市场，便利店，体育用品，典当行，家居建材，化妆品店，商超，家电电子店
	餐饮服务	小吃店，糕饼店，酒楼，冷饮甜品店，餐厅，快餐店，茶馆，咖啡厅
	住宿服务	旅馆，酒店，公寓，招待所
商务办公服务	艺术传媒	传媒公司机构，民间文艺团体，文化艺术场所
	金融商务	银行，金融保险，律师事务所，旅行社，中介机构等各行业公司企业
康体休闲服务	运动康体	运动健身场所，高尔夫球场，按摩 Spa 等
	娱乐休闲	音乐厅，网吧，KTV，棋牌室，影剧院，度假村，酒吧，游乐场等

(2) 核密度分析法。

核密度分析法的计算方程可以表示为：

$$f(s)=\sum_{i=1}^{n}\frac{1}{h^2}k\left(\frac{s-c_i}{h}\right) \tag{3-14}$$

式中：n——与位置 s 之间的距离不高于 h 的要素点数；

h——距离衰减阈值；

$k(\cdot)$——空间权重函数。

研究发现，权重函数的选择不会对分析结果形成太大影响，但是必须注重带宽的选择。从实践上看，选择带宽方法有交叉验证法（cross-validation）、Silverman 的"经验法则"（rule-of-thumb）和插入法（plug-in）（Silverman，1986）。有学者提出基于事件点之间的 k 阶最邻近距离方法确定带宽 h 值（王远飞等，2007），即：

$$h=\sum_{i=1}^{n}\sum_{j=1}^{k}d_{ij}/kn \tag{3-15}$$

$$k=\sqrt{n} \tag{3-16}$$

其中，d_{ij}、n 分别代表的是 k 阶最邻近距离、事件点数量。k 值对密度表面的光滑程度具有决定性影响，其值越大，意味着带宽 h 越大，形成的密度表面的光滑程度越高。

(3) 计算结果。

对武汉市所有商业 POI 数据进行核密度分析，应依照核密度值的高低值分布，对热点集聚区作出判定。运用带宽确定方法，经计算后确定带宽为 815 m，对研究区进行核密度分析（图 3-5），分析结果显示有良好的平滑度与明显的起伏变化，主要热点集聚区与较远区域的较小集聚区都能够显示。利用自然间断点法可将核密度值划分为八个级别，级别从高到低，最高为一级核密度值区域，该区域设置为区域级商业中心，其次为二、三级核密度值区域，该区域为市级商业中心，最后为四、五级核密度值区域，该区域为组团级商业中心，而六至八级核密度值区域没有形成商业中心。根据分类标准可以看出武汉市的区域级商业中心、市级商业中心与组团级商业中心分别有 3 个、10 个、17 个，分布在各个区（表 3-13），以各区级空间单元的商业中心数量为评估指标。

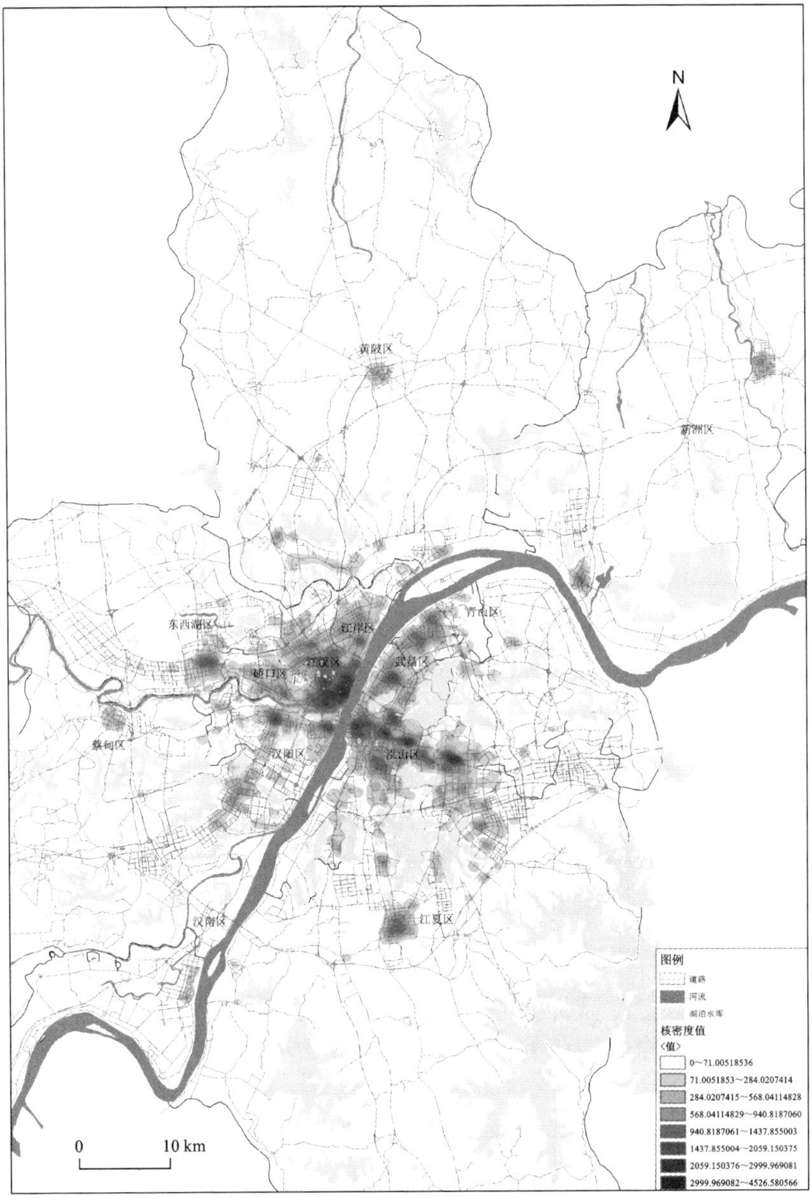

图 3-5　武汉市商业中心核密度

表 3-13　武汉市商业中心统计

行政区	中 心 等 级	核密度均值	中心所处位置
洪山区	区域级商业中心	3077.75	珞瑜路光谷广场
江汉区	区域级商业中心	3380.39	黄石路—江汉路—沿江大道
江汉区	区域级商业中心	3023.81	解放大道武广商圈
洪山区	市级商业中心	2205.77	珞瑜路街道口—广埠屯
武昌区	市级商业中心	2179.95	中南路—武珞路
武昌区	市级商业中心	2117.8	中山路—解放路—张之洞路
武昌区	市级商业中心	1777.19	中北路—汉街—水果湖
武昌区	市级商业中心	2088.16	和平大道—友谊大道—徐东大街
江汉区	市级商业中心	2207.22	西北湖—中山公园
江汉区	市级商业中心	2070.18	新华路—菱角湖—香港路
汉阳区	市级商业中心	1806.39	鹦鹉大道—汉阳大道—钟家村
汉阳区	市级商业中心	2170.56	龙阳大道—王家湾
东西湖区	市级商业中心	1802.27	东西湖大道—东吴大道—吴家山
洪山区	组团级商业中心	771.24	高新二路—民族大道—关南园路
洪山区	组团级商业中心	1480.01	卓刀泉—虎泉
洪山区	组团级商业中心	1449.92	雄楚大道—南湖—恒安路
洪山区	组团级商业中心	644.42	白沙洲大道
青山区	组团级商业中心	1112.83	和平大道—园林路—友谊大道—杨春湖路
硚口区	组团级商业中心	1004.90	解放大道—古田
江汉区	组团级商业中心	1089.28	常青路—发展大道—姑嫂树路
江岸区	组团级商业中心	1211.50	二七路
江岸区	组团级商业中心	658.83	百步亭—后湖路

续表

行政区	中心等级	核密度均值	中心所处位置
黄陂区	组团级商业中心	626.26	黄陂大道—向阳大道—前川大道—百锦街
黄陂区	组团级商业中心	620.71	巨龙大道—宋家岗
新洲区	组团级商业中心	650.77	新洲大街—风情大道—龙腾街—文昌大道
新洲区	组团级商业中心	1060.81	平江大道—阳逻
江夏区	组团级商业中心	1082.80	金龙大街—纸坊大街—庙山大道
江夏区	组团级商业中心	966.63	流芳—光谷大道—藏龙岛
江夏区	组团级商业中心	963.99	大桥新区—大花岭
蔡甸区	组团级商业中心	662.83	神龙大道—沌口

依照上述POI数据处理分析方法分别识别武汉都市圈其他城市的商业中心,统计各空间单元的商业中心数量。

2. 保障力指标

1)建设用地消耗强度

城市建设用地消耗强度是城市土地对城市经济发展贡献的直观表达,一般用城市单位第二、三产业增加值消耗建设用地量,可以用式(3-17)表示:

$$I_t = \frac{E_t}{G_t} \tag{3-17}$$

式中:I_t——t 年城市建设用地消耗强度;

E_t——t 年的建设用地量;

G_t——t 年第二产业增加值与第三产业增加值之和(唐亮等,2017)。

本书所采用的建设用地数据来源于表3-8中根据遥感数据识别统计的建成区面积,第二、三产业增加值源于各市2022年统计年鉴数据。

2)就业平衡度

就业平衡度是反映职住平衡的一个指标。为了测度就业平衡度,本书定义了就业需求密度、就业供给密度、就业供需比 3 个概念来衡量各空间单元的就业供需关系。

(1) 就业需求密度。

就业需求密度是指在一定地域范围内，居住人口中的就业人口数量与该地域内建设用地面积的比值，反映了单位地域面积上的就业需求人口数。

$$D_{\mathrm{d}i} = P_i / S_i \tag{3-18}$$

式中：$D_{\mathrm{d}i}$——第 i 个空间单元的就业需求密度；

P_i——第 i 个空间单元的居住人口中就业人口的数量；

S_i——第 i 个空间单元内建设用地的面积。

(2) 就业供给密度。

就业供给密度是指在一定的地域范围内，就业岗位数量与该地域内建设用地面积的比值，它反映了单位地域面积上的就业岗位供给数。计算公式为：

$$D_{\mathrm{s}i} = W_i / S_i \tag{3-19}$$

式中：$D_{\mathrm{s}i}$——第 i 个空间单元的就业供给密度；

W_i——第 i 个空间单元的就业岗位数；

S_i——第 i 个空间单元内建设用地的面积。

(3) 就业供需比。

就业供需比即一定地域范围内的就业供给密度和就业需求密度之比，反映了某个地域范围内就业供给与就业需求的关系。其本质上是该地域范围内就业岗位数量与居住人口中的就业人数之比。计算公式为：

$$R_i = D_{\mathrm{s}i} / D_{\mathrm{d}i} \tag{3-20}$$

当 R_i 为 0.8～1.2 时视为职住分布较为均衡，属于区间型指标（徐建刚，2016）。本书选取限额以上企业年末从业人数作为就业岗位数量，根据人口普查数据，选取 20～60 岁处于工作年龄段的常住人口数作为就业人数，计算各空间单元的就业平衡度。

3) 房价波动幅度比率

城市居民"安居乐业"的基础就是有所居，住房是绝大多数中国城市居民的刚性设施需求，也是影响居民生活幸福感的关键要素。同时，房地产业作为国民经济的支柱产业，其发展情况对我国宏观经济有着深刻影响。房价作为房地产业的核心指标，理论上是由房地产市场供求的平衡程度所决定的，当房价下跌时，一般预示着经济的衰退或萧条，此时房地产投资不足，引发房价持续下跌，反过来又预示着宏观经济恶化，形成相互加强下的恶性循环；而房价上升过快，则是经济过热，或是经济泡沫的前兆。从以上分析可以看出，房价波动通过居民消费和企业投资两个传导渠道影响着宏观经济的稳定（谭鹏，2011）。因此，应该尽量保持房价的稳定性，避免房价波动幅度较大产生负面影响，这不仅促进房地产市场的健康发展，而且对改善居民生活水平与协调经济健康发展具有重要意义。

因此，本书选取房价波动幅度比率这一指标，通过房产价格考察评估对象房产供需关系。该指标值越低，说明房价越稳定，对居民房产消费需求的保障能力越强，房地产投资市场越健康，对城市经济产生正面影响。计算公式为：

$$D=(P_{\text{max}}-P_{\text{min}})/P_{\text{avg}}\times 100\% \tag{3-21}$$

其中，P_{max}、P_{min}、P_{avg}分别为目标年份全年房价最高值、最低值和平均值。武汉都市圈各空间单元的房价最高值、最低值和平均值源于安居客网站2022年二手房价格数据。

4）*医疗设施覆盖率*

公共服务设施是指由政府部门直接或间接提供，供全体国民使用的服务或设施，一般包括教育、医疗、文体、商业、市政等社会性基础设施。其中医疗服务设施是非常重要的一部分，关系到人的生命健康安全。医疗服务设施的建设完善和优化配置是构建和谐社会、维护社会公平正义、保障和改善民生的重要体现。因此，本书关注医疗服务设施的空间覆盖水平，计算其在城市建成区的覆盖率。

通过ArcGIS平台，利用缓冲区分析模块工具统计评估单元内所有医疗服务设施的覆盖面积，计算设施覆盖面积占评估单元建成区面积的比例，即覆盖率。其中武汉都市圈的医疗设施信息源于2022年百度POI数据，基本涵盖了三甲医院、社区医院、诊所等各级各类医疗服务设施，共计4280条信息数据。缓冲区半径依据《城市居住区规划设计标准》(GB 50180—2018)中提出的

“十五分钟生活圈居住区”概念，将居民 15 分钟内步行可到达的距离作为最大服务半径，即 1 km，以此进行缓冲区分析，结果如图 3-6 所示。

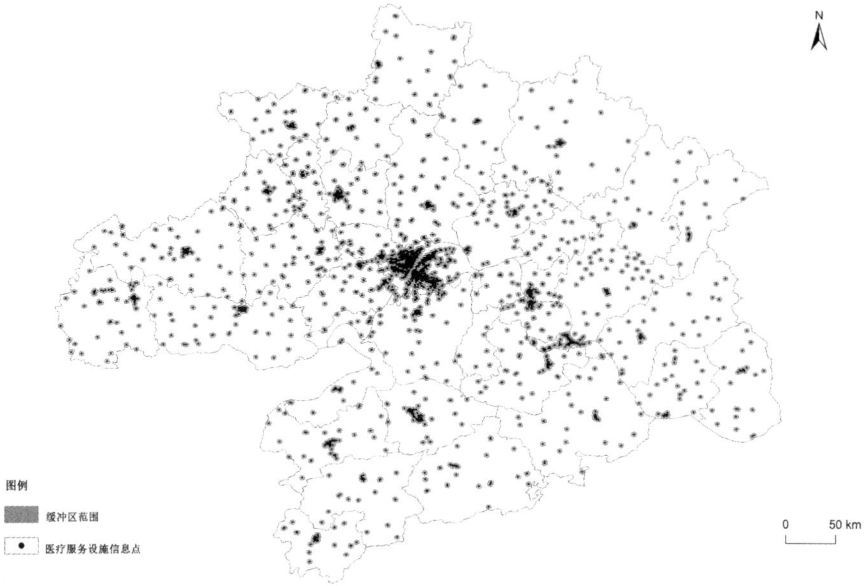

图 3-6　武汉都市圈医疗服务设施缓冲区分析图

5）信息流联系度

百度指数是以网民行为数据为基础的数据分享平台，是反映某关键词在网民和主流媒体中关注程度的指标。信息流网络的构建通过分析计算 2021 年 10 月—2022 年 10 月，城市群 39 个空间单元两两之间百度关注度平均值。

各空间单元之间信息流强度采用关注度乘积的形式表征：

$$M_i = \frac{N_{ab}}{A_b + B_a} \tag{3-22}$$

式中：M_i——城市 A 与城市 B 之间的信息流强度；

A_b——城市 A 对城市 B 的百度关注度均值；

B_a——城市 B 对城市 A 的百度关注度均值；

N_{ab}——两城市共同出现的百度关注度均值。

最后，得到城市总的信息流联系度：

$$M = \sum_{i=1}^{38} M_i \tag{3-23}$$

根据计算的联系强度大小将武汉都市圈信息网络分为五个层级①，其中第四和第五层级由于联系过于薄弱忽略不计，因此本书仅呈现三个层级（表3-14）。

表 3-14　武汉都市圈 39 个空间单元间信息网络关联度分级一览表

<table>
<tr><th>武汉都市圈</th><th>一　级</th><th>二　级</th><th>三　级</th><th>四级</th><th>五级</th></tr>
<tr><td>武汉市区</td><td>黄石市区、红安县</td><td>鄂州市、浠水县、天门市、安陆市、孝南区、仙桃市、咸安区、潜江市</td><td>汉川市、应城市、黄州区、阳新县、京山市</td><td rowspan="5">略</td><td rowspan="5">略</td></tr>
<tr><td>黄石市区</td><td></td><td>鄂州市</td><td>浠水县</td></tr>
<tr><td>孝南区</td><td></td><td>孝昌县</td><td>应城市、安陆市</td></tr>
<tr><td>鄂城区</td><td></td><td></td><td>黄州区</td></tr>
<tr><td>咸安区</td><td></td><td></td><td>嘉鱼县</td></tr>
</table>

6）交通网络中心度

通过测度各空间单元之间的交通客流来考察关联强度，交通客流采用铁路和公路客运数据。客运班次中的铁路客运数据爬取自中国铁路客户服务中心网站，公路客运数据采自车次网。分别统计不同城市之间的联系度，构建 39×39 的数据矩阵，单个空间单元的交通流联系度为其与其他所有空间单元之间联系度的总和，最后形成武汉都市圈的交通联系网络（图 3-7）。

将联系度数据导入 UCI-NET 软件平台，利用软件内的中心性分析功能计算各空间单元交通网络中心度，中心度越大说明该空间单元在城市群网络

① 信息网络层级划分：第一层级相对联系强度 0.75～1；第二层级相对联系强度 0.5～0.75，第三层级相对联系强度 0.25～0.5；第四层级相对联系强度 0.01～0.25；第五层级相对联系强度0～0.01。

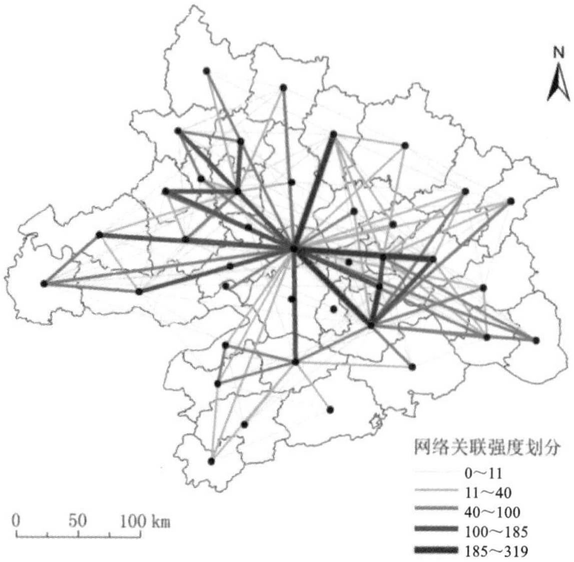

图 3-7　武汉都市圈交通联系网络图

中处于中心位置，更易获得资源和信息，拥有更大的权力和对其他城市更强的影响力。

3. 提升力指标

1）初创企业活力指数

初创企业活力指数用来反映注册 5 年内企业活力，指数越高代表初创企业的活力越旺盛。目前社会上已发布的同类企业活力指数主要有浙江省市场监督管理局发布的新设小微企业活力指数，该指数从创业活跃度、社会贡献度、创新聚合度、环境满意度 4 个角度进行编制，数据主要源于企业年报数据。本书提出的初创企业活力指数可以按照月份、年份进行测算发布，且数据可实时获取，成本低，指数测算时间短。具体算法是从天眼查网站数据库中提取出注册 5 年内的企业名称及相关信息，注册资本不限，企业状态为存续，然后用企业名称匹配招聘数据库、专利数据库、软件著作权数据库和投融资数据库中近 5 年的招聘、专利、软件著作权及融资情况，只要在近 5 年内有以上经营活动之一则记为活跃企业，通过活跃企业的占比测算初创企业活力指数。

2）品牌门店数量

本书选取品牌门店数量作为测度城市空间服务能力的指标之一，一方面借助商业世界理性严密的选址逻辑来衡量一个城市的商业空间活力与潜力，另一方面品牌的丰富度和门店数量也是城市多样化生活服务的保证。实际上，品牌门店数量常作为评估城市商业空间及城市生活方式多样性的重要指标之一，被运用于各类实际评估，如第一财经·新一线城市研究所每年发布的《中国城市商业魅力排行榜》，Mckinsey & Company 发布的 *Thriving amid turbulence：Imagining the cities of the future*。本书选取的品牌涵盖食品餐饮、母婴幼教、家居电器、服饰美妆、商超酒店 5 个领域，参考品牌网所公布的各领域知名品牌排行，结合武汉都市圈实际情况，筛选出 21 个品牌。计算方式是通过八爪鱼软件爬取大众点评网站的门店信息数据，分别统计 21 个品牌在各空间单元的门店数量和位置，总数即为该空间单元的品牌门店数量。

3）规划项目完成度

规划项目完成度的测算数据源于湖北省发改委“十四五”规划建设项目库和“十四五”初期项目储备库。该库包含了武汉都市圈所有空间单元“十四五”规划期间的在建、待建、筹建项目，项目分为重大产业转型升级、重大社会事业建设、重大基础设施、重大生态文明建设 4 个领域。

以武汉市各区规划项目完成度测算为例，具体测算办法是：统计各区 4 个重点领域的建设和项目储备总数和各项目名称，用项目名称匹配湖北省发改委投资项目在线审批平台数据库，查询其进展情况。该平台会显示项目的具体进度，分为前期准备工作、正在办理施工手续、计划开工、在建、已完成主体项目施工、已完成或停滞共 7 种状态。本书以 2022 年 10 月为时间节点，筛选出已完成主体项目施工和已完成状态的项目，统计总数，其占总项目数的比率即为规划项目完成度。

4）土地供应计划执行率

土地供应计划是政府通过土地政策参与宏观调控的重要手段，是直接针对国有建设用地供应编制的计划。土地供应计划的来源包括存量土地供给量和增量土地供给量，通过有偿和划拨两种方式供应包括居住、工业仓储、公用设施、基础设施等用途的用地。土地供应计划的内容主要是确定计划年度内土地供应的总量、来源、用途结构、先后次序、供给方式、分阶段供应的详细方案以及管理机制和政策，是政府控制土地市场的直接手段。从实际作用上来看，土地供给计划可以看作城市规划的延伸与支撑，对城市空间成长的规模、布局和结构同样具有控制作用，特别是防止“规划失控”引起用地失控。

目前，我国大多数城市土地供应计划的制定基本采用“以需定供，总量不限”的方式，所以在实际执行中可能存在供大于求的情况（黄绿筠，2002）。同时，在土地供应计划的执行过程中，涉及多部门协调管理和诸多现实阻力矛盾，同样会影响土地供应计划的有效实施。一般来说，土地供应计划执行率越高，说明该城市土地计划的制定越合理，政府对土地管理控制的效率越高，反映了政府对土地市场的决策管理能力和多部门协作能力强。土地供应计划执行率低，说明计划供给与现实用地需求严重脱节，政府在项目申报、征地拆迁、筹措资金等具体执行环节缺乏强有力的推进能力。因此，土地供应计划执行率指标可以综合反映各城市的土地市场情况和政府的治理能力，准确识别现状问题以便及时调整。

目前，武汉都市圈各城市除了武汉市自然资源和规划局会通过《武汉市国土资源综合统计报告》发布各区年度土地供应计划执行情况，其他城市都缺少直接的数据。因此，本书以各城市 2021 年计划土地供应总量为分母（源于各城市国土资源和规划局网站），以各城市 2021 年土地市场实际成交土地量为分子（源于中国土地市场网所爬取的土地交易数据），两者的比值为土地供应计划执行率，通过该方法估测土地供应计划执行情况。其中，所爬取的中国土地市场网武汉都市圈 39 个空间单元 2021 年共 8629 条土地交易信息，每一条信息均包含交易土地的位置、面积、性质、用途、价格、时间和供应方式。

3.2 空间成长力评估方法

3.2.1 评估思路与技术路线

1. 评估思路

具体的评估思路（图 3-8）是利用改进的 NK 模型计算武汉都市圈 39 个空

间单元的空间成长力水平，并根据三个成长力因子的值将空间单元分成不同的状态组合。运用 MATLAB 软件平台搜寻成长力最优提升路径，得到不同因子状态组合的最优提升路径，以此为划分城市类型的依据，识别武汉都市圈 39 个空间单元的类型。

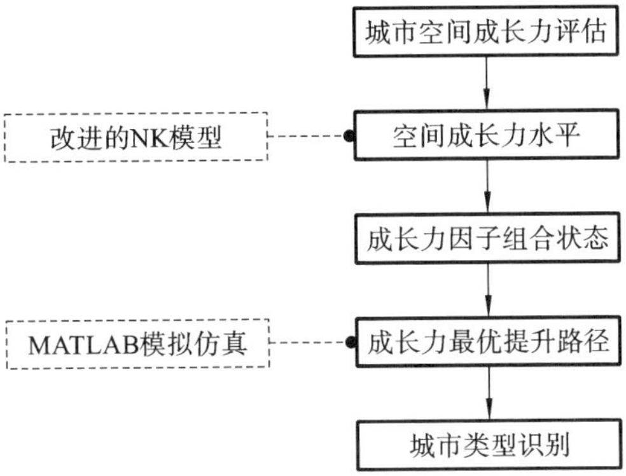

图 3-8　评估思路

2. 评估技术路线

1) NK 模型

(1) NK 模型的适用性。

NK 模型是一种源于生物学的进化仿真方法：生物体的进化是多种基因的共同作用，一种基因状态的变化会影响自身和其他相关基因的状态，生物体也因此发生变化。为了描述生物体进化的优劣程度，人口遗传学的奠基人——Sewall Wright 于 1932 年提出了适应度景观的概念（图 3-9），用山峰和山谷来描述生物体适应度的高和低。生物群体的进化通常是向山峰前进，经过一系列小的基因变化，达到局部最优（Wright 等，1986）。在此基础上，美国理论生物学家 Stuart Kauffman 在 1993 年提出适应度景观模型，其重

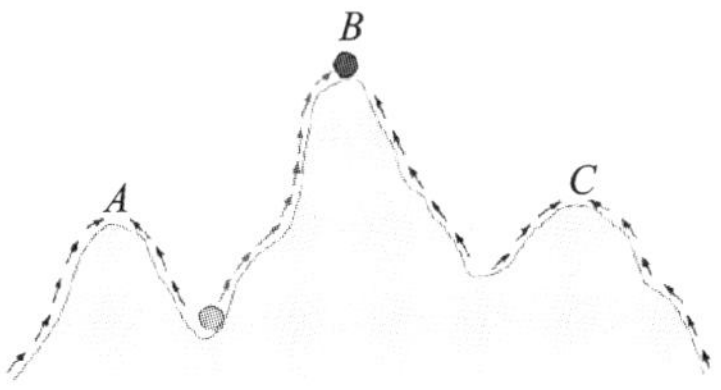

图 3-9　适应度景观的简单模型

（资料来源：维基百科）

点在于通过对系统的两个重要参数 N 与 K 进行调控，进而对适应度景观整体的崎岖程度进行调控。其中 N 代表物种内基因的数量，K 则代表基因之间的关联作用数量，K 的取值范围为 $0 \leqslant K \leqslant N-1$，$K$ 值越大，系统越复杂。NK 模型还包括另外几个重要的参数：主体可能的状态 A 以及系统的整体适应度函数 W，Kauffman 将 A 简化为 0 和 1 两种取值状态，类似于生物学中基因性质的显性基因、隐性基因。当某个基因发生变异或者与之相关联的基因发生变异时，就从均匀分布的随机变量中抽取一个数作为该基因的适应度，记为 W_i。整个系统的适应度则为所有基因适应度的均值：

$$W = \frac{1}{N}\sum_{i=1}^{N} W_i \tag{3-24}$$

目前，NK 模型主要应用于进化生物学、免疫学、复杂系统工程、优化、技术进化等多个领域（Levinthal，1997），而经济学与管理学将 NK 模型引入产业集群、战略管理、技术管理、团队管理及创新管理等多个领域的研究（刘洋，2012；郭晓音，2015；尹博等，2016；贾晓辉，2016）。城市规划领域应用 NK 模型的学者还不多，比较有代表性的成果是对小城镇的研究（陈明曼，2018；乔晶，2019）。城市生命体作为一个复杂适应系统，其空间成长类似于生物向“山峰”攀爬进化的过程，是一个不断适应外部环境和人的发展需求变化的动态过程。空间成长力是城市空间主动适应性调整能力的体现，是其适应环境、维持功能和形态演进等成长过程的核心能力和根本动力。从空间成长力的内涵和作用逻辑上看，与生物自适应力有共通性，因此 NK 模型对于城市空间成长力系统同样具有适用性（表 3-15）。本书认为城市空间成长力系统由容纳力、保障力、提升力构成，运用 NK 模型的意义在于：①可以通过计算适应度评判各空间单元成长力水平；②三力之间的相互关系，构成城市空间成长力系统的各类因子状态组合，可以准确分析各空间单元的现状特征问题和动态发展趋势；③NK 模型能够揭示城市空间向更高成长力水平提升优化的路径，可以根据优化路径的不同对各空间单元进行精准类型识别，以指导成长力水平提高的路径方向，为差异化空间成长引导策略的提出奠定基础。

表 3-15 生物体与城市空间成长力系统的对应关系

参数	生物体	城市空间成长力系统
N	物种内基因组成数量	容纳力、保障力、提升力三大因子
K	基因之间关联作用数量	三个分力之间的作用数量
A	一个基因的等位基因数量	一个因子的状态数量
W	生物体的适应度	成长力系统适应度(即成长力水平)

(2) NK 模型的缺陷。

传统的 NK 模型存在两个不足(王雷,2019)。①NK 模型中,默认所有因子的 K 值相同,即所有因子会受到相同数量的其他因子的影响,部分研究为降低系统复杂性,直接将 K 值取为 0。但实际上,每个要素可能受到不同数量的其他要素的影响,所以每个要素的 K 值可能是不相同的(刘凯宁等,2017)。特别是对于城市空间成长力系统来说,容纳力、保障力、提升力三力之间有复杂的交互作用关系,其中一个分力的变化都会引起其余两力和整个成长力系统的变化,所以不能简单地判别 K 值。②NK 模型在计算系统适应度 W 时,采用的是将所有因子的适应度相加取算术平均数的方法,这种方法默认所有因子的权重是相同的。实际上,各个因子的权重是不相同的,它们状态的变化对系统适应度的影响也不相同(侯赟慧等,2009),判断各因子的权重是非常重要的。因此,为解决传统 NK 模型存在的缺陷,本书引入了基于熵权的灰色关联模型。

2) 基于熵权的灰色关联模型

熵值赋权法是一种较为常用的客观赋指标权重的方法,能综合系统地反映指标信息的效用值。但是熵值赋权法依据当前收集的信息确定各属性的权重,依赖于实际的问题域,很难确定这些指标中哪些因素是主导因素或非主导因素,哪些因素之间相关性强。因此需要引入灰色关联度分析法(罗世俊等,2009)。

灰色关联度分析法根据因素之间发展趋势的相似或相异程度,衡量因素间关联程度,其思想是通过样本数据列和几个比较数据列的曲线几何形状相似程度来判断各个数据序列间联系的紧密性。

基于熵权的灰色关联模型就是将这两种方法结合，首先运用熵值赋权法计算各指标的权重，再利用灰色关联度分析法计算各指标的相关系数。两者与标准化指标的乘积即为该指标的最终值。具体步骤及算法如下。

(1) 熵值赋权法确定指标权重。

①指标无量纲化(标准化处理)。

设有 m 个待评对象，n 项评价指标，形成原始数据矩阵 $\boldsymbol{X}=(x_{ij})_{m\times n}$。这一步与主成分分析法的计算方法相同，此处不再赘述。其中，x_{ij} 为第 j 项指标下第 i 个评价对象的值。

②计算第 j 项指标下第 i 个评价对象指标值的比重 p_{ij}。

$$p_{ij} = x'_{ij} / \sum_{i=1}^{m} x'_{ij} \tag{3-25}$$

其中，x'_{ij} 为第 j 项指标下第 i 个评价对象的标准值。

③计算第 j 项指标的熵值 e_j。

$$e_j = -k \sum_{i=1}^{m} p_{ij} \ln p_{ij} \tag{3-26}$$

其中，$k=1/\ln m$，则有

$$e_j = -(1/\ln m) \sum_{i=1}^{m} p_{ij} \ln p_{ij} \quad (0 \leqslant e_j \leqslant 1) \tag{3-27}$$

④计算第 j 项指标的差异性系数 g_j。熵值越小，指标间差异性越大，指标就越重要。

$$g_j = 1 - e_j \tag{3-28}$$

⑤定义第 j 项指标的权重 a_j。

$$a_j = g_j / \sum_{j=1}^{n} g_j \tag{3-29}$$

(2) 灰色关联分析法确定指标相关系数。

①建立相对最佳决策方案的增广矩阵 $\boldsymbol{X}=(x_{ij})_{(m+1)\times n}$。

无量纲化处理后可得相应的无量纲矩阵 $\boldsymbol{X}'_i=\{x'_{i1}, x'_{i2}, \cdots, x'_{in}\}$，建立理想样本：$\boldsymbol{X}'_0=\{x'_{01}, x'_{02}, \cdots, x'_{0n}\}$，$\boldsymbol{X}=\{1, 1, \cdots, 1\}$。

②求绝对差序列和两极最大差、最小差。

绝对差序列：

$$\Delta_{ij} = | x'_{ij} - x'_{0j} | \tag{3-30}$$

两极最大差：

$$\Delta_{\max} = \max \max \Delta_{ij} \tag{3-31}$$

两极最小差：

$$\Delta_{\min} = \min \min \Delta_{ij} \tag{3-32}$$

③计算关联系数 ξ。

$$\xi_{ij} = \frac{\Delta_{\min} + k\Delta_{\max}}{\Delta_{ij} + k\Delta_{\max}} \tag{3-33}$$

式中：k——分辨系数，其取值范围为 0～1，一般取 0.5。

(3) 计算指标终值。

计算步骤如下：

$$Z_{ij} = a_j \times x'_{ij} \times \xi_{ij} \tag{3-34}$$

式中：Z_{ij}——第 j 项指标下第 i 个评价对象的评估终值；

a_j——第 j 项指标的权重；

x'_{ij}——第 j 项指标下第 i 个评价对象的标准值。

3) 改进的 NK 模型

基于对 NK 模型和灰色关联模型的研究，本书提出利用基于熵权的灰色关联模型修正 NK 模型，使其更符合现实情况，修正过程如图 3-10 所示。

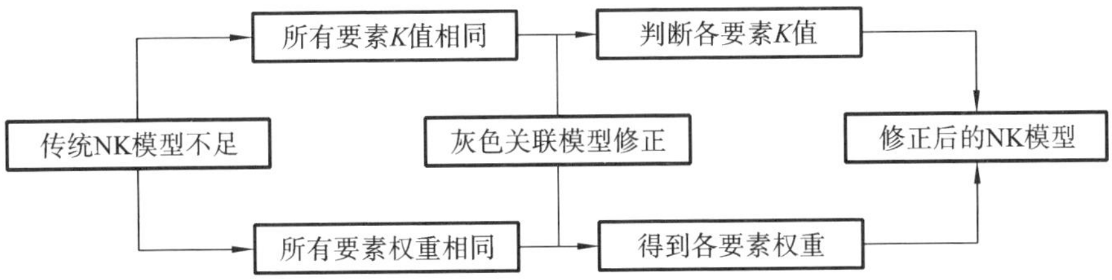

图 3-10　灰色关联模型修正 NK 模型过程

具体步骤如下。

①利用熵值赋权法确定指标、指数、因子三个层级的权重。

②利用灰色关联模型方法确定各指标的相关系数，结合权重进一步计算指数值，公式为：

$$Y_{iq} = \sum Z_{ij} \tag{3-35}$$

式中：Y_{iq}——第 i 个评价对象的指数值，$q=1,2,\cdots,9$。

因子值计算公式为：

$$P_{il} = \sum_{i=1}^{3} Y_{iq} \times y_q \tag{3-36}$$

式中：P_{il}——第 i 个评价对象的因子值，$l=1,2,3$；

y_q——指数的权重。

成长力水平值的计算公式为：

$$W_i = \sum_{i=1}^{3} P_{il} \times p_l \tag{3-37}$$

式中：W_i——第 i 个评价对象的成长力水平值；

p_l——因子的权重。

③确定各个因子之间的被影响程度。根据灰色关联模型计算所得的各指标相关系数累加可得各因子之间的相关系数矩阵。设定一个阈值，将因子之间的相关系数与该阈值进行比较，若相关系数大于或等于该阈值，则认为两因子之间相关性大，反之则说明该因子不会受到另一个因子的影响，从而确定各个因子不同的 K 值。

3.2.2 空间成长力水平评估

1. 确定权重

通过 SPSS 19.0 软件运用熵权赋值法计算得到 NK 模型因子、指数、具体指标及其权重，如表 3-16 所示。

2. 空间成长力水平值及因子状态

根据式(3-35)、式(3-36)分别计算各空间单元容纳力、保障力、提升力因子值，再根据式(3-37)计算各空间单元成长力水平值。将各空间单元的因子值与整体的因子平均值进行比较，若其大于平均值，则取其因子状态为 1，若小于平均值，则取其因子状态为 0。按照以上步骤对武汉都市圈 39 个空间单元的各项因子进行数据处理得出表 3-17。

表 3-16　NK 模型因子、指数、具体指标及其权重

项目	因　　子	指　　数	具体指标	指标属性	权　　重
城市空间成长力	容纳力因子 P_1 (0.412432533)	空间资源承载能力指数 Y_1 (0.178724129)	Z_1 增量用地供给量	正	0.029509685
			Z_2 存量用地供给量	正	0.130849696
			Z_3 生态系统服务价值	正	0.018364748
		空间结构支撑能力指数 Y_2 (0.198470348)	Z_4 紧凑度指数	正	0.017191446
			Z_5 形状指数	负	0.066358282
			Z_6 商业中心数量	正	0.054869128
			Z_7 中心城区人口密度	正	0.060051492
		空间环境维护能力指数 Y_3 (0.035238057)	Z_8 空气质量达到优于二级天数	正	0.020135314
			Z_9 城市污水集中处理率	正	0.007050543
			Z_{10} 工业固废综合利用率	正	0.0080522
	保障力因子 P_2 (0.211641716)	空间生产运行能力指数 Y_4 (0.031445164)	Z_{11} 建设用地消耗强度	负	0.004883992
			Z_{12} 财政收入增长率	正	0.011776271
			Z_{13} 就业平衡度	区间	0.006034287
			Z_{14} 固定资产投资总额占 GDP 比重	负	0.008750614
		空间设施供给能力指数 Y_5 (0.064091519)	Z_{15} 每万人小学数	正	0.035683676
			Z_{16} 医疗设施覆盖率	正	0.019253617
			Z_{17} 房价波动幅度比率	负	0.009154226
		空间流通合作能力指数 Y_6 (0.116105033)	Z_{18} 信息流联系度	正	0.031106241
			Z_{19} 交通网络中心度	正	0.023082372
			Z_{20} 货运总量	正	0.06191642

续表

项目	因子	指数	具体指标	指标属性	权重
城市空间成长力	提升力因子 P_3 (0.375925751)	空间创新能力指数 Y_7 (0.130817219)	Z_{21}初创企业活力指数	正	0.06551139
			Z_{22}高新技术产值占GDP比重	正	0.015778111
			Z_{23}R&D经费投入强度	正	0.049527718
		空间服务能力指数 Y_8 (0.200424276)	Z_{24}文教娱消费支出占总支出比重	正	0.015952741
			Z_{25}A级以上景区数量	正	0.031077873
			Z_{26}建成区绿化覆盖率	正	0.007065468
			Z_{27}品牌门店数量	正	0.146328194
		空间治理能力指数 Y_9 (0.044684256)	Z_{28}规划项目完成度	正	0.017655059
			Z_{29}土地供应计划执行率	正	0.015698334
			Z_{30}政务服务满意度	正	0.011330863

表3-17　武汉都市圈各空间单元成长力水平及各因子状态

空间单元		容纳力因子 P_1	因子状态	保障力因子 P_2	因子状态	提升力因子 P_3	因子状态	空间成长力水平 W
武汉市	武汉市区	0.312856135	1	0.173215505	1	0.267841042	1	0.26638002
	黄陂区	0.186120747	1	0.112490176	1	0.147083737	0	0.155862429
	新洲区	0.15694909	0	0.087532234	0	0.141151713	0	0.136318947
	蔡甸区	0.158707057	0	0.091947508	0	0.151826799	0	0.141991485
	江夏区	0.196884647	1	0.099245199	1	0.15114727	0	0.159026209
	汉南区	0.150371773	0	0.098026318	1	0.145210408	0	0.137353001
	东西湖区	0.154821258	0	0.106689805	1	0.154244415	0	0.144417784

续表

空间单元		容纳力因子 P_1	因子状态	保障力因子 P_2	因子状态	提升力因子 P_3	因子状态	空间成长力水平 W
黄石市	黄石市区	0.197019264	1	0.117146282	1	0.191134251	1	0.177902481
	大冶市	0.183634245	1	0.095507034	0	0.16899491	1	0.159479548
	阳新县	0.191083016	1	0.114174018	1	0.155397457	1	0.161390743
孝感市	孝感市区	0.156982108	0	0.087424726	0	0.165476031	1	0.145453949
	孝昌县	0.151243932	0	0.091067818	0	0.152571823	0	0.139007344
	大悟县	0.153426718	1	0.093078001	1	0.178609674	0	0.150121334
	安陆市	0.157067741	0	0.088110648	0	0.19264633	1	0.155848451
	云梦县	0.152607759	0	0.085386591	0	0.15577958	1	0.139573328
	应城市	0.150949017	0	0.090138752	0	0.146139577	0	0.136271036
	汉川市	0.15281648	0	0.084063831	0	0.149480901	0	0.137011621
鄂州市	鄂城区	0.208092276	1	0.09689962	1	0.155105645	1	0.164640232
	华容区	0.197782814	1	0.0848992	0	0.149565546	0	0.15576582
	梁子湖区	0.176738459	1	0.090916581	0	0.148464468	0	0.147946048
黄冈市	黄冈市区	0.150131893	0	0.09265587	0	0.146424357	0	0.136573811
	团风县	0.148779049	0	0.08981891	0	0.146264403	0	0.135355304
	红安县	0.150863007	0	0.084918984	0	0.138944429	0	0.132426
	罗田县	0.162312938	0	0.086635496	0	0.148844919	0	0.141233459
	英山县	0.15956004	0	0.101201036	0	0.139426431	0	0.139640098
	浠水县	0.158978669	0	0.095128684	0	0.140864008	0	0.138655581
	蕲春县	0.17071931	0	0.085241418	0	0.151901032	0	0.145554347
	黄梅县	0.156093929	0	0.089304221	0	0.147775707	0	0.138831406
	麻城市	0.173588564	1	0.099840027	1	0.153882129	0	0.150572141
	武穴市	0.155554909	0	0.092063106	0	0.152173264	0	0.140846147

续表

空间单元		容纳力因子 P_1	因子状态	保障力因子 P_2	因子状态	提升力因子 P_3	因子状态	空间成长力水平 W
咸宁市	咸宁市区	0.161804223	0	0.095181122	0	0.157413475	1	0.1460534
	嘉鱼县	0.170009611	1	0.092306619	0	0.143075018	0	0.143439009
	赤壁市	0.159050793	0	0.095693904	0	0.14462304	0	0.14021807
	通城县	0.155103401	0	0.094583044	0	0.140949498	0	0.136973952
	崇阳县	0.160124322	0	0.091263087	0	0.132814743	0	0.135284038
	通山县	0.160719065	0	0.11198916	1	0.1321438	0	0.139663606
仙桃市		0.190375066	1	0.094169832	0	0.145793356	0	0.153254612
潜江市		0.162382658	0	0.092973518	0	0.142280555	0	0.140135891
天门市		0.170203276	1	0.103063358	1	0.149233539	0	0.148110605

3. 空间成长力因子状态组合

研究所构建的 NK 模型中，$N=3$，$A=2(0,1)$，因此理论上一共有 $2^3=8$ 种因子状态组合。按照改进的 NK 模型计算的结果，将武汉都市圈 39 个空间单元按照不同的空间成长力因子状态组合进行分类的结果总共有 7 种，如表 3-18 所示。

表 3-18 不同的空间成长力因子状态组合所对应的空间单元

因子状态组合	空间单元
000	蔡甸区，罗田县，武穴市，赤壁市，潜江市，孝昌县，黄梅县，浠水县，汉川市，通城县，黄冈市区，新洲区，应城市，团风县，崇阳县，红安县
001	安陆市，大悟县，咸宁市区，孝感市区，云梦县
010	东西湖区，通山县，英山县，汉南区
100	华容区，仙桃市，梁子湖区，蕲春县，嘉鱼县
101	大冶市

续表

因子状态组合	空间单元
110	江夏区，黄陂区，麻城市，天门市
011	无
111	武汉市区，黄石市区，鄂城区，阳新县

3.2.3 城市类型识别

1. 计算各因子的 K 值

将灰色关联模型计算所得的各指标相关系数累加得到各因子之间的相关系数矩阵（表 3-19）之后，要设定阈值以确定各因子的影响关系。在研究中，经过专家讨论，将阈值定为 0.6。当矩阵中的因子相关系数即影响程度大于 0.6 时，取值为 1，反之则取值为 0，由此可以得到反映各因子之间影响关系的矩阵，见表 3-20。

表 3-19 因子相关系数矩阵

因子项	P_1	P_2	P_3
P_1	0.0328	0.6612	0.7899
P_2	0.9885	0.3726	0.9778
P_3	0.7742	0.9541	0.3829

表 3-20 因子影响关系矩阵

因子项	P_1	P_2	P_3
P_1	0	1	1
P_2	1	0	1
P_3	1	1	0

可以看出，经过改进后的 NK 模型各因子的 K 值均为 2，即任一因子改变

都会对另外两个因子产生影响。确定 K 值的意义在于，当 K 值等于 0 时，因子之间互不相关，单个因子的改变不会影响其他因子，因此当因子状态组合发生变化时，其成长力值是确定的，在这种情况下从 000 状态提升至 111 状态的路径是唯一的。但在 K 值不等于 0 的情况下，单个因子的改变会影响其他因子，这种影响是随机的，成长力值是不确定的，在这种情况下从 000 状态提升至 111 状态的路径并不唯一，需要从中搜寻出最优提升路径。

2. 搜寻成长力最优提升路径

NK 模型除了反映城市空间成长力水平及因子状态组合，还标示了不同因子状态组合向全局最优的位置攀爬的路径。这也是 NK 模型作为城市类型识别方法的依据。NK 模型的计算结果对于每一种因子状态组合的空间成长力水平提升均有不局限于 1 条路径的方案。在 $K=0$ 情况下，即假设空间成长力的变化仅取决于单一因子状态的改变，这是一种最简单的极限状态，此时从空间成长力水平最低值的因子状态组合（000）提升至最高值因子状态组合（111）只需从 6 条可选路径中选出最优提升路径（图 3-11）。

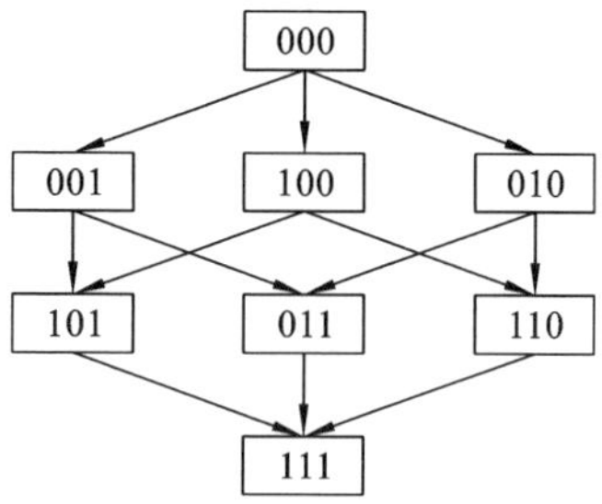

图 3-11　$K=0$ 时成长力提升路径

本书通过计算得出容纳力因子、保障力因子、提升力因子的 K 值均为 2，即空间成长力水平的变化与三个因子状态改变均有关，且一个因子状态改变会影响另两个因子的取值。因此，本书所探讨的情况更复杂，需要利用大量仿真来模拟各因子变化和相互作用对空间成长力系统整体水平值的影响，直到达到最大的成长力水平值，即“全局最优点”。通过前文对 NK 模型的介绍可以看出，对空间成长力最优提升路径的搜寻过程实际上就是成长力因子状态的演化过程，一旦确定了所有因子的状态，就能够得到对应的空间成长力的取值。通过这一搜寻过程展现出的攀爬路径，可以了解空间成长力系统中容纳力、保障力、提升力因子的状态如何发生变化，从而获得最优提升路径（王雷，2019）。

本书利用 MATLAB 2018 版本对 NK 模型进行编码仿真，模拟空间成长力系统因子状态的变化过程，并利用式(3-37)计算不同因子状态下的成长力水平值。模拟仿真的搜寻思路是：当其中一个因子的状态发生变化时，该因子以及被影响的另两个因子会被随机赋予一个新的数值。如(000)变为(100)时，P_1 值从原始数据矩阵 P_1 状态为 1 的数值中随机选一个，P_2、P_3 则被随机赋予一个新的数值(状态为 1 或 0 皆可)，再计算此时的空间成长力值。当成长力值大于状态变化前的值时，此次因子状态的变化有效，反之则无效。如此循环往复，直到所有因子状态均变为 1，达到全局最大成长力水平值(图3-12)。

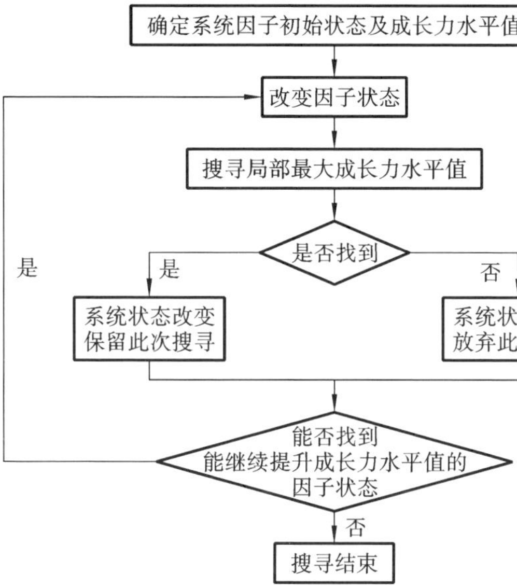

图 3-12　模拟仿真的搜寻思路示意

为了保证仿真结果的可靠性和稳定性，研究共进行了 100000 次仿真[①]。成长力系统因子的初始状态为(000)，首先考虑 3 个因子中的一个状态由“0”变为“1”，即系统的状态变为(010)、(100)、(001)中的一种。通过对仿真结果的统计分析可发现，第一步的有效搜寻结果总计 50099(17864 + 14790 +

---

① 大量的实验结果表明，当仿真的次数达到 50000 次以上时，可以得到相对稳定和可靠的结果。

17445)次,其中选择容纳力因子作为第一个状态变化的有效结果占比最大,为35.66%,即第一步应先从(000)变为(100)。在(100)状态的基础上,继续改变其他两种因子,可能的状态为(101)或(110),通过对仿真结果的统计分析,第二步有效搜寻结果总计50081次(23314+26767),其中选择保障力因子作为第二个状态变化的有效结果占比较大,为53.45%,即第二步应从(100)变为(110)。依据上述分析结果,利用MATLAB可以绘制出城市空间成长力系统提升路径,如图3-13所示。在图3-13中,提升路径由 a 点经过 b、c 点,直到全局最优点 d,各点对应的各个成长力因子状态的组合分别为(000)、(100)、(110)、(111),由此得到城市空间成长力最优提升路径为"容纳力—保障力—提升力"。

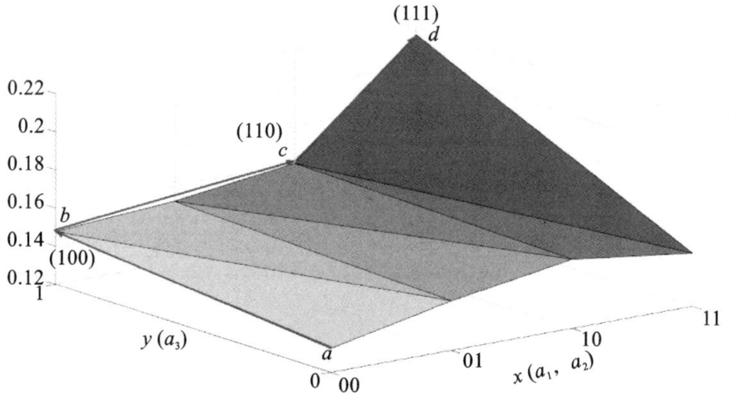

图 3-13　城市空间成长力系统提升路径

3. 划分城市类型

根据MATLAB模拟仿真搜寻获得的城市空间成长力系统最优提升路径,成长力因子状态的演化过程为:(000)—(100)—(110)—(111),由此可得出武汉都市圈不同空间成长力因子状态组合的最优提升路径,如表3-21所示。

根据成长力最优提升路径划分城市类型。

(1) 资源整合型。

其中(001)和(010)因子状态组合与(000)因子状态组合一样,成长力系统向全局最优点攀爬的过程中，首先必经的路径就是改变容纳力因子的状态，必须要全面提升空间资源承载能力、空间结构支撑能力、空间环境维护能力，达到局部最优的积累效果。(001)因子状态组合再通过提升保障力水平向更高成长力水平攀爬。(010)因子状态组合的下一步选择改变提升力的状态达到成长力最优点。

表 3-21　不同空间成长力因子状态组合的最优提升路径

因子状态组合	空间单元	成长力最优提升路径
000	蔡甸区，罗田县，武穴市，赤壁市，潜江市，孝昌县，黄梅县，浠水县，汉川市，通城县，黄冈市区，新洲区，应城市，团风县，崇阳县，红安县	000—100—110—111
001	安陆市，大悟县，咸宁市区，孝感市区，云梦县	001—101—111
010	东西湖区，通山县，英山县，汉南区	010—110—111
100	华容区，仙桃市，梁子湖区，蕲春县，嘉鱼县	100—110—111
101	大冶市	101—111
110	江夏区，黄陂区，麻城市，天门市	110—111
111	武汉市区，黄石市区，鄂城区，阳新县	—

(2) 提质增量型。

其中包括(100)和(101)两种因子状态组合。(100)因子状态组合通往成长力水平最高值的最优路径首先是提升保障力，这是影响其成长力系统的关键因子，然后是进一步增强空间创新能力、空间服务能力和空间治理能力以改变提升力因子状态。对于(101)因子状态组合的空间单元来说，唯一的短板是保障力因子，因此其达到全局最优点的关键就是补齐短板，即通过增强经济发展对空间成长的保障能力，最终实现成长力水平的整体提升。

(3) 创新联动型。

(110)因子状态组合虽然整体成长力水平较高，但是提升力薄弱，因此提升空间创新能力、空间服务能力和空间治理能力是其进一步成长需要克服的瓶颈。(111)因子状态组合空间单元虽然在整体上成长力水平为区域最高值，但是不论是容纳力、保障力还是提升力都有继续改善提升的空间，因此这类空间单元的关键在于维持当前的因子状态，全面提升各项能力水平，增强各因子之间的耦合联动关系，使自身实现正向的可持续成长。三种类型所包含的具体空间单元及空间分布如图 3-14、表 3-22 所示。

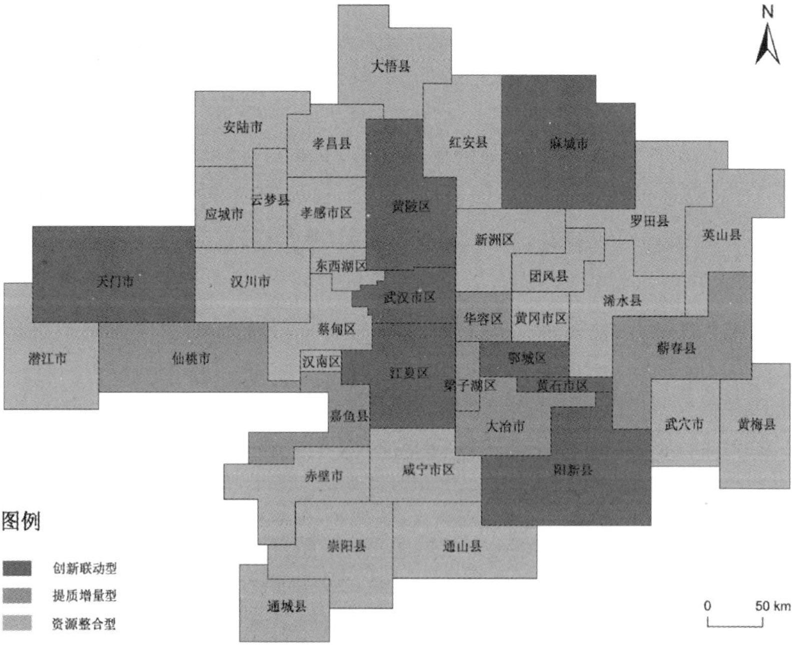

图 3-14　武汉都市圈空间单元类型划分图

表 3-22　武汉都市圈空间单元类型划分

类　　型	因子状态组合	空 间 单 元
资源整合型	000	蔡甸区,罗田县,武穴市,赤壁市,潜江市,孝昌县,黄梅县,浠水县,汉川市,通城县,黄冈市区,新洲区,应城市,团风县,崇阳县,红安县
	001	安陆市,大悟县,咸宁市区,孝感市区,云梦县
	010	东西湖区,通山县,英山县,汉南区
提质增量型	100	华容区,仙桃市,梁子湖区,蕲春县,嘉鱼县
	101	大冶市
创新联动型	110	江夏区,黄陂区,麻城市,天门市
	111	武汉市区,黄石市区,鄂城区,阳新县

3.3　评估结果与特征分析

依据改进的 NK 模型对武汉都市圈 39 个空间单元进行空间成长力评估,得到空间成长力水平、空间成长力因子状态组合、城市类型三个方面的结果。本节将从区域层面、次区域层面及城市层面三个层次进行评估结果与特征的解析,为后文提出差异化的空间成长引导策略奠定基础。

3.3.1　区域层面空间成长特征

1. 空间成长力水平分布格局:核心区＋东西南北四大次区域

本书利用 SPSS 19.0 软件对武汉都市圈各空间单元成长力水平进行系统聚类,选择中位数聚类法作为聚类方法,聚类结果按照成长力水平由高到低分为五级:第一级地区仅有武汉市区,其成长力远高于其他城市;第二级地区仅有黄石市区;第三级地区包括鄂城区、阳新县、大冶市、江夏区、咸宁市区、黄陂区;第四级地区包括孝感市区、安陆市、大悟县、东西湖区、华容区、梁子湖区、麻城市、蕲春县、仙桃市、天门市、嘉鱼县;第五级地区包括剩下的 20 个区县。

将武汉都市圈39个空间单元的成长力水平进行分级(图3-15)。可以发现,武汉市区是武汉都市圈绝对的核心,其成长力水平值远高于其他区县,其次是黄石市区副中心,两者共同构成了双核心结构。两个城市对周边的区域有强大的辐射和带动作用,围绕两个核心形成了近似于L形的成长力水平高值区间,鄂州、黄石和武汉的部分区县组成了空间成长力的核心区。而随着圈层向外的扩散,成长力水平逐渐降低,形成四大区域,分别是:①位于核心圈层西部,由蔡甸区、汉南区、天门市、仙桃市、潜江市组成的西部次区域;②位于核心圈层北部,由东西湖区、汉川市、应城市、安陆市、云梦县、孝感市区、孝昌县、大悟县8个区县构成的北部次区域;③位于核心圈层东部,由新洲区、黄冈市区、团风县、浠水县、蕲春县、武穴市、黄梅县、英山县、罗田县、麻城市、红安县11个区县组成的东部次区域;④位于核心圈层南部,由咸宁市区、嘉鱼县、通山县、赤壁市、崇阳县、通城县组成的南部次区域(图3-16)。

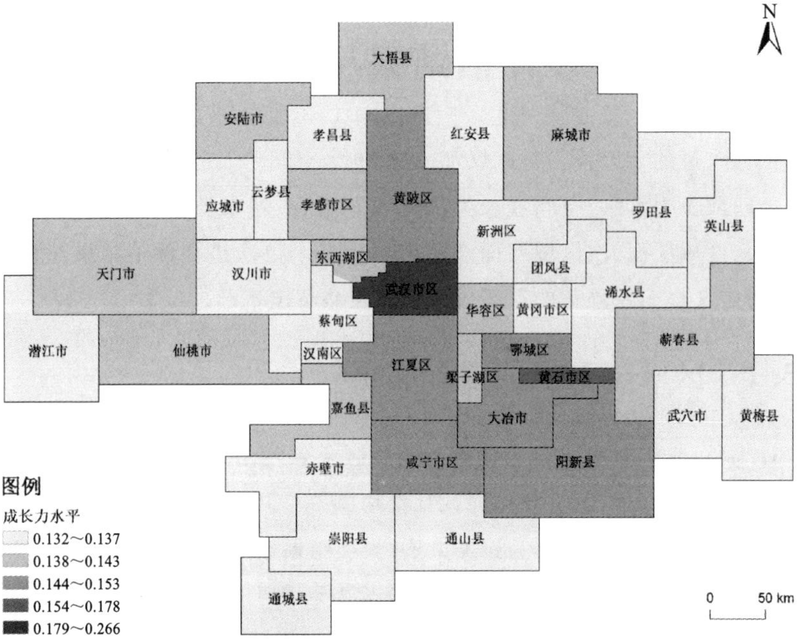

图3-15　武汉都市圈城市空间成长力水平分布图

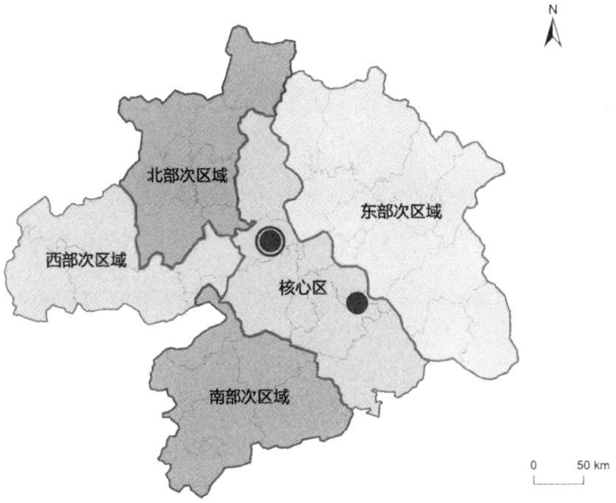

图 3-16　武汉都市圈城市空间成长力格局

每个次区域的内部都有 1～2 个局部相对高值空间单元，但整体成长力水平都不高，呈低水平均质分布状态。值得注意的是，黄冈市区是唯一一个属于成长力水平最低值分级的中心城区。从空间成长力水平的分布格局可以发现，武汉都市圈内部形成了以武汉市区、黄石市区为中心的核心区及外围东西南北四大次区域，这与目前武汉市都市圈整体的空间发展格局是一致的，局部的次区域组团也与实际的城镇组团基本相符，如武鄂黄黄城镇连绵带、天仙潜城市组团。这表明尽管成长力是一个综合了容纳力、保障力、提升力三个维度的综合性测度指标，但是仍然没有跳脱出整体区域发展格局的影响，可见区域整体空间成长格局的优化对于城市自身成长力水平提高的重要作用，这也表明合理健康地引导区域空间成长是实现城市空间成长力提升的前提与关键。

2. 空间成长力水平集聚格局：中心集聚显著，外围低水平分散

为了更加清晰地对成长力水平的空间格局进行分析，采用空间自相关分析方法识别空间集聚特征。首先用全局 Moran's I 指数来衡量武汉都市圈内空间成长力水平的空间关联与空间差异程度。

Moran's I 指数介于－1～1，当 I 值越接近 1，表示都市圈空间成长力水平呈现出集聚态势。运用 ArcGIS 空间统计模块计算 Moran's I 指数，绘制散点图（图 3-17），结果为 0.408633。说明武汉都市圈各空间单元成长力水平整体呈现出较为明显的空间集聚特征。进一步用局域 Getis-Ord Gi 指数考察空间成长力的局部关联特征，识别热点区（hot shots）与冷点区（cold shots）的空间分布情况。局域 Getis-Ord Gi 指数的表达式为：

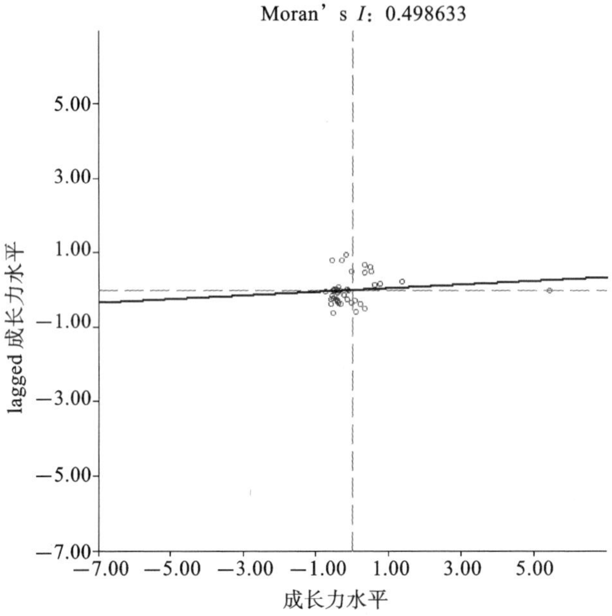

图 3-17　全局 Moran’s *I* 指数散点图

$$G_i(d) = \frac{\sum_{j=1}^{n} w_{ij}(d)x_j}{\sum_{j=1}^{n} x_j} \tag{3-38}$$

对 $G_i(d)$进行标准化处理：

$$Z(G_i) = \frac{G_i - E(G_i)}{\sqrt{\mathrm{Var}(G_i)}} \tag{3-39}$$

式中：$E(G_i)$——G_i 的数学期望；

$\mathrm{Var}(G_i)$——G_i 的方差；

w_{ij}——空间权重。

如果 $Z(G_i)$为正且显著，表明位置 i 周围的值相对较高（高于均值），属于高值空间集聚区，即热点区；反之，如果 $Z(G_i)$ 为负值且显著，则表明位置 i 周围的值较低（低于均值），属于低值空间集聚区，即冷点区。结果表明武汉都市圈空间成长力热点区形成“一大、一小”两个片区，武汉市的部分区以及黄石市区、鄂城区处于高值区，冷点区范围较大，在武汉都市圈外围边缘形成一个倒C形区域（图 3-18），成长力水平值较低且集聚特征不明显，处于低水平分散状态。

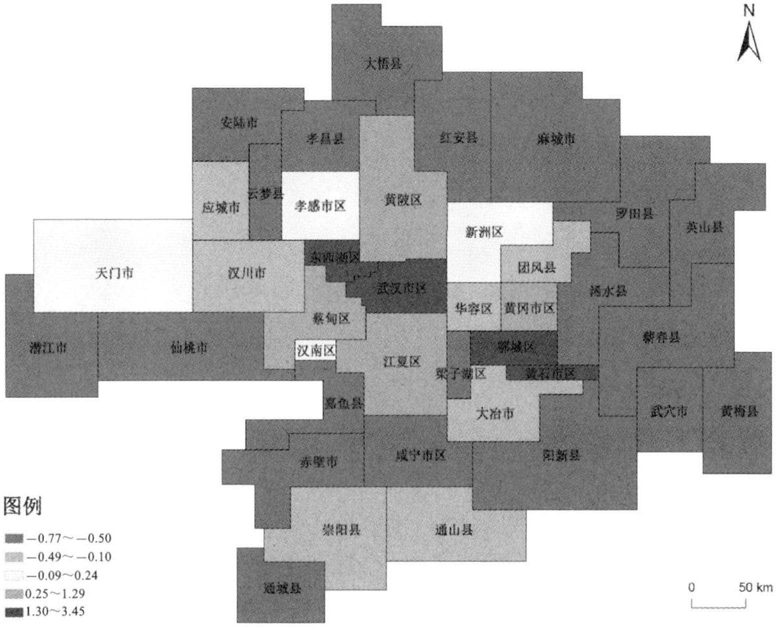

图 3-18　城市空间成长力局部集聚特征图

3. 空间成长力要素配置格局：资源与需求错配，需要整合调配

在评估中发现，有些属于成长力水平高值区间的城市空间资源供给的余量已经不足，但是保障力、提升力水平较高，说明仍有持续的空间成长需求和潜力。与此相反，有些处于成长力低值区间的城市空间容纳力、保障力和提升力水平都不高，但是空间资源量较为充足，实际发展中用地扩展过快，且大多用于新城和产业园区开发，但是新增用地所产生的经济社会效益不高，属于粗

放的空间成长模式，表现为空间生产运行能力指数偏低，空间服务能力不足。以上种种都是空间资源与实际成长需要不匹配的结果，依靠城市自身很难得到根本性的调节，而是需要从区域宏观层面，对资源进行统一调配，实现空间要素分布的合理化。

3.3.2 次区域层面空间成长特征

1. 核心区

（1）形成连绵带状的空间成长力水平高值区域。

核心区包括武汉市区、江夏区、黄陂区等空间范围，是武汉都市圈空间成长力水平最高的地区。从空间分布来看，这些空间单元形成一条东西向的带状区域，在各类规划中将其归为武鄂黄黄城镇连绵带，其中包括创新联动型城市武汉市区、江夏区、黄陂区、黄石市区、鄂城区、阳新县，提质增量型空间单元华容区和梁子湖区。根据空间成长力因子状态组合评估结果，武汉市区、黄石市区、鄂城区和阳新县为(111)状态组合，这类空间单元在容纳力、保障力、提升力三个维度均高于区域平均水平，因此不仅是空间成长力水平最高的区域，也是空间成长动力最强劲、潜力最大的区域。从保障力因子的维度分析，武汉市区的空间生产运行能力和空间流通合作能力都远超其他三个空间单元，但是在空间设施供给能力方面，其他三个区县的教育、医疗设施较为便利，房价也相对稳定。从提升力因子的维度分析，这四个空间单元空间创新能力指数的各项指标都表现优异，差别并不是很大。武汉市区作为区域核心城市，拥有极强的商业资源集聚吸引能力，表现为品牌门店数量非常多、类型丰富、规模较大、档次较高。经济社会的高度发展需要强大的空间治理能力支撑，因此这四个成长力高值区的规划项目完成度、土地供应计划执行率和政务服务满意度指标值都较高。

江夏区和黄陂区属于(110)状态组合，两者分别背靠武汉临空经济区和东湖国家自主创新区，经济区位优越，2021 年 GDP 总量及增速、地方财政收入及增速均位于武汉市新城区的前列（图 3-19），发展临空产业、装备制造、汽车、光电子、生物医药等主导产业，成为武汉市经济实力较为雄厚的行政区。

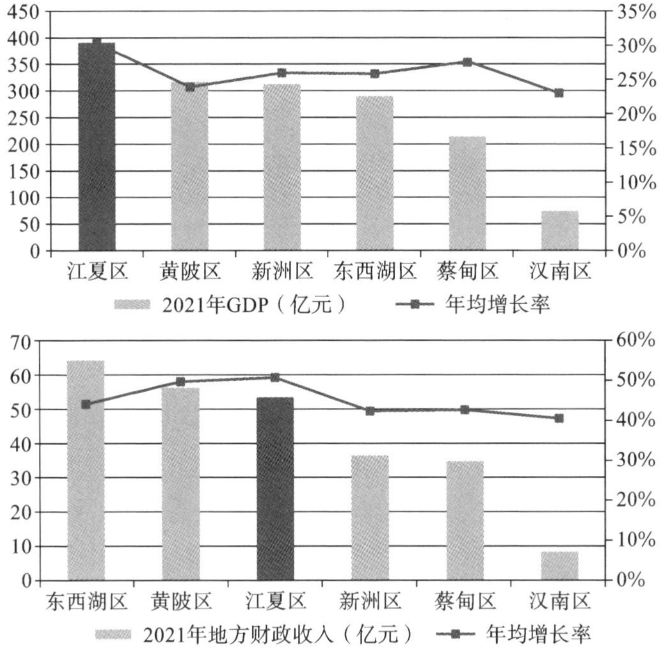

图 3-19　江夏区、黄陂区主要经济指标比较图

(2) 空间资源要素分布不均，整体利用效率低。

虽然目前武汉市区、黄石市区、鄂城区和阳新县这四个区县的容纳力指数值较高，但主要是空间的紧凑集约度、有机多核度较高，使空间利用率较高。四者面临的共同问题是城市发展空间较小，且现有可供发展的存量用地布局也比较分散，特别是黄石市区面积非常小，远不如下辖的阳新县和大冶市。江夏区和黄陂区是武汉市拥有最多增量用地空间的两个区县，但是高速的经济发展是建立在建设用地大规模快速扩张的基础上的，空间形态上表现为紧凑度较低，空间功能上表现为建设用地消耗强度偏高，空间治理上表现为规划项目完成度和政务服务满意度较低，整体效益偏低(图 3-20)。与产业高速发展、产业园区遍地开花形成强烈对比的是两个区公共服务设施水平滞后，表现为教育、医疗设施覆盖率不高，商业品牌规模小、档次低。华容区、梁子湖区的空间资源本底条件并不具备优势，而是空间结构支撑能力和空间环境维护能力的强大使容纳力水平较高，成为其优势。

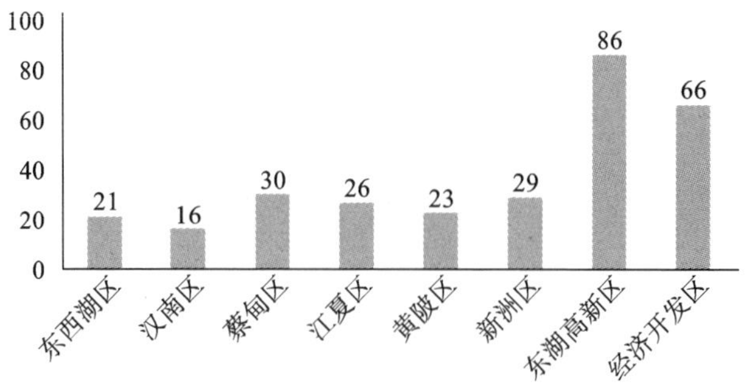

图 3-20　2021 年武汉市各区工业地均效益(亿元/km²)

大冶市作为提质增量型城市,从最初的采矿冶炼基地,到重工业主导的工矿城市,再到近代新型工业城市,一直面临产业转型升级的压力。大冶市目前的问题是生态环境保护压力大,从评估结果中可以发现大冶市存量用地供给量非常少,污水集中处理率不高,综合来看容纳力虽然较强,但是空间环境维护能力有待加强。保障力指标方面,财政收入增长率和就业平衡度指数偏低,反映出大冶市经济实力薄弱,不能提供充足的就业岗位,同时建设用地消耗强度和固定资产投资总额占 GDP 比重这两个负向指标偏高,说明大冶市经济发展模式还比较粗犷,还未完全实现产业转型升级的目标。作为一个传统的工业城市,大冶市基础设施条件优越,表现为通达的交通网络和大量的货运流量。工矿产业不仅推动了大冶市初期的经济发展,还塑造了大冶市独一无二的历史文化风貌,A 级以上景区数量、品牌门店数量、建成区绿化覆盖率指标高值说明大冶市拥有相对绿色宜居的空间环境,并有持续提升空间服务能力的潜质。

2. 东部次区域

(1) 围绕局部高值区域形成若干城镇组团。

东部次区域包括新洲区及黄冈市域范围。东部次区域内大部分为(000)因子状态组合资源整合型空间单元,仅有麻城市为(110)因子状态组合创新联动型,蕲春县为(100)因子状态组合提质增量型。因此,从空间分布上看,空间成长力水平低值城市围绕局部高值区域形成了若干城镇组团,如麻城-大悟-

罗田-英山。从图 3-21 可以发现，东部次区域各空间单元的容纳力与区域均值差距较大，其次是提升力，保障力与区域均值差距较小。回溯提升力部分指标(表 3-23)，大部分空间单元的部分指标情况较好，但是核心指标初创企业活力指数、文教娱消费支出占总支出比重、规划项目完成度情况对比城市圈整体较差，反映出空间创新能力、空间服务能力、空间治理能力的不足。

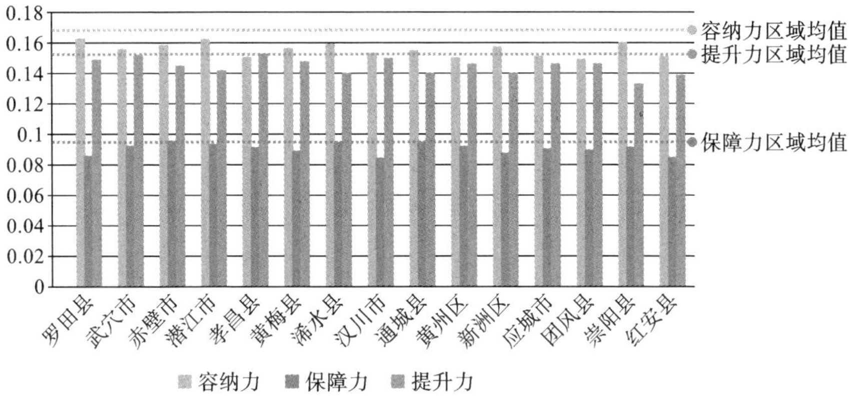

图 3-21　东部次区域各空间单元三力值与区域均值差距

表 3-23　东部次区域各空间单元提升力部分指标

准则层	提　升　力				
指数层	空间创新能力指数	空间服务能力指数		空间治理能力指数	
指标层	初创企业活力指数	文教娱消费支出占总支出比重	A 级以上景区数量	规划项目完成度	土地供应计划执行率
新洲区	3.27	5.68	1	25	36.69
黄冈市区	2.13	6.07	8	15.46	34.15
团风县	4.16	4.32	2	66.67	25.29
红安县	3.01	4.52	7	24.57	9.52

续表

准则层	提升力				
指数层	空间创新能力指数	空间服务能力指数		空间治理能力指数	
指标层	初创企业活力指数	文教娱消费支出占总支出比重	A级以上景区数量	规划项目完成度	土地供应计划执行率
罗田县	2.88	3.26	5	76.08	9.59
浠水县	1.94	4.73	5	32.43	83.23
黄梅县	2.12	6.14	5	32.85	34.25
武穴市	1.18	5.77	6	42.86	22.58
蕲春县	4.78	5.98	9	20	24.8
麻城市	1.51	6.22	8	100	34.6
英山县	3.28	3.26	9	15.15	27.04
指标均值	3.113718	5.608718	4.717949	33.44205	52.31641

(2) 空间资源基础较好,经济实力普遍不强。

根据评估结果,东部次区域内各区县整体的空间资源基础较好,但是经济实力普遍偏弱,表现为保障力水平较低。回溯容纳力的部分指标(表 3-24)发现,除黄冈市区外,大部分空间单元的增量用地供给量与区域均值差距不大,说明拥有相对富足的成长条件。但是除了少数区县,存量用地供给量、紧凑度指数、形状指数、中心城区人口密度都与区域均值有不小的差距,特别是反映城市空间紧凑集约程度的紧凑度指数和中心城区人口密度两项指标。这说明目前东部次区域的空间成长模式较为粗犷,空间资源整体的利用效率低下,但说明未来对空间资源进行整合利用的潜力大。以麻城市为例,麻城市地处大别山生态区,自然资源条件得天独厚,增量用地供给潜力理论上很大,生态系统服务价值较高,这是两者容纳力指数远高于区域均值的主要原因。但是自然资源既是优势也是限制,在湖北省主体功能区规划中,麻城市属于大别山生态屏障区，从维护区域生态安全的角度，不可能走大规模开发建设的空间成长路径。麻城市目前主导产业为冶金、汽配、花岗石材、电力能源、农产品加工，总体来说经济综合实力不强，其保障力指数值在武汉都市圈处于中等水平。

表 3-24 东部次区域各空间单元容纳力部分指标

准则层	容纳力					
指数层	空间资源承载能力指数			空间结构支撑能力指数		
指标层	增量用地供给量	存量用地供给量	生态系统服务价值	紧凑度指数	形状指数	中心城区人口密度
新洲区	347.12	11.16	95.09	0.009432	89.2318	616
黄冈市区	32.49	14.25	81.654	0.008204	89.4674	112.57
团风县	249.93	7.054	56.61	0.009032	89.2546	445.66
红安县	471.31	0.21	156.414	0.008874	90.1135	339.2
罗田县	329.76	1.02	196.41	0.008756	90.1578	257.79
浠水县	709.87	3.36	119.94	0.009036	87.6903	554.04
黄梅县	514.37	1.37	155.1	0.007946	89.6638	592.18
武穴市	391.96	0.52	113.34	0.009025	90.1679	666.13
蕲春县	349.36	27.44	278.8	0.008854	75.5531	458.79
英山县	137.93	0.445	142.81	0.007923	88.9014	250.79
麻城市	1627.34	0.57	272.41	0.008959	90.0348	312.12
指标均值	433.7823	17.00638	134.6052	0.009399	77.89885	682.1474

3. 西部次区域

（1）整体布局分散，天门市和仙桃市为高值区。

西部次区域由天门市、潜江市、仙桃市、蔡甸区、汉南区 5 个空间单元构成。空间分布分散，没有一定的规律。其中天门市是创新联动型城市，仙桃市为提质增量型城市，成长力水平在次区域内较高。

（2）空间成长力能力要素优劣势明显。

具体分析西部次区域各空间单元的容纳力和保障力指标（表 3-25、表

3-26)，发现西部次区域各区县的优劣势都较为明显。优势在于空间资源本底条件较好，并且空间结构支撑能力和空间环境维护能力的强大使容纳力水平较高，对空间资源的整合利用能力较强，空间成长的潜力较大，具备容纳更多人口的基础条件。但是受到政策及区位限制，空间设施供给能力和空间流通合作能力受到影响。以天门市和汉南区为例。天门市地处江汉平原，增量用地供给空间大，生态系统服务价值较高，但是在湖北省主体功能区规划中，天门市属于江汉平原湖泊生态区，同时还是重要的农业发展区，基本农田保有量位于都市圈前列，所以从维护区域粮食安全格局的角度，天门市的产业发展受到限制，主要依托自身资源禀赋发展纺织、机械、医药及食品加工。汉南区是武汉市国家级经济开发区，经济实力雄厚，建设用地消耗强度、财政收入增长率、就业平衡度三个指标可以反映其经济发展水平较高，由于其属于武汉市远城区，且不邻近航空、高铁交通枢纽，虽然货运总量很大，但是在区域信息网络和交通网络中的地位并不突出，说明与圈内其他空间单元联系并不紧密。

表 3-25　西部次区域各空间单元容纳力指标

准则层	容纳力									
指数层	空间资源承载能力指数			空间结构支撑能力指数				空间环境维护能力指数		
指标层	增量用地供给量	存量用地供给量	生态系统服务价值	紧凑度指数	形状指数	商业中心数量	中心城区人口密度	空气质量达到优于二级天数	城市污水集中处理率	工业固体废弃物综合利用率
汉南区	69.71	6.28	58.202	0.0076	86.253	0	467	207	97.53	97.1
蔡甸区	367.55	5.44	183.54	0.0072	88.903	1	667	258	99	97.2
天门市	843.28	1.07	200.469	0.0107	66.003	2	613.73	265	86.15	83.28
潜江市	502.61	1.27	267.511	0.0127	53.490	2	480.04	264	88.97	90.41

续表

准则层	容纳力									
指数层	空间资源承载能力指数			空间结构支撑能力指数				空间环境维护能力指数		
指标层	增量用地供给量	存量用地供给量	生态系统服务价值	紧凑度指数	形状指数	商业中心数量	中心城区人口密度	空气质量达到优于二级天数	城市污水集中处理率	工业固体废弃物综合利用率
仙桃市	1329.21	35.09	103.989	0.0131	54.29	1	607.96	272	90.48	88.65
指标均值	433.7823	17.0063	134.6052	0.0093	77.89	2.1	682.14	263.8	86.32	88.46

表 3-26　西部次区域各空间单元保障力指标

准则层	保障力									
指数层	空间生产运行能力指数				空间设施供给能力指数			空间流通合作能力指数		
指标层	建设用地消耗强度	财政收入增长率	就业平衡度	固定资产投资总额占 GDP 比重	每万人小学数	医疗设施覆盖率	房价波动幅度比率	信息流联系度	交通网络中心度	货运总量
汉南区	0.13	16.4	0.6544	80.94	0.62	8.23	14.12	387	3.5	9078.25
蔡甸区	0.27	10.2	2.0243	103.37	1.18	21.54	12.65	776	2.5	5360.19
天门市	0.01	10.8	4.2883	88.73	0.62	89.41	1.72	1060	27.5	439
潜江市	0.01	7.5	3.7019	80.3	0.94	47.77	9.48	1253	32.5	517
仙桃市	0.01	8.2	2.5528	78.72	0.64	61.25	23.48	1261	30	2004.6
指标均值	0.1479	12.4492	2.8634	109.64	1.23	42.55	11.94	799	23.16	2671.20

4. 南部次区域

(1) 高值区表现突出，核心引领全区。

南部次区域为咸宁市域范围。其中嘉鱼县和咸宁市区的空间成长力水平较高，分别为0.143和0.146，与其他区县相比较为突出，处于核心引领地位。

(2) 单一成长力因子主导特征显著。

嘉鱼县为(100)空间成长力因子状态组合，其空间结构支撑能力和空间环境维护能力的强大使容纳力水平较高，说明城市对空间资源的整合利用能力较强，空间成长的潜力较大，具备容纳更多人口的基础条件。通山县为(010)保障力主导的因子状态组合，其在湖北省主体功能区规划中分别被划定为省级贫困区，经济发展主要依靠政策及投资驱动，表现为固定资产投资总额占GDP比重偏高，房价波动幅度比率较大。这种发展模式的优势在于在一定时期保障了城市经济社会的平稳运行，特别是教育、医疗等公共服务设施建设的投入，有利于民计民生。咸宁市区属于(001)提升力主导的因子状态组合，优势在于空间软环境的营造，文教娱消费支出占总支出比重高和高于均值的A级以上景区数量侧面反映居民物质和精神生活的丰富，城市空间能够满足其多样化的需求。从空间治理能力角度，咸宁市区通过规划、土地利用计划调控空间资源的执行力较强，人民群众对政府的政务服务满意程度也比较高。

5. 北部次区域

(1) 各空间单元差距不大，低水平均质分散。

北部次区域包括东西湖区、汉川市、应城市、安陆市、云梦县、孝感市区、孝昌县、大悟县。次区域内的所有空间单元均为资源整合型城市，这些空间单元的成长力水平差距并不大。从空间分布上来看，在武汉都市圈外围边缘分散连片分布。所以，整体上北部次区域呈现低水平均质分散特征。

(2) 提升力水平较高，优于都市圈平均水平。

北部次区域内的大部分空间单元属于(001)提升力主导的成长力因子状态组合，包括安陆市、大悟县、云梦县和孝感市区。这类组合空间单元的优势在于空间软环境的营造。高新技术产值占GDP比重、R&D经费投入强度等指标较平均值偏高说明这些区县拥有利于投资创新的宜业环境。文教娱消费支出占总支出比重高反映居民物质和精神生活的丰富，城市空间能够满足其多样化的需求，再加上绿色空间共同营造宜居的城市环境。从空间治理能力角度，这些城市通过规划、土地利用计划调控空间资源的执行力较强，人民群众对政府的政务服务满意度也比较高(表 3-27)。

表 3-27　北部次区域各空间单元提升力指标

准则层	提升力									
指数层	空间创新能力指数			空间服务能力指数				空间治理能力指数		
指标层	初创企业活力指数	高新技术产值占GDP比重	R&D经费投入强度	文教娱消费支出占总支出比重	A级以上景区数量	建成区绿化覆盖率	品牌门店数量	规划项目完成度	土地供应计划执行率	政务服务满意度
孝感市区	2.09	87.96	1.67	7.72	6	46.9	107	40.28	31.38	99.95
大悟县	1.99	82.52	3.04	8.06	5	32.5	23	33.33	92.22	99.63
安陆市	32.59	92.33	1.83	5.76	2	37.9	29	32.82	96.68	99.18
云梦县	2.54	88.27	1.75	5.09	2	41.2	18	33.07	79.2	99.14
孝昌县	2.08	90.39	0.55	6.05	2	36.2	24	29.63	60.79	99.81
应城市	1.48	63.93	0.46	6.94	5	39.9	40	24.57	71.04	98.76
汉川市	2.52	85.38	0.43	4.98	3	25.3	54	23.81	95.63	98.51
指标均值	3.11	59.72	0.82	5.61	4.71	39.23	136.25	33.44	52.31	99.44

3.3.3　城市层面空间成长特征

根据前文对城市空间成长力概念内涵的阐释，空间成长力是成长条件、水平、潜力的综合体现，是由三大维度 9 种能力要素构成的集合系统，本节对各类型城市特征的解析从两个层面进行：①当前各能力要素的状态水平及相互关系具有什么特征，有哪些问题；②未来成长力提升过程中各能力要素是否有上升潜力，能否提供持续性的支撑。

1. 资源整合型城市

1）成长力结构失衡，适应需求变化能力较差

资源整合型城市在武汉都市圈内是数量最多的，包含了黄冈、咸宁、孝感市域范围内的大部分区县。从各空间单元能力指数雷达图（图 3-22～图 3-24）可以看出，(000)、(001)、(010)这 3 种因子状态组合的空间能力结构都极不均衡。(000)组合除了空间结构支撑能力和空间服务能力比较突出，其他空间能力值都较低，特别是空间治理能力、空间环境维护能力和空间生产运行能力 3 项构成了雷达图的局部凹陷。(001)、(010)组合为单因子主导状态，其空间成长力结构的不平衡特征更为明显。(001)组合的空间创新能力、空间服务能力跟其他 7 个能力要素相比较为突出。(010)组合的空间成长力结构形态与(000)组合相似，不同的是其空间设施供给能力和空间流通合作能力更强。

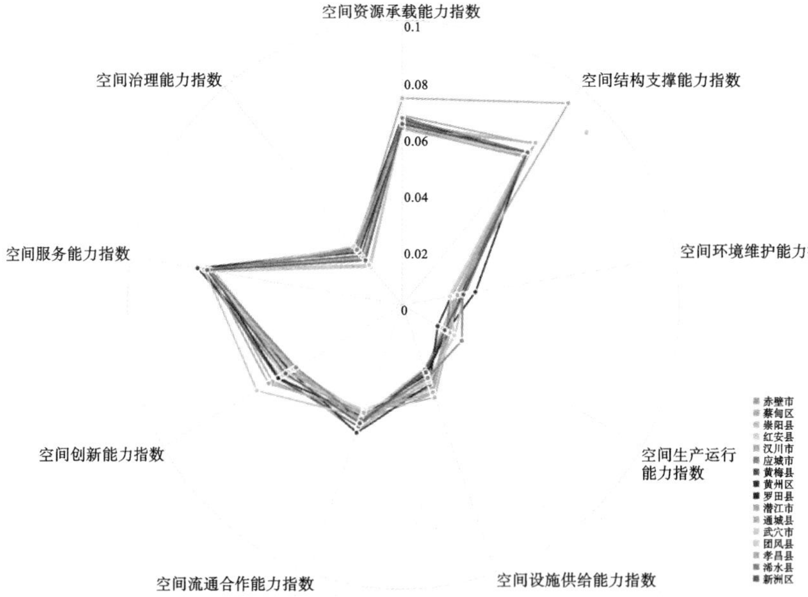

图 3-22 (000)空间单元能力指数雷达图

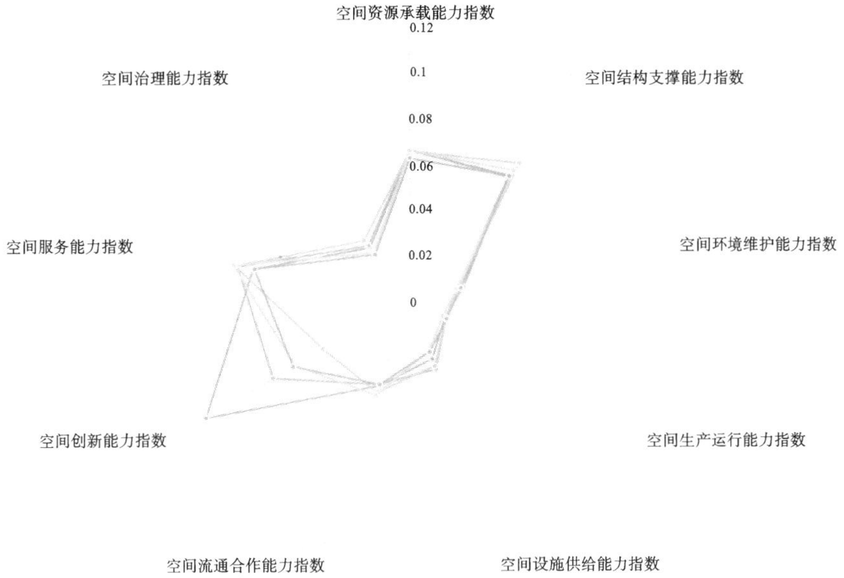

图 3-23 （001）空间单元能力指数雷达图

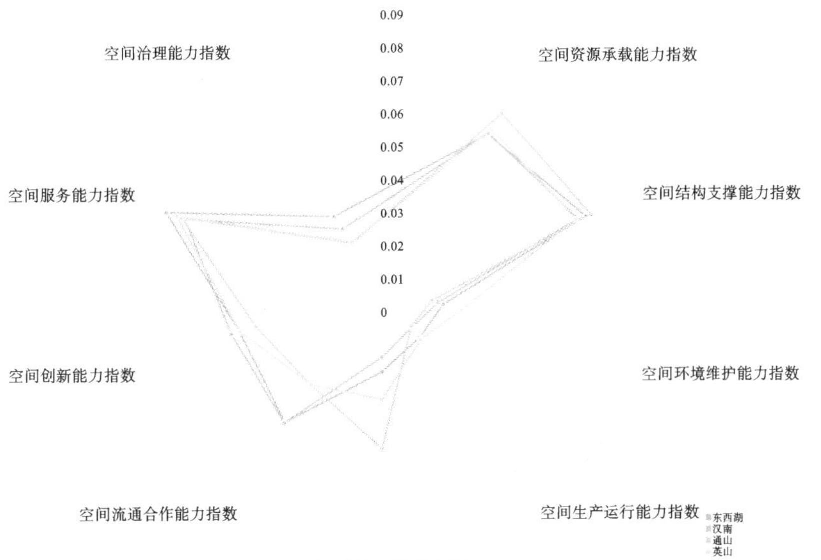

图 3-24 （010）空间单元能力指数雷达图

(1) 政策导向与资源本底的双重限制。

资源整合型城市的代表为黄冈市、孝感市、咸宁市，外部政策与自身资源条件共同限定了城市对人口的集聚与承载能力。黄冈市、孝感市、咸宁市域范围内的大部分区县，地处湖北省重要的生态战略安全区，如大别山生态屏障区、幕府山生态屏障区，山水阻隔的自然地理格局直接制约了城市成长空间，同时在国土空间主体功能导向上主要承担水源涵养、洪水调蓄、农产品生产等生态服务功能，属于限制开发区域(表 3-28)。政策导向使这些空间单元无法进行大规模的开发建设活动，各项用地指标都被严格控制，从一定程度上设定了城市空间成长的门槛和上限。

表 3-28 武汉都市圈各空间单元生态服务功能分类

生态功能	空间单元
水源涵养区	大悟县、红安县、罗田县、英山县、黄梅县、通山县、崇阳县、阳新县
洪水调蓄区	赤壁市、嘉鱼县、武汉市、鄂州市、浠水县、蕲春县、武穴市、黄梅县、大冶市、阳新县
农产品生产	其余市县

资料来源:《长江中游城市群发展规划》。

从自身空间资源本底条件来看，城市内部的山水格局也限定了城市空间成长的发展。尤其是黄冈市与咸宁市，分别位于大别山区和幕阜山区，整个城市空间被大量山地占据分割，进一步压缩了城市的成长空间(图 3-25)。黄冈市受山水自然环境的影响，整体呈带状空间形态，其紧凑度指数偏低、形状指数偏高，说明空间紧凑集约程度不高。咸宁市的紧凑度指数和形状指数几乎都是区域最差值，空间形态分布最为离散。

(2) 空间持续扩张资源转化能力欠缺。

资源环境既是城市空间成长的约束因素又是促进因素。空间资源的价值不在于规模，而在于产生的综合效益。资源整合型空间单元的空间本底条件虽然并不优越，但空间扩张速度与强度却持续增强。本书通过计算空间扩展强度指数和空间扩展速度指数考察 2000—2020 年资源整合型城市空间成长的过程特征。

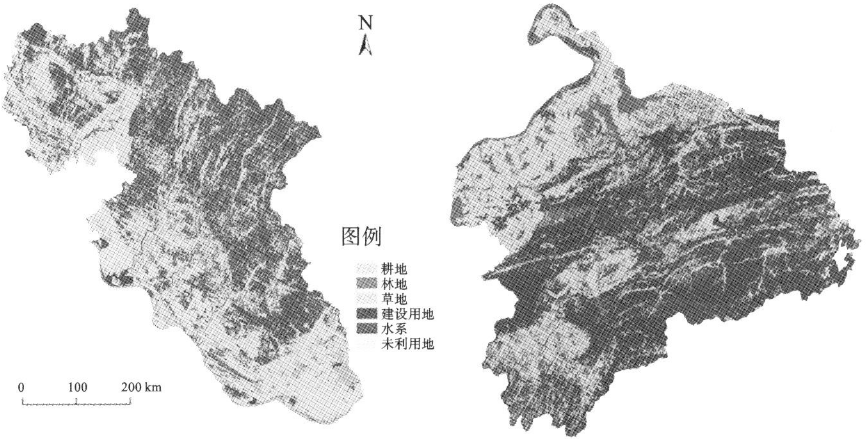

图 3-25　黄冈市、咸宁市土地分类图

$$E=\frac{\Delta U_i \times 100}{\mathrm{TLA}\times \Delta t} \tag{3-40}$$

式中：E——空间扩展强度；

ΔU_i——研究时段该研究单元城镇建设用地扩展面积；

Δt——研究时段的时间跨度；

TLA——研究单元的土地总面积。

$$V=\frac{\Delta U_i}{\Delta t} \tag{3-41}$$

式中：V——空间扩展速度。

整体来看，资源整合型的大部分空间单元的空间扩展速度、空间扩展强度都呈现逐步上升的发展态势，黄冈市区是唯一一个速度和强度均呈现减弱态势的空间单元。大部分区县单元的空间扩展速度及强度逐渐增强，并且数值均值开始反超中心市区，成为空间扩张的主要区域。但是从单位用地 GDP 来看，武汉都市圈中部用地效率高、外围山区用地效率低，侧面反映出快速、高强度的空间扩张并没有带来与之相匹配的经济效益(图 3-26)。并且资源整合型城市空间治理能力普遍较低，对空间管控的效力低下。所以无论是从空间成长的规模、功能还是治理环境角度来衡量，资源整合型城市目前仍是相对粗放的发展模式。这类城市突破当前发展现状的关键在于对自身空间资源的重新梳理与合理利用，将资源价值转化成经济产业或社会服务价值，与自然环境形成良性互动。

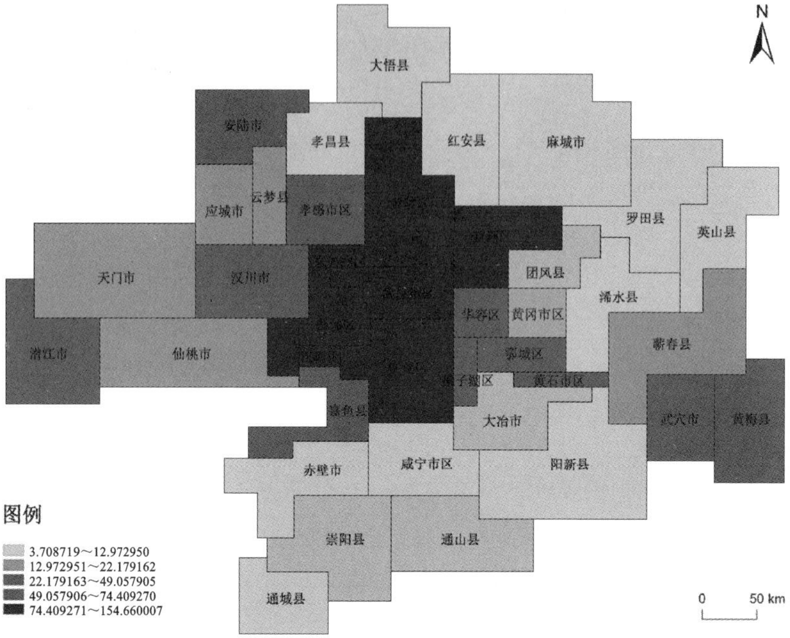

图 3-26　武汉都市圈各区县单位用地 GDP

2）单一因子支撑不足，缺乏持续的成长动力

成长力三维分力的功能互补和互为支撑结构是实现城市空间保持平稳、可持续成长的关键。而单一因子主导的资源整合型城市空间成长力结构极不平衡，过分依赖某项或某几项能力。在城市空间成长过程中，一旦优势能力无法继续满足新的需求变化而逐步萎缩甚至缺失，其他本来就弱势的能力又不能替代支撑，就会导致空间成长发育进程变缓，甚至逐步走向衰退。

（1）各能力要素之间未形成耦合联动关系。

一个稳定的成长力结构中，容纳力是其他两力的物质基础；保障力中包含的社会经济实力和基础设施保障为城市空间进一步的发展壮大提供强有力的支撑，同时也会影响容纳力；提升力作为更高层次的成长动力源，其中创新能力为提高资源利用效率、保护生态环境、促进经济社会发展提供技术条件，间接提升了容纳力和保障力。但是目前资源整合型城市各能力要素之间没有形成良好的互补互促关系。以咸宁市为例，长期以来，咸宁市依靠农业及传统制造业支撑整个经济增长，服务业技术创新拉动明显不足。实际上咸宁市自身拥有发展旅游服务业的基础优势，咸宁市是中国第六个被批准为“温泉之乡”的城市，享有“华中第一泉”的美誉，其旅游资源具有多样性、和谐性、专题性，在湖北旅游发展格局中独具特色。但是从目前的旅游总人数和总收入来看（表 3-29），咸宁市旅游消费主体以省内散客为主，区域内部旅游资源的关联度较低，旅游品牌尚未形成，旅游市场优势尚未凸显，对整体经济发展的拉动力不足。这说明现有的资源没有得到充分整合利用，没有产生相应的经济社会附加价值。但是从动态成长过程的角度来看，未经充分利用的资源反而具有巨大的发展潜力，如果能够在认清现状问题的基础上挖掘壮大，将会产生新的成长动力。

表 3-29　2017 年咸宁市旅游总人数及总收入情况

单位	总人数/万人				总收入/万元				
	合计	比上年增加/(%)	其中：过夜游客人数	其中：一日游人数	合计	比上年增加/(%)	其中：过夜游客收入	其中：一日游收入	其中：门票收入
市直	58.85	51	40.2	18.65	22592	44.8	16280.05	6219.95	92
咸安区	42.2	25.9	29.2	13	15932	39.8	11681	3419	832
赤壁市	121.4	24.8	65.4	56	41307	69	22552	17348	1407
通山县	102	28	75.8	26.2	39013.3	83	34329.4	4270.6	413.3
崇阳县	34.5	34.24	18.5	16	11130	52	7681	3419	30
嘉鱼县	39.06	10.9	23	16.06	12900	30	8676.22	4223.78	—
通城县	32.24	34.33	16.3	15.94	10518	42	6833.78	3666.22	18
总计	430.25	28.8	268.4	161.85	153392.3	57.7	108033.45	42566.5	2792.3

资料来源：作者根据《咸宁统计年鉴 2018》中相关数据整理绘制。

(2) 滞后能力要素形成空间持续成长阻力。

资源整合型城市都有明显滞后于整体水平的能力要素，如构成容纳力的空间环境维护能力、构成保障力的空间设施供给能力和构成提升力的空间治理能力。空间环境维护能力越低，说明对空间环境的负面影响越大，间接降低了容纳限度，损害了空间的可持续发展。空间设施供给能力低下使市民无法获得充足的公共服务，而落后的空间基础设施建设水平对经济社会发展的负面影响更直接，且具有长期性。空间治理能力反映了当地城市政府执政水平，落后的执政水平无法为城市空间成长提供稳定有序的宏观环境。这些滞后的能力要素如果无法得到改善，将会转变为成长阻力，阻碍城市空间成长。

以武汉市汉南区为例，汉南区是武汉市国家级经济开发区，经济实力雄厚，建设用地消耗强度、财政收入增长率、就业平衡度三个指标可以反映其保障力水平。但是提升力水平却不高，特别是空间服务能力的具体构成指标值在武汉市下辖区中最低。空间服务能力是一个城市空间魅力与吸引力的来源之一，如果城市空间无法满足人更高层次的精神和物质需求，将极大地影响人口特别是高端人才的流动集聚。从汉南区的产业发展定位和空间布局来看(图 3-27)，汉南区致力于发展以智能制造、信息技术、航空航天等为代表的知识密集型、技术密集型产业，这类产业的特点就是需要大量高端技术科研人才作为发展支撑，对生活、工作环境的硬件设施和软环境要求更高，但这正是目前汉南区所欠缺的。因此，改善以空间服务能力为主的提升力是未来汉南区空间成长的关键，否则会对目前的优势保障力产生负面影响，进而阻滞成长力提升路径。

2. 提质增量型城市

1) 短板劣势突出，暴露空间成长力结构缺陷

提质增量型城市包括(100)、(101)两种因子状态组合，共有华容区、梁子湖区、蕲春县、嘉鱼县、仙桃市、大冶市 6 个空间单元。绘制各空间单元能力指数雷达图(图 3-28)，可以看出这类城市的空间能力结构长处和短板都极为突出。空间资源承载能力和空间结构支撑能力较强，而空间生产运行能力和空间设施供给能力较弱。保障力成为空间成长力的缺陷，形成不稳定的三维共轭角力结构。虽然在当前阶段优势能力可以为空间成长提供足够的支撑，但

图 3-27　汉南区八大园区布局图

（资料来源：http://www.whkfq.gov.cn/）

是由于成长力结构的不稳定性，当外部环境或城市自身需求发生变化时，当前成长力系统很难对变化做出快速的适应调整，一旦出现水平下降或断裂，成长力结构将不能发挥缺位支撑补足功能。

（1）资源要素丰富但依赖度高。

提质增量型空间单元的资源要素都比较丰富，水域、耕地资源占比较高，能够提供充足的生产物质资料（图 3-29），具有较大的环境容量。历史上鄂州市、黄石市、黄冈市都是因水而兴，黄石市更是依靠便利的长江水运和丰富的矿产资源发展壮大。因此在区域功能定位上，梁子湖区、嘉鱼县、蕲春县、仙桃市都被划定为国家级农产品主产区。由此可见资源要素对这类城市的重要程度。但是资源优势也是一把双刃剑，自然资源具有有限性和不可再生性，当其

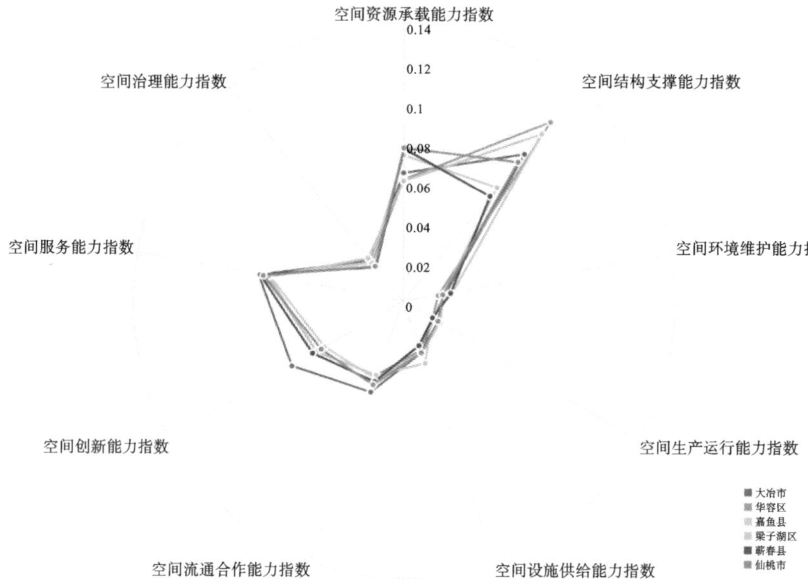

图 3-28　提质增量型城市能力指数雷达图

无法转化成相应的经济产业或社会服务效应时，当前的成长模式就是竭泽而渔的不可持续方式。如果形成对资源要素的路径依赖，当资源环境容量降低时，城市反而需要花费更大的努力去突破资源约束瓶颈，跨越“资源限制”的门槛。

以鄂州市为例，由武汉都市圈各市各产业与全国尺度相比较的区位熵（表3-30）可知，鄂州市的主导产业为第一产业，而第三产业偏弱。截至 2021 年，鄂州市第一、二、三产业结构比为 14.9∶50.2∶34.9，而相应从业人员结构比为 37.1∶28.9∶34，第一产业从业人员比重明显偏高，高于产业结构中第一产业比重 22.2 个百分比，在武汉都市圈 9 个城市中位居第一。但是目前鄂州市农业产业附加值较低，近 1/3 从事农业生产的人口产生的经济效益仅占经济总量的 12%，这一矛盾直接导致城镇就业水平和居民收入水平偏低，使 73.1%的农村外出务工人员到市外谋生。由此形成了恶性发展循环，第一产业占比过高—产业效益过低—财政收入不足—公共服务设施投入不足—人口持续流失。目前鄂州市各区构成保障力和提升力的各项能力要素较区域整体

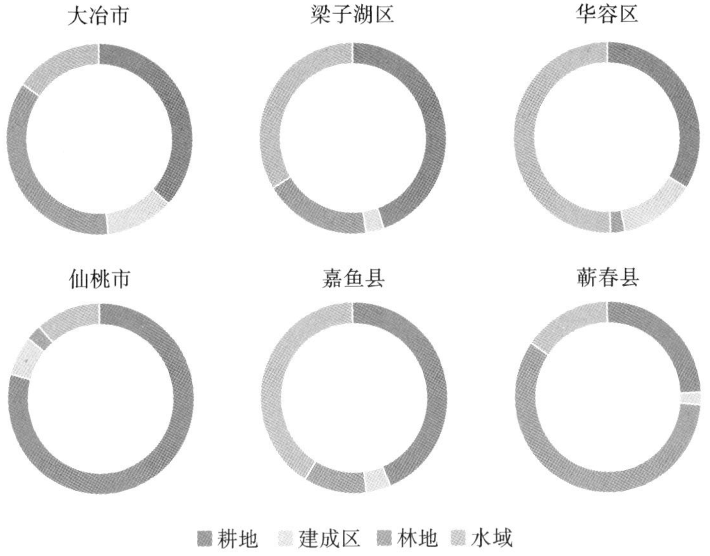

图 3-29　提质增量型城市各类用地面积占比图

水平均明显不足，如果不加快提升保障力，资源环境容量的降低将会加剧这一恶性循环。

表 3-30　武汉都市圈各城市各产业区位熵

城　　市	第一产业区位熵	第二产业区位熵	第三产业区位熵
武汉市	0.38	1.11	1.02
黄石市	0.94	1.39	0.66
鄂州市	1.29	1.39	0.60
孝感市	2.03	1.15	0.67
黄冈市	2.67	0.94	0.73
咸宁市	1.95	1.16	0.68
仙桃市	1.66	1.26	0.65
潜江市	1.37	1.38	0.60
天门市	2.12	1.22	0.59

资料来源：黄亚平，胡忆东，彭翀．武汉都市圈协同发展及武汉城市发展策略[M]．武汉：华中科技大学出版社，2018.

(2) 保障力全面滞后，亟待提升。

增强保障力是提质增量型城市提升成长力水平的必经路径。目前这类城市的用地消耗强度较高，服务设施特别是交通基础设施水平较低，未能在区域城市网络体系中与其他空间单元构建紧密联系。主要问题仍在于产业结构不够优化，不能保障城市空间高质量发展。这与提质增量型城市的发展历程有关，前文已经提过，这类城市对资源要素依赖程度较高，城市主要以本地区矿产、森林等自然资源开发和加工为主导产业模式。长期以来，经济社会发展对资源的强烈诉求给这类城市提供了优越的空间，国家也基于工业化的需要给予这类城市政策倾斜。然而在当今以人为本高质量发展的城市空间成长导向下，城市面临转型升级的巨大压力。

以全国资源枯竭型城市大冶市为例，大冶市是一个典型的因矿而兴的城市，快速城镇化进程中对资源的巨大需求与国家工业化政策倾斜推动了大冶市经济快速发展，但是单一的产业结构随着矿产资源储量和市场需求量的变化面临巨大转型挑战。在此背景下，大冶市已初步形成高端装备制造、生命健康、节能环保、新材料四大核心支柱产业，力图改变过去“一矿独大”的局面。2021 年，大冶市规模以上工业增加值比 2020 年增长 6.5%，采矿业下降 15.8%，产业转型初具成效。但依然有许多现实问题亟待解决，如生态环境修复与保护、产业结构仍需优化、高新技术产业占比不高等。以大冶市为代表的提质增量型城市，成长力提升的重点在于通过持续优化产业发展的结构、模式提高经济发展的水平和质量，补齐成长力结构短板。

2) 集聚势能不足，需要强化稳定空间成长力

从武汉都市圈各城市现状用地拼合图中(图 3-30)可以看出，提质增量型城市的空间规模普遍较小，只是围绕中心城区形成小规模的点状空间集聚。从人口规模的角度，按照最新人口规模分级[①]，提质增量型城市均为中等城市或小城市。从人口密度的评估结果看(图 3-31)，提质增量型城市的人口密度均在 300～1000 人/km^2，不属于人口密度高值区。结合建设用地规模、人口规

① 超大城市(>300 万)、特大城市(100 万～300 万)、大城市(50 万～100 万)、中等城市(20 万～50 万)、小城市(<20 万)五个等级分类。

模和人口密度三项指标来看，各提质增量型城市的空间人口规模分布较为平均，与其他城市比没有明显的人口集聚优势。

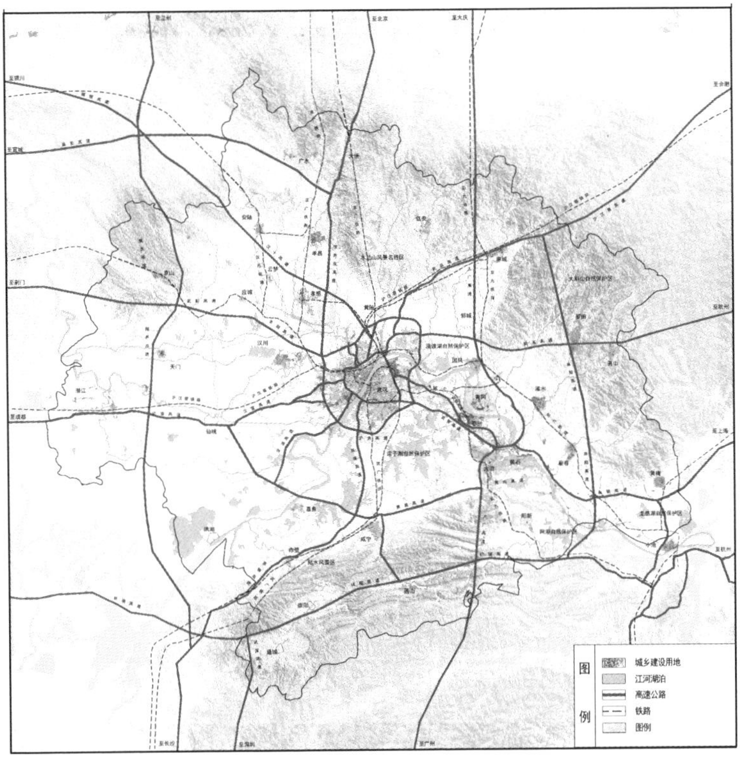

图 3-30　武汉都市圈各城市现状用地拼合图

资料来源：黄亚平，胡忆东，彭翀．武汉都市圈协同发展及武汉城市发展策略［M］．武汉：华中科技大学出版社，2018．

综合以上分析可以发现，提质增量型城市的人口向心力不足，对于人口的集聚势能不强，甚至还面临人口持续外流的风险。城市空间成长的目标是满足人的需求的高质量发展，目前的状况显然是不符合的。一方面这类城市需要加快经济社会建设，强化保障力来为居民提供稳定的工作生活环境，优化提升力来吸引更多的人选择其就业居住；另一方面这类城市需要适度调整空间和人口发展规模，以“高质量发展”而非“规模增长”为导向设定城市发展目标，

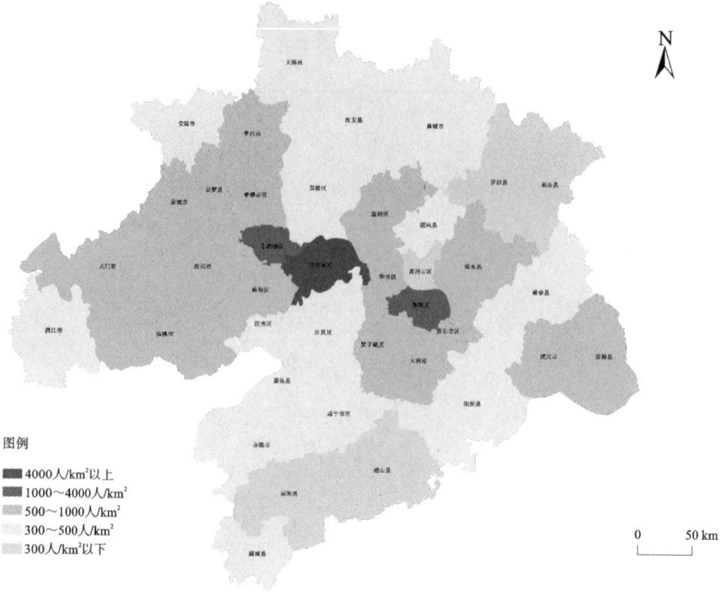

图 3-31　武汉都市圈人口密度分布图

资料来源：黄亚平，胡忆东，彭翀．武汉都市圈协同发展及武汉城市发展策略[M]．武汉：华中科技大学出版社，2018.

围绕这一目标形成相适宜的空间规模形态和空间功能结构，实现各类资源在空间上的合理配置，促使城市空间可持续成长。

3. 创新联动型城市特征

1）联动效应显著，能力结构均衡，互相促进

创新联动型城市包括（110）、（111）两种因子状态组合，共有江夏区、黄陂区、武汉市区、黄石市区、阳新县、鄂城区、麻城市、天门市 8 个空间单元。绘制各空间单元能力指数雷达图（图 3-32），可以看出这类城市的空间能力结构相较其他两种类型城市更为均衡。其中空间服务能力和空间流通合作能力表现突出，这也是创新联动型城市成长力水平的主要贡献指数。容纳力因子中空间资源承载能力和空间结构支撑能力指数值虽然也比较高，但是与其他两种类型城市相比没有突出优势。

（1）需求变化昭示空间成长阶段转化。

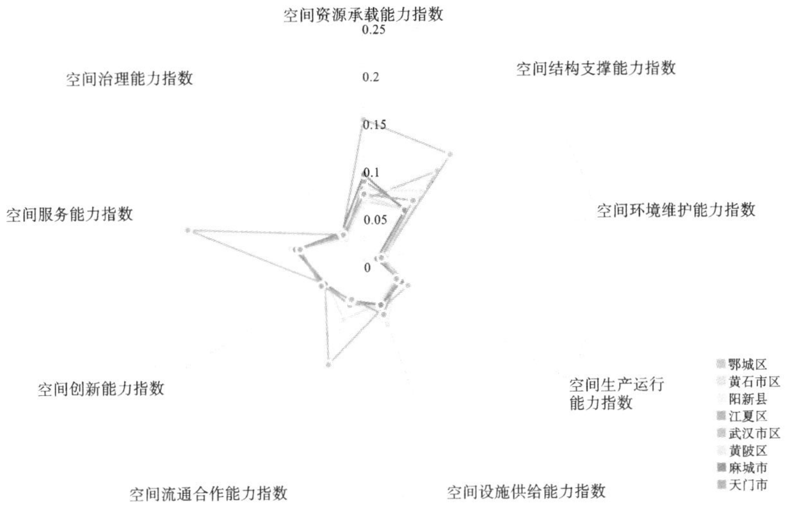

图 3-32　创新联动型城市能力指数雷达图

同样通过空间扩展强度指数和空间扩展速度指数两项指标来分析2000—2020年武汉都市圈创新联动型城市的空间成长趋势特征。武汉市区、江夏区、鄂城区、麻城市的空间扩展强度呈现先升后降的趋势特征，黄石市区和天门市的空间扩展强度逐渐放缓，呈现平稳下降趋势(图3-33)。

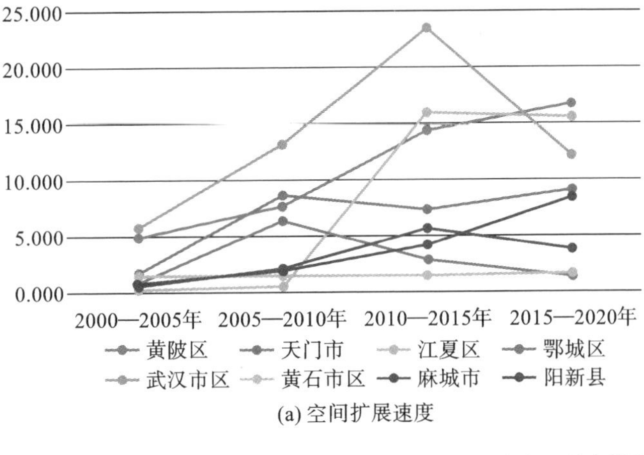

(a) 空间扩展速度

图 3-33　2000—2020 年创新联动型城市空间扩展速度、强度指数

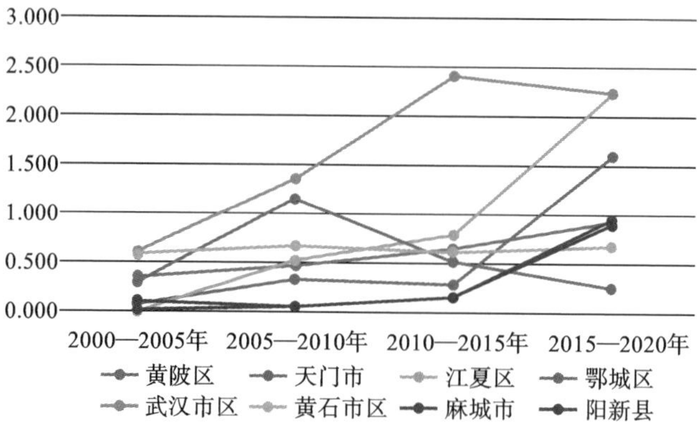

(b) 空间扩展强度

续图 3-33

进一步采用空间-经济增长弹性系数(Eland)来考察空间增长与经济增长变化的交互关系。

$$\text{Eland} = \frac{\sqrt[N]{G_t/G_0} - 1}{\sqrt[N]{C_t/C_0} - 1} \tag{3-42}$$

式中：G_0，G_t——基年和目标年城市 GDP；

C_0，C_t——基年和目标年城镇建设用地面积；

N——研究时长。

运用自然断裂法对 Eland 值进行聚类，划分为 4 个类型（许雪爽等，2017）：经济收缩（Eland＜0）、空间扩张（0＜Eland≤3）、空间-经济协调（3＜Eland≤6）、经济发展（Eland＞6）。

理论上空间与经济同步增长是最佳模式类型，但通常情况下经济发展要超前于城市空间建设。从计算结果的空间可视化图可看出（图 3-34），大部分创新联动型空间单元一直为经济发展型或空间-经济协调型。具体来说，2000—2005 年，武汉都市圈整体经济发展水平不高，只有武汉市和武穴市为经济发展型；2005—2010 年，空间扩张型成为主导类型，武汉市区、黄石市区、仙桃市、安陆市为空间-经济协调型；2010—2017 年武汉都市圈整体经济发展加快，有 23 个空间单元为经济发展型或空间-经济协调型；2017—2020 年，武汉都市圈空间-经济协调关系格局再次发生变动，67％的空间单元为空间扩张型，而潜江市、天门市、汉川市、通山县与武汉周边区县形成一个不完整的 Y 形经济发展区域。

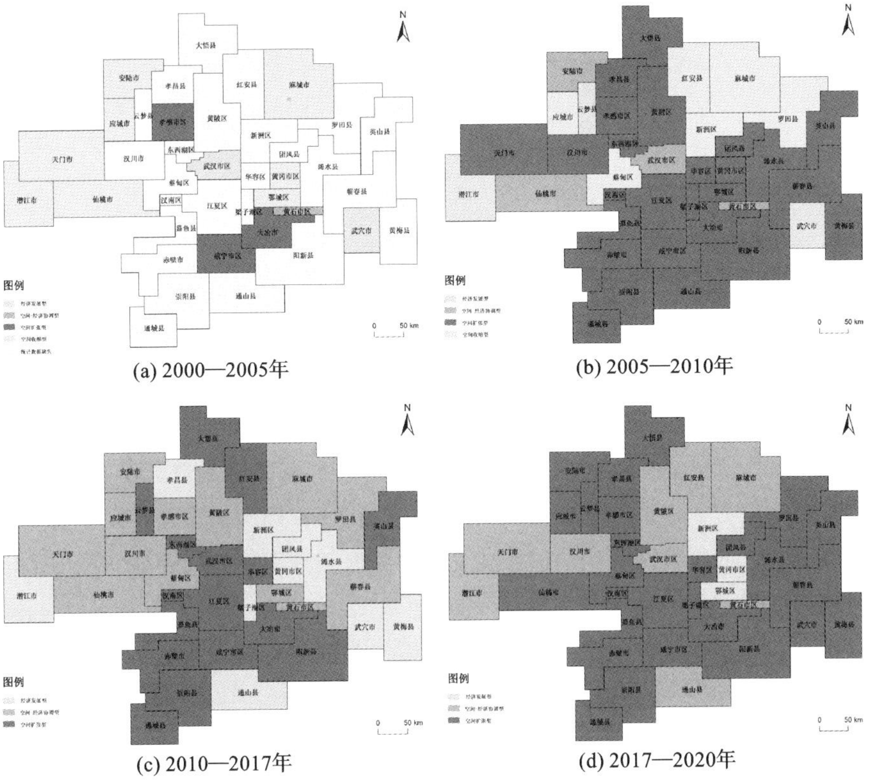

(a) 2000—2005年　(b) 2005—2010年　(c) 2010—2017年　(d) 2017—2020年

图 3-34　2000—2020 年武汉都市圈城市空间-经济增长协调性分类结果

目前武汉都市圈大部分城市的经济发展仍以大规模的制造业及资源投入型产业为主，集聚效应显著，对城市土地需求旺盛，从而构成了当前城市空间外部扩张的需求动力。而对于武汉市、黄石市、鄂州市这类整体成长力水平较高的核心城市来说，产业结构的调整优化势必引起资本、产业、劳动力在地域空间按新的功能需求进行重组，从而引起城市空间内部的小规模更新成长取代大规模的空间扩张，表现为存量用地供给量逐步提高甚至超过增量用地供给量(图 3-35)，说明城市已步入“内涵提升”成长阶段。

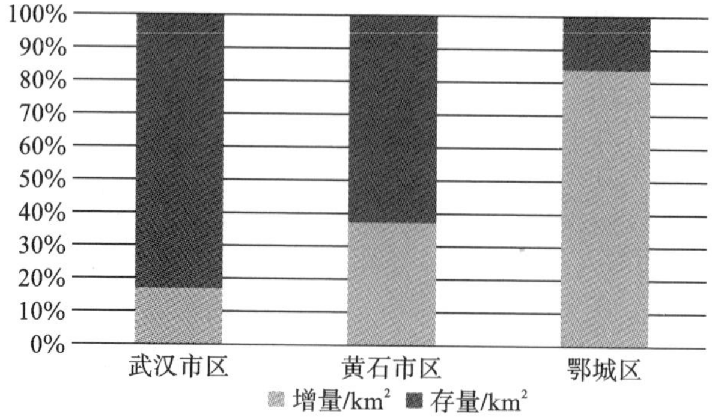

图 3-35 核心城市中心城区增量、存量用地供给比例

(2) 多元联动形成良性循环累积效应。

武汉都市圈地处我国中部地区,属于长江中游城市群内三大城镇组群之一,具有优越的区位和交通优势。特别是武汉市,无论在航空、铁路还是公路交通网络中,都是中部的核心枢纽。武汉都市圈已基本形成以武汉市为中心,由多种运输方式组成的点线结合、连接城乡、沟通省外的水陆空立体交通网络(表 3-31)。武鄂黄区域中的城市在交通网络联通方面更是起到主导作用。优越的基础设施条件是城市快速发展的物质基础,能更好地服务于区域内经济、政治、文化交流,使城市与周边区域发生高效紧密的联系,为本区域输入大量的生产要素,因此创新联动型城市在交通网络中心度评估中,形成武汉市区、黄石市区两个区域网络高地,西部形成天门-仙桃-潜江的组团高地(聂晶鑫等,2018)。

表 3-31 武汉都市圈交通方式构成统计

交通方式	构成概述	运营里程/km
公路	3 条国道干线、5 条国道、52 条省道、295 条县(乡)道	30058
水运	长江、汉江、汉北河等河流	3658.8
铁路	京广、京九、汉丹、武九等	2025
高铁	京广、武广、沪汉蓉、武九	1696
航空	213 条航线,通达 106 座城市	114620

资料来源:作者根据各市统计年鉴整理绘制。

基础设施提供的硬环境吸引了诸多国内外市场龙头企业投资发展，如京东、顺丰、亚马逊、格力、宜家、东风等。良好的营商软环境吸引了大量民营企业入驻。以武汉市为例，武汉市是一个“因商而兴”的商业重镇。武汉市为建设国家中心城市，提出了打造“中部地区现代服务业中心”，吸引了众多消费型企业集聚，反映为评估指标中商业中心的数量多、规模大，品牌门店数量多、类型多。商业服务业的繁荣带动了内部消费需求。据武汉市历年统计年鉴资料显示，2017 年与 1997 年相比，社会消费品零售总额增长了近 13 倍，平均年增长 14.16%，2017 年服务业增加值 7140.79 亿元，居副省级城市前列。武汉市的另一个特点是具有科研教育人才优势，大基数的学生人群产生了大量学习、生活、消费需求，所以围绕高等院校形成了多个高等级商业中心，如光谷、街道口。丰富的教育资源带来的另一个连锁反应是吸引了许多知名高新技术企业，如华为、联想、腾讯、斗鱼的研发运营中心，而这些知名企业又产生了吸引集聚作用，招徕了与其相关的上下游企业。根据天眼查的企业数据，目前武汉市近 5 年内新注册成立的公司中隶属于科学研究和技术服务业、信息传输、软件和信息技术服务业的企业占新注册公司总量的 25.9%，同时评估结果中武汉市区初创企业活力指数高达 4.315，充分说明武汉市有比较适宜企业发展的营商环境。

因此，创新联动型城市各能力要素水平比较均衡，产生了巨大的联动效应，高速的经济发展保障了基础设施等硬环境的投资建设，吸引企业、人才留驻，集聚更多的生产资源，形成新的高层次需求，推动服务创新等软实力的提升，进一步促进经济社会的发展，达到良性的循环累积效果。

2）面临动能转换，创新驱动系统重构升级

当城市进入生命周期中的成熟期或进化期时，面临着城市空间成长的动力转换，即从初始阶段的要素驱动，到发育阶段的投资驱动，再到高级阶段的创新驱动，本质上与人的需求层级上升是相符的。动力转换和需求变化使空间成长力也必须做出结构性调整，要以提升力为主导培养空间创新能力、空间服务能力、空间治理能力，依靠提升力去重塑保障力和容纳力，促使成长力水平的提升和结构的升级。

(1) 创新产业体系初显，创新系统仍待构建。

创新驱动是指经济增长主要依靠科学技术进步和制度变革提高生产要素生产率的增长方式。在创新主导下，创新已经从驱动经济发展的一般要素转变为经济发展核心。创新驱动的内涵主要指通过技术创新和制度创新等创新来推动经济结构调整，从而使经济得以持续稳定地较快增长。从创新驱动的主体看，它要求政府、企业、高校等积极参与；从创新驱动的流程看，它涵盖了科学基础、技术开发的"黑箱"、科技成果的创新转化、创新活动的扩散等活动，因此创新驱动是一个涉及多主体、多流程的系统交互过程，关键在于构建高效稳定的创新系统。

通过对目前武汉都市圈核心城市武汉市、黄石市、鄂州市现有产业的梳理（表3-32），可以看出整体的产业导向已经向高附加值科技制造产业和高价值现代服务产业转移，并已形成航空航天、光电子信息、生物医药、智能汽车等优势主导产业。在未来的产业发展规划中，致力于打造创新产业集群，完善创新产业上下游产业链条。可以说，武汉都市圈已经开始走上以创新联动型城市为引领的产业优化升级的道路，创新产业体系初显。

表3-32　创新联动型城市现有主导产业及龙头企业梳理

组团名	主导产业	龙头企业
东西湖	物流	敦豪航空货运公司、国能远海航运（武汉）有限公司、德邦快递、中通快递、顺丰快递
	食品加工	周黑鸭国际控股有限公司、良品铺子股份有限公司、华润集团有限公司
	航空航天	中国三江航天科技集团有限公司、凌云科技有限公司、武汉航达航空科技有限公司
	网络安全	京东方科技集团有限公司、武汉弘芯半导体制造有限公司
黄陂	先进制造	周大福珠宝集团有限公司、卓尔通用航空有限公司、武汉比亚迪汽车有限公司
	航空企业总部	中国国际航空股份有限公司、中国东方航空股份有限公司、中国南方航空股份有限公司、海南航空控股股份有限公司等
	物流	菜鸟、越海、京东等

续表

组团名	主导产业	龙头企业
大光谷组团	光电子信息	华为技术有限公司武汉研究所、长江存储科技有限责任公司、武汉天马微电子有限公司、武汉虹信通信技术有限责任公司、新思科技(武汉)有限公司
	生物医药	武汉国药(集团)股份有限公司、武汉药明康德新药开发有限公司、辉瑞(武汉)研究开发有限公司、武汉华大基因科技有限公司、武汉生物技术研究院
	云计算大数据研发	中国电信、中国移动、中国联通
	现代服务	
	装备制造	中车长江车辆有限公司、湖北华舟重工应急装备股份有限公司、海康威视武汉智慧产业园、华工科技产业股份有限公司
大车都组团	汽车及零部件	东风汽车集团有限公司、武汉神龙汽车有限公司、新兴重工湖北三六一一机械有限公司武汉分公司、武汉长空汽配有限公司
	电子电器	美的集团、海尔集团、格力电器
	智能装备	武汉颐信科技有限公司、巨曼电气(武汉)有限公司
	医疗健康	九州通医药集团股份有限公司、武汉高源生物科技发展有限公司
	食品饮料	湖北太古可口可乐饮料有限公司、百威(武汉)啤酒有限公司、华泰植物油(武汉)有限公司
	现代服务	联东U谷·汉阳科技总部港、武汉中海粮油工业有限公司

续表

组团名	主导产业	龙头企业
长江新区组团	航空航天	武汉中航重工研究所等
	钢材深加工	中国宝武武钢集团有限公司、五矿钢铁(武汉)有限公司、武汉钢铁建工集团有限责任公司、光正钢机有限责任公司
	新型建材	湖北北新建材有限公司、荆门市格林美新材料有限公司武汉分公司
	先进制造	西门子能源变压器(武汉)有限公司、通用电气(武汉)自动化有限公司、武汉武船重型装备工程有限责任公司、武汉重冶重工科技有限公司
	食品加工	武汉中粮肉食品有限公司、维他奶(武汉)有限公司
鄂州	冶金	鄂州市海忠机械科技有限公司
	建筑建材	鄂州市新航程基础设施建设有限公司
	装备制造	鄂州市光大造船股份有限公司
	纺织服装	武汉港航发展集团鄂州有限公司
黄石	金属加工	大冶有色金属集团控股有限公司、中铝华中铜业有限公司
	新型建材	华新水泥股份有限公司
	食品医药	劲牌有限公司、华润雪花啤酒(黄石)有限公司
	服装纺织	湖北美尔雅股份有限公司、阳新宝加鞋业有限公司、大冶市立峰纺织有限公司

对比武汉市与其他国家中心城市及主要城市的第三产业增加值和高新技术企业总产值两项指标,武汉市的第三产业增加值处于中下游水平,高新技术

产业值虽然处于中上游水平，但与其他城市相比优势不明显（图3-36）。企业作为市场配置资源的主体，对技术创新最为敏感，也能让技术创新效率最高、效益最好，在技术创新中应当居于主体地位。虽然武汉市从事科研的企业数量占比很高，但是发明专利受理量却不匹配（图3-37），反映出武汉市企业创新能力欠缺，市场创新活力不足。高等院校虽然在培养科技人才、进行基础性科技研究方面有巨大作用，但是研发应用型技术并将研发成果市场化、商品化的能力不足。说明武汉市目前仍未形成产学研紧密结合的创新体系，缺乏联系各类创新主体的创新平台、渠道和制度环境。

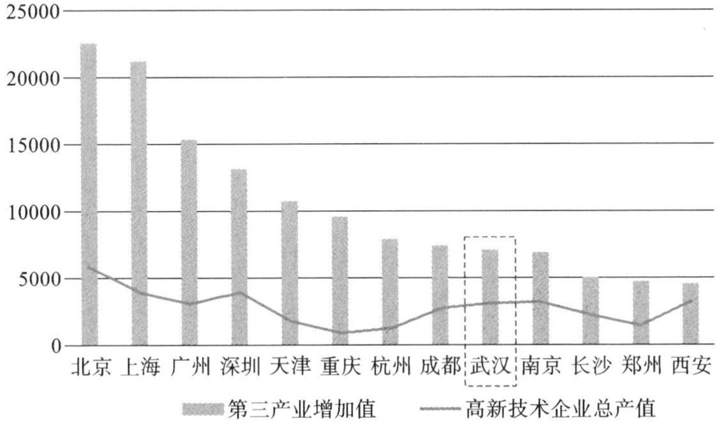

图3-36　武汉市与国内主要城市比较

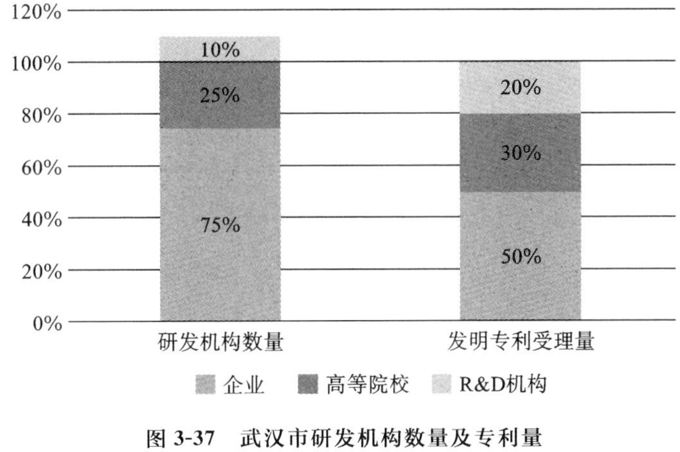

图3-37　武汉市研发机构数量及专利量

(2) 核心辐射作用弱，创新空间关联待强化。

创新驱动的另一大特点是具有空间溢出效应。创新驱动能力较强的地区通过价值链升级、技术传播、人才流动、产业转移和梯度发展等多种路径向周边创新驱动能力较低的地区传播扩散：①通过空间关联作用加速产业集群聚集、延伸全产业链长度和宽度，引导产业结构在空间上重构，在质量层面推动产业结构"质"的转型；②通过组织周边区域资源进行统一配置实现高效利用，加速不同生产要素的空间流动与空间配置，在总量层面协同带动区域产业"量"的提升。

因此，要想实现区域层面的创新联动、形成城市创新网络系统，关键点在于：①拥有创新驱动能力强的核心城市；②核心城市与周边城市有紧密的空间关联。武汉市、黄石市虽然在创新能力的表现中相对来说处于领先地位，但是整体创新能力不高，与周边城市差距巨大。特别是黄石市作为武汉都市圈的副中心城市，地位并不牢固，与周边黄冈市、鄂州市等在功能定位、产业分工等方面相互关联性不强，不仅没能起到关联带动作用，反而存在同质化恶性竞争的现象。究其原因，主要在于：①核心城市自身创新能力有待提高，核心城市武汉市的创新能力与我国其他主要城市相比还有不小的差距，其他城市更是还处在创新驱动转型的调整阶段，对周边资源的集聚吸附作用大于辐射扩散作用；②尚未形成高度关联的产业职能分工体系，各个产业结构高度相似，经济互补性极弱，相互的竞争关系大于合作关系，区域产业协同度不够。因此，"壮核心、强关联"是带动区域层面创新驱动成长的关键。

第 4 章　武汉都市圈空间重构与引导策略

4.1　区域层面空间重构路径

4.1.1　构建时空渐进的区域空间组织模式

模式是对事物内在机制及其外部关系的高度凝练和抽象概括。前文通过分析武汉都市圈空间成长力水平分布格局和各类型城市特征，有针对性地构建都市圈空间系统的组织模式，即从区域层面对城市空间成长的客观规律及理想结构的空间表达。同时，城市空间成长具有阶段性和复杂性，需要辩证地看待不同阶段城市之间的空间关系，以前瞻性眼光谋划与不同成长阶段相适宜的动态空间组织模式。

1. 静态空间组织模式：一核双心两带五区

由于城市空间成长具有阶段性，在一定程度上，并不存在“最优空间模式”这一终极目标，只有适应当前阶段需求的“阶段最优空间模式”。根据空间成长力水平的评估结果，武汉都市圈不同成长力水平的城市表现出明显的空间集聚特征。本节以此为基础构建与都市圈当前状态相匹配的空间组织模式（图 4-1）。

（1）一核双心。

武汉市区是空间成长力水平的最高值区，无论是容纳力、保障力还是提升力都远高于其他空间单元，是绝对的区域核心，引领带动区域空间成长。黄石市区和孝感市区为副中心，其中黄石市区也为成长力水平高值区，对都市圈东部有辐射带动作用；孝感市区具有极大的空间成长潜力，具有辐射带动都市圈

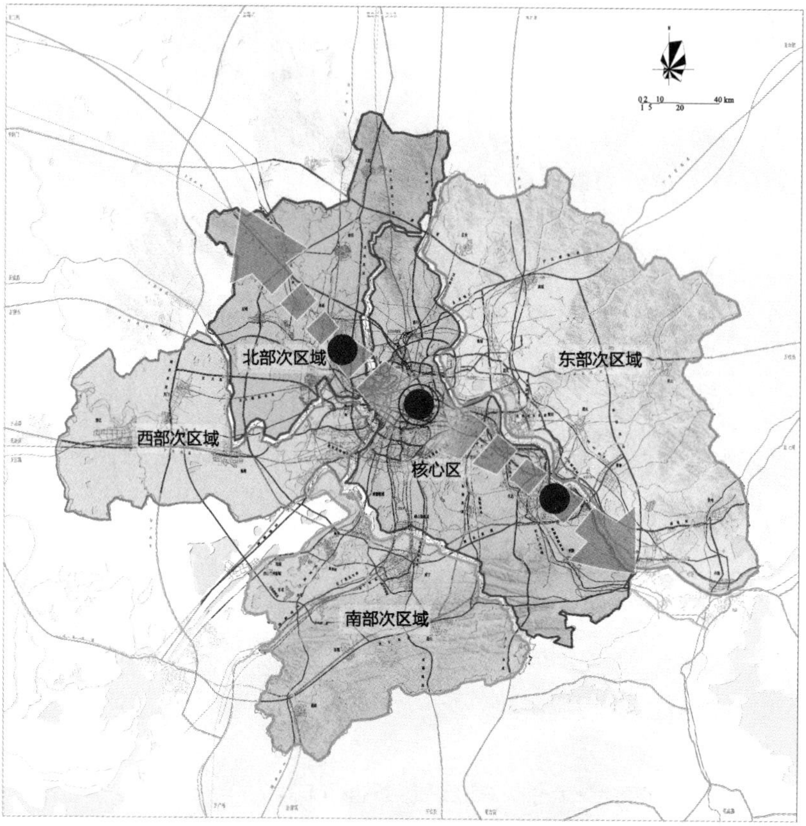

图 4-1　武汉都市圈静态空间格局模式

西部的中心节点作用。

(2) 两带。

“两带”为武汉都市圈空间拓展的主导方向和城镇建设的主要空间载体。其中武汉-孝感-云梦-安陆发展轴带向西对接襄十随城镇组群;武汉-鄂州-黄石发展轴带与长江绿色经济和创新驱动发展带相呼应。两条轴带对内串联主要城市节点,对外联动周边城镇组群。

(3) 五区。

核心区包括武汉市区、江夏区、黄陂区、鄂州市域、黄石市域空间范围,是武汉都市圈空间成长力水平最高的地区，是核心发展空间。东部次区域包括新洲区及黄冈市域范围；西部次区域由天门市、潜江市、仙桃市、蔡甸区、汉南区 5 个空间单元构成；南部次区域为咸宁市域范围；北部次区域包括东西湖区及孝感市域范围。

2. 动态空间组织模式：时空相宜渐进平衡

目前武汉都市圈空间整体仍处于快速发育成长阶段，形成稳定平衡的空间结构是一个漫长的过程，需要从时间、空间两个维度去调控空间组织网络的逐步演进完善。因此，在不同的空间成长阶段，依据群内各个城市的成长力水平及类型，应采用相适应的空间结构模式来统筹安排空间成长的方向、顺序、层级和方式，循序渐进地构建紧密有序的城市群空间组织网络（图 4-2）。

（1）发育阶段：强化核心，形成“单极放射”嵌套“小三角＋菱形”结构。

该阶段应以提高中心城市自身的空间成长力水平、提升核心集聚力为主，同时加强核心城市与各节点城市之间的联系。以武汉市区为中心，以区域内其他创新联动型城市为空间节点，构成五条单级放射轴，向北联系黄陂区，向西联系天门市，向南联系江夏区，向东分别联系黄冈市和鄂城区、黄石市区。通过轴带强化核心的辐射作用，进一步提高各次区域内部的空间成长力水平，加强次区域间联系。围绕空间成长力水平较高的节点城市形成局部“小三角＋菱形”结构，北部孝感市区、安陆市、云梦县、大悟县共同构成“菱形”空间结构；东部的黄冈市区、麻城市、浠水县、蕲春县同样形成“菱形”结构；西部天门市、潜江市、仙桃市和南部的咸宁市区、嘉鱼县、赤壁市组成局部“小三角”空间结构；另外还有鄂城区、梁子湖区、华容区和黄石市区、大冶市、阳新县构成的三角结构。这些城镇组群既是各个次区域内部协同成长的核心区域，也是次区域之间沟通协作的连接区域。

（2）成熟阶段：稳定中心，构建跨界辐射联系轴线。

在这一阶段，城市与城市之间的联系逐渐增强，特别是位于核心城市武汉市周边的城市，一方面由于地缘优势彼此之间的联系将大大加强，另一方面随着城市的成长彼此分工协作的诉求逐渐增多。首先应继续加强核心区内部各个城市之间的联系，特别是武汉市，与周边区县形成稳固的多边形结构。然后以武汉市外围区县为纽带，联结各次区域内部城市，如以黄陂区-大悟县、东西

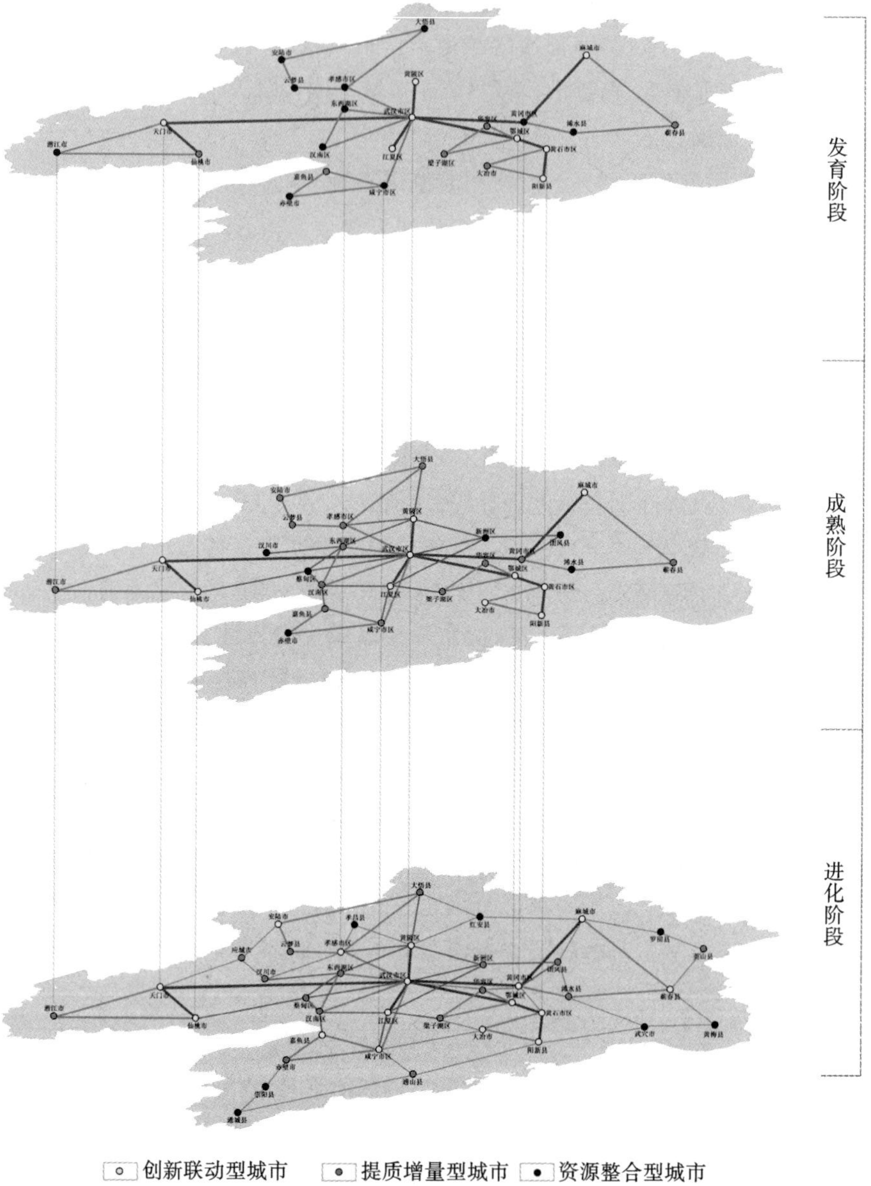

图 4-2　武汉都市圈动态空间结构模式

湖区-汉川市为纽带联结核心区与北部次区域；以蔡甸区联结天仙潜城镇组群；以江夏区联结咸宁市和鄂州市；构建新洲区-团风县联系轴线连接武汉市与黄冈市。此时各城市经过一段时间的成长发展，一部分提质增量型城市通过提升成长力转变为创新联动型城市，一部分资源整合型城市升级为提质增量型城市，各类型城市形成了较为稳定的等级结构，核心城市对各类要素的集聚和支配能力进一步增强，周边的副中心城市与节点城市承担相应的配套与补充功能，城市之间有较为紧密的分工协作关系网络，但仍是不完整的网络模式。

(3) 进化阶段：带动低水平城市组成城镇群、带，构成多层级多中心网络结构。

在这一阶段，首先应尽快提升都市圈内后发城市的空间成长力水平，而这些城市依靠自身是很难实现快速提升的，必须与周边城镇组成群体聚力积势发展。因此各次区域以之前形成的"小三角＋菱形"为核心，带动外围成长力薄弱的空间单元共同发展。如南部次区域咸赤嘉城镇组团带动崇阳县、通山县、通城县，东部黄冈市域内以菱形结构为基础带动外围红安县、罗田县、英山县、黄梅县、武穴市各县级空间单元。在这一过程中，各城市自身成长力的提升进化影响着整个次区域的变化，在各个次区域整体成长力水平达到一定程度后，依托有形的交通廊道和无形的要素流动加强城市与城市之间、次区域与次区域之间的联系，弥补都市圈成长力水平的塌陷区，链接区域城市网络的断裂点，最终形成多层级多中心的网络组织结构。至此，武汉都市圈 9 个城市空间组织结构形成近似于等边六边形的几何形态，也是效益最大、行政成本最低、空间利用效率和集聚效益最高的类型(方创琳等，2008)。武汉市位于等边六边形的几何中心，作为最高等级的核心城市，对周边 8 个城市起到全方位辐射作用，孝感市和黄石市为副中心城市分别位于六边形两角，鄂州市和仙桃市位于六边形内部连接线上。

4.1.2 明确差异有序的空间要素配置格局

在评估中发现，武汉都市圈存在空间资源与成长需求错配的现象，表现在部分空间单元资源供给量充足，而这些资源作为重要生产要素没有得到高效高质的利用。因此需要从区域宏观层面，引导生产要素优先向核心区流动，提高要素配置效率，分时序、有侧重地引导不同分区的差异化成长。

1. 划分三类分区，形成要素空间梯度分布格局

根据空间成长力评估的结果，综合武汉都市圈各空间单元的发展现状、水平和潜力等因素，在已构建的区域空间组织模式框架下，划定要素重点集聚区、要素适度集聚区和要素控制优化区（图 4-3），提出差异化的要素流动引导政策。通过聚焦重点、分类引导，最终形成协调有序、疏密有致的要素空间分布格局，以不均衡的要素分布实现都市圈整体协调可持续成长。需要指出的是，根据本书的研究重点，本节所指的生产要素主要指土地和人口要素。

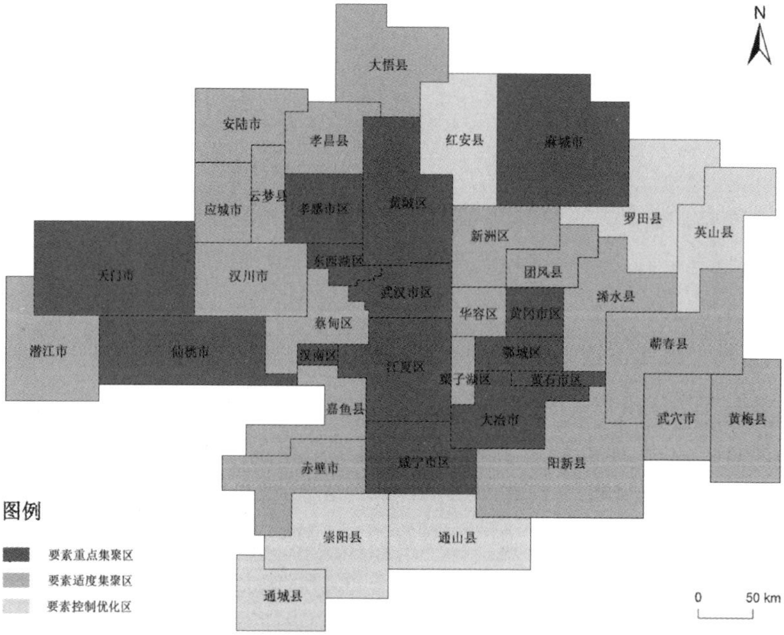

图 4-3　武汉都市圈要素空间分区图

(1) 要素重点集聚区。

要素重点集聚区包括核心区内的各空间单元以及各次区域内的节点空间单元，是武汉都市圈优先发展区域。该地区空间成长力水平较高，空间成长潜力大，表现为人口密度大，第二、三产业发展程度较高，对周边地区的带动作用强。要素重点集聚区的部分空间单元由于快速发展对土地的需求较大，但是受自然环境、资源禀赋等因素限制，土地资源供应紧张，需要通过放宽用地指标、优化人居环境、提升核心城市综合功能等途径，推动土地和人口要素进一步向本地区集中，空间和人口规模可以在规划目标设定范围内增长。

(2) 要素适度集聚区。

要素适度集聚区包括都市圈中除要素重点集聚区外的大部分区域，以县级空间单元为主。这类地区在国家区域政策扶持、发达地区产业转移、区域交通条件改善等背景下，借助区位、自然禀赋资源和产业发展条件等方面的优势而具备一定的人口集聚能力，有一定的空间成长潜力。可以优先扶持具有突出比较优势的区县，与要素重点集聚区形成产业和功能上的分工与协作关系，空间和人口规模适度增长，保持人口流入流出总体均衡。对于位于东部大别山生态保护区和南部幕府山生态屏障内的区县，由于受到自然山水格局的限制，应以紧凑集约为原则，引导人口和土地要素向县城聚集。

(3) 要素控制优化区。

要素控制优化区包括南部的通山县、通城县、崇阳县和东北部的红安县、罗田县、英山县。这类区域的主要功能之一为落实全省主体功能区划的生态和农业保护要求，因此空间发展受到了政策和地理环境的双重约束，但同时也具备农业、旅游、休闲度假等方面的发展优势。如罗田县位于大别山腹地，人均常用耕地面积相对较少，人口密度较低，城镇空间布局分散，但农产品资源品质较好，且具有丰富的农旅资源。这类区域要防止空间和人口的过度扩张，应走特色化、品质化的"小而精"成长路径。为缓解生态环境压力，要优化人口和土地空间分布，向综合条件相对较好的县城集聚，整体保持人口流入流出基本均衡，局部可以略有流出。

2. 完善配置体制机制，引导要素向重点区集聚

由于土地和人口要素的特殊属性，其存在配置范围有限、流动受体制机制限制、交易保障制度法规不完善、交易市场发育不充分等问题。因此需要从区域宏观层面，提出完善要素配置的具体举措。

在土地要素方面，着重增强土地管理灵活性：①灵活产业用地方式，探索增加混合产业用地供给，如积极探索M0（新型产业用地）在国土空间规划和实际用地管理中的实现和操作模式，满足产业转型升级需求；②灵活土地计划指标管理，探索建立圈际、省际建设用地、耕地指标跨行政区交易机制，构建跨区域增减挂钩节余指标有偿调剂交易规则体系，引导土地要素从要素控制优化区有偿、有序地流向要素适度、重点集聚区。

在人口要素方面，着力保障人口合理畅通有序流动，以深化改革户籍制度和基本公共服务提供机制为路径，促进劳动力自由流动。根据国家发改委印发的《2020年新型城镇化建设和城乡融合发展重点任务》中提出的指导意见，通过分类分级逐步取消人口落户限制，积极推动基本公共服务共享化，提升农业劳动力就业能力，加大“人地钱挂钩”配套政策的激励力度，利用大数据监测人口流动等举措提高人口要素流动效率和质量。

4.1.3 统筹完善区域空间成长支撑体系

1. 维育山水林田，构建生态空间保护格局

山、水、林、田等自然资源要素是城市空间成长不可突破的生态底线，是涉及区域生态安全和可持续发展的重要因素，因此需要从区域宏观层面构建生态空间保护格局。将景观生态学理论中关于生态学景观格局与结构元素的概念延伸至本书研究中，在此基础上纳入武汉都市圈生态空间的主要特征，将其构成要素归纳为以下3类。

（1）生态绿核。

生态绿核是区域内具有核心生态服务功能、生态敏感性高且连续分布的大型自然生态斑块，可以是多种类型的生态用地，也可以是多种生态服务功能的载体，对区域生态系统的稳定性起着决定性的作用。武汉都市圈的主要生态绿核为大型湖泊和连片山脉，如幕阜山、大别山、梁子湖、大冶湖等。

（2）生态廊道。

生态廊道是指城市与区域的生态环境中呈线状或带状空间的，或人工或

自然形成的，具有保护生物多样性、防止水土流失、降低生态空间敏感程度等各类生态功能的生态空间。武汉都市圈的生态廊道主要为长江及各支流，如汉北河、府澴河等，以及高速公路、铁路、公路干线绿化带构成的交通型生态轴线。

(3) 生态绿楔。

生态绿楔指作为区域发展轴间由区域边缘向建设集中区延伸的、从宽到窄的生态用地集中空间。控制建设空间与生态空间的结构，引导城市建设空间在城市发展轴上集聚发展。

武汉都市圈的生态空间保护格局协同需要在长江经济带生态大保护与环境治理的战略背景下，构建以长江为轴带、幕阜山和大别山为绿心、七大湖泊与江汉平原为绿核、十条河流水体为廊道、各城市内部自然或人工生态屏障为绿楔，构建全面综合的生态空间保护格局(图 4-4)。

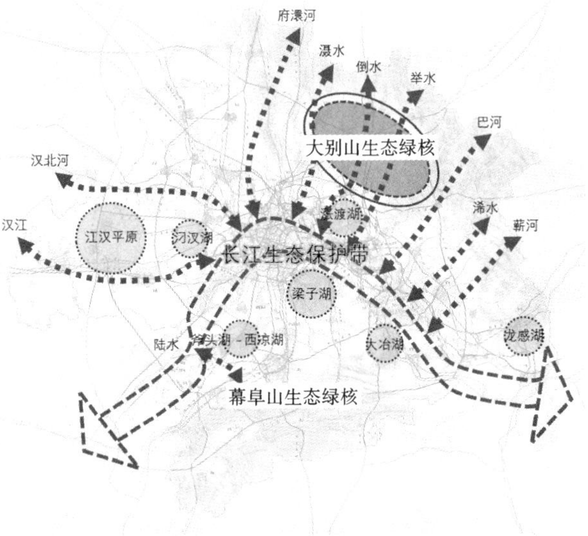

图 4-4　武汉都市圈生态空间保护格局图

2. 产业集群协同共进，助推产业转型升级

武汉都市圈产业发展的方向是主导产业重在做强、传统产业重在优化、新

兴产业重在培育。面向湖北省传统优势产业和重点培育的世界级产业集群，武汉都市圈应充分发挥圈域的聚集效应和扩散效应，以武汉市区为核心引擎，依托现代服务、大临空、大临港、大光谷、大车都五大产业集群，引领周边区域形成跨界协作区，进一步完善和延伸产业链，培育和壮大外围产业中心，实现区域产业多点开花、齐头并进的协同格局。其中，黄陂区、东西湖区为北部次区域的跨界产业协作区的空间载体，发展临空配套产业，同时孝感市依托自身优势形成先进制造产业中心；新洲区为连接东部次区域的空间载体，推动黄冈市发展健康产业；鄂州市、黄石市受到大光谷产业集群的辐射，同时依托鄂州机场形成临空产业中心、物流制造产业中心；南部次区域紧邻江夏区，除了发展配套产业，根据自身定位培育生态旅游中心；西部次区域毗邻大车都产业集群，以汉南区、蔡甸区为跨界产业协作区的空间载体，承担一部分汽配、制造产业，主要发展现代农业产业(图 4-5)。

通过打造多个产业集群、跨界产业协作区、产业中心，形成多层级产业体系。同时要在制度和环境营建上推进产业合作。协同开展产业集群招商、产业链互补招商，联合引进跨国企业地区总部，促进产业链、创新链、供应链、价值链协同融合。鼓励开发区整合或托管，协议分享园区税收、土地等收益，完善产业合作、利益分配机制，共建“飞地经济”产业园区及招商引资、投融资服务等跨区域合作平台。引导产业发展条件较好的区域带动后发区域，通过产业转移、产业合作、园区整合、飞地托管、技术传播等措施在质量层面推动产业结构“质”的转型，在总量层面协同带动区域产业“量”的升级。

3. 打造多式联运体系，优化完善航空网络

湖北省历来就是“九省通衢”的交通要省，武汉都市圈作为湖北省的核心城市群，更是绝对的交通枢纽，铁路、公路、水运、高速多条通道已经形成较为完善的综合交通体系。有关武汉都市圈综合交通体系规划建设的研究成果众多，已经基本搭建了明晰的交通发展框架，因此本书不再探讨，而是关注目前武汉都市圈交通发展的两个关键点也是薄弱点。

(1)《长江经济带综合交通体系规划》中提出“打造一体衔接多式联运体系”，在武汉都市圈内积极探索铁、水、公、空多式联运模式对于提高生产要素流通运输效率、降低交通运输能源消耗具有积极意义，深度契合“绿色，开放”

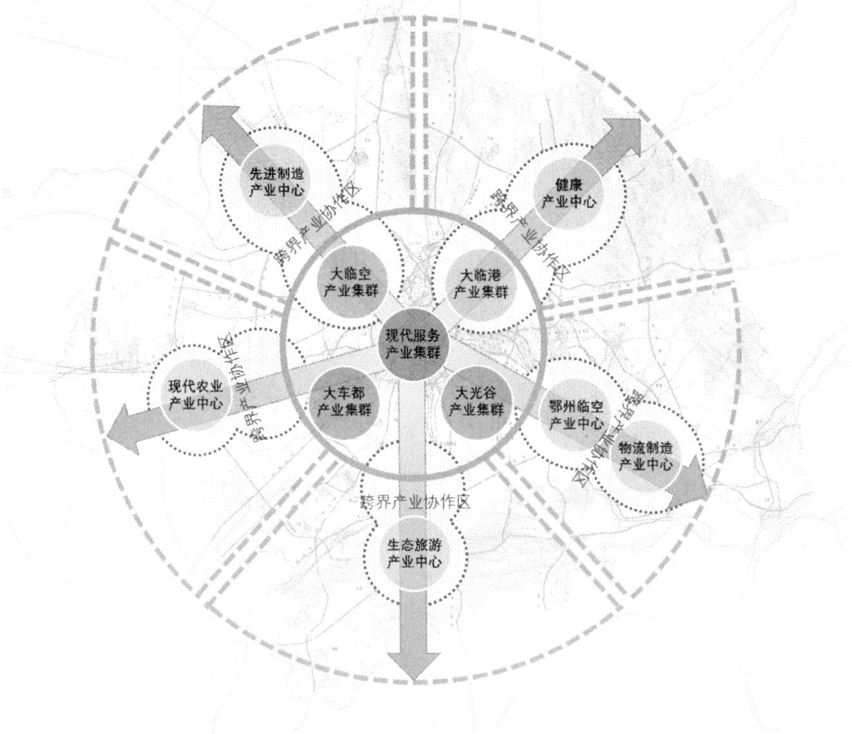

图 4-5　武汉都市圈产业集群空间布局图

的发展理念。

目前的问题在于：①四类交通运输方式条块分割严重，各自规划、建设、管理、运营，所以出现了铁路网、公路网、水路网之间缺乏衔接的现象；②缺乏统一的联运接驳流程和技术标准的制定，增加了转运的困难。目前武汉都市圈仅有武钢工业港实现了铁水联运。因此建议以湖北国际物流核心枢纽为试点，结合湖北省铁路网中长期规划布局，打造铁水联运示范，推进普通铁路沿线货运站点、物流园区与鄂州市、黄石市等港口的联运工程，有序推进三江港区铁路、山南铁路专用线等铁路建设，打造鄂州港三江港区和黄石港棋盘洲港区公铁水多式联运示范工程；同时探索空高联运新模式，根据航空运输和高铁运输各自特点，建设相应铁路、场站和配套设施。

（2）以武汉天河机场和鄂州花湖国际航空客货运“双枢纽”为中心的航空网络是未来武汉都市圈交通发展的重点和关键点。

作为区域航空网络的重要节点，通用航空是对现有民用航空的补充和完善，对提高航空运营效率、拓宽航空产业发展路径、带动中小城市临空产业发展等方面有巨大作用。根据湖北省颁布的《湖北省通用航空中长期发展规划》，未来将在武汉都市圈布局一批通用机场（图 4-6），应重点在通航服务保障体系、航空应急救援体系、通用航空职业教育、航空企业培育、航空产业发展等方面进行统筹谋划。

图 4-6　湖北省通用机场规划布局示意图（2016—2030 年）

（资料来源：《湖北省通用航空中长期发展规划》）

4. 培育新基建驱动力，谋划推进重点项目

推进新型基础设施建设是党中央、国务院做出的重大决策部署，也是稳投资、扩内需、拉动经济增长的重要途径。新基建的本质是能够支撑传统产业向网络化、数字化、智能化方向发展的信息基础设施的建设。目前来看，武汉都市圈建设新型基础设施主要包括三大领域内的内容。

（1）信息基础设施。

发展以5G、物联网、工业互联网为代表的通信网络基础设施，以人工智能、云计算、区块链等为代表的新技术基础设施，以数据中心、智能计算中心为代表的算力基础设施等。加快部署5G网络，分步实施5G基站建设；全面推进千兆光纤入户、万兆光纤进楼，加快部署天基互联网系统，支持武汉航天产业基地“虹云”“行云”工程；建设数据存储总中心，推进数据中心、边缘计算资源池节点布局。

（2）创新基础设施。

依托国家级创新平台和东湖实验室，积极创建国家新一代人工智能创新发展实验区，布局一批国家、省重点实验室，在数字建造、人工智能、存储芯片领域争创国家技术创新中心。加强人工智能教育产品开发和公共信息资源深度利用。发挥东风集团等龙头企业主体作用，整合科研院所和中小企业优势资源，打造汽车研发公共服务平台，构建集车内系统、基础设施、车辆使用于一体的智能网联汽车大数据“云控平台”。

（3）融合基础设施。

融合传统的市政、交通、能源、农业、医疗、教育体系，推进城市规划、建设、管理、运营全生命周期智能化，推动市政基础设施智能化改造升级；部署升级智能融合的交通基础设施，巩固提升交通枢纽地位；大力发展智慧能源，推进特高压网络设施建设，积极构建以车联网平台为主导、规划布局为基础、有效监管为保障的充电智能网络系统，建立完善天空地一体化智能农业信息遥感监测网络，开展病虫害智能探测、气象灾害智能识别预警等服务；建设健康医疗大数据中心，整合人口、居民电子健康档案、电子病历数据库，联通医疗、民政、公安等部门数据信息，打造中部地区健康医疗大数据中心；推进智慧校园建设，推动基于教育大数据的智能产品和服务在教育管理、师资培训、课堂应用、教学评价等环节中的应用。

本书通过梳理湖北省“十四五”初期项目储备库及近期政府网站公布的重大建设项目，整理出武汉都市圈近、中期重点谋划推进的部分新基建项目，分成三大领域类别，如表4-1所示。

表 4-1 武汉都市圈近、中期重点谋划推进部分新基建项目一览表

类别	项目名称	建设内容
信息基础设施	5G 网络建设项目(一期)	新建站址 466 个,存量改造站址 5987 个,建设微站点位 30 个
	千兆网络建设项目	打造面向 5G 承载、高质量行业专线、多形态新型业务、千兆宽带接入的新型基础通信网络
	量子通信省干网络建设项目	建设覆盖湖北省各地市州的量子通信省干网络,通过光纤接入省干网,然后与武合干线及建设中的京广干线对接
	湖北省数据存储中心	建成体系完整、运营高效、应用广泛、技术先进、安全环保的全省数据存储体系、云计算体系,实现重点行业智能化应用
	湖北省政务云(楚天云)中心	完成全省政务云平台整体规划设计,完成中心扩容、骨干网络建设工作,承接医保、应急等重要行业网投入和应用
	长江大保护数字化治理智慧平台	建设完成天地一体感知监测网络、监测数据资源体系、协同监管体系、全景指挥体系
	中金数谷武汉大数据中心	
	武钢大数据 IDC 项目	成为省内最大的大数据企业引领湖北省大数据产业发展
	车联网(V2X)大数据平台	形成服务于自动驾驶、智能网联汽车、新能源汽车、汽车后市场、移动出行、金融服务业等产业集群的区域性大数据平台
	鄂州移动 5G 大数据中心	主要承接 5G 通信及航空物流所形成的巨大数据需求,推动相关人工智能、物联网、云计算、大数据、边缘计算等业务在鄂州市的发展

续表

类别	项目名称	建设内容
创新基础设施	新能源与智能网联汽车示范区	智能网联汽车测试场建
	工业机器人项目	研发“上甑机器人”，研发针对高温、有素等高危工作环境机器人取代人工操作
	智能网联汽车平台项目	构建集智慧用车、智慧驾驶、智慧充电、智慧停车、智慧救援等于一体的出行生态圈，打造国内领先的一站式多元化出行平台
	万企上云推进工程	加快企业数字化、网络化、智能化改造升级
	国家智能网联汽车质量监督检验中心	以“智能汽车生态小镇”项目为依托，打造“智慧汽车谷”
	大冶人工智能产业基地及智能物流示范基地项目	
	循环经济产业园智能制造生产基地项目	自动化回收、加工报废汽车及各类再生资源物资
	腾龙光谷数据中心智能制造产业园园区	
融合基础设施	远程会诊中心	以区域大型中心医院为引领，建设区域远程会诊中心，实现区域范围内临床医技数据的统一存储、集中管理和医技业务的区域协作
	天河机场智能化改造	建设机场智能数据仓库、私有云计算平台、生产运营信息平台、A-GIS平台、全景视频监控、行李追踪系统、室内定位系统
	武汉阳逻港多式联运示范工程	建设多式联运公共信息平台、汉欧国际企业信息管理系统、多式联运阳逻物流园区（海关监管中心）信息系统、汉口北铁路物流中心信息系统

5. 形成多层组织结构，构建三大协同机制

（1）形成权责分明的多层级组织结构。

①充分发挥湖北省城市群都市圈建设领导小组及其办公室作用，加强对武汉都市圈空间建设的组织领导和统筹协调，研究审议重大政策、重大项目和年度工作安排，协调解决重大问题，督促落实重大事项，协调督促各市完善落实。②在都市群内部建立市长联席会议制度，加强都市圈内部合作，每年由一个市轮值举办相关会议，研究推动具体事项。③由各市各部门通力协作，落实具体事项。

（2）在三大重点领域着力构建协同机制。

①建立都市群内部制度规则和重大政策沟通协调机制，提高各城市政策制定统一性、规则一致性和执行协同性。②探索建立圈内招商引资、税收等利益争端处理机制，构建双方招商引资基础数据共享机制，立足各地资源禀赋、产业基础、承载能力以及产业发展规划，相互提供产业发展、招商动态等信息，实现招商领域数据互通。共用宣传推广平台，共邀企业组织考察，共同举办都市圈合作品牌活动。③建立执法协作联动机制，推动圈域内监管互认、执法互助、信息共享，形成权责一致、运转高效的区域综合监管体系。

4.2 次区域层面空间重构路径

4.2.1 核心区空间成长引导策略

1. 空间组织模式："多极廊道"结构

核心区包括武汉市区、黄陂区、江夏区、鄂州市及黄石市，在长江两岸沿线形成了带状的城镇连绵组群。目前武汉市与其他两市的发展差距较大，并且核心区内分布着大量的湖泊和河流支流，生态敏感性较强，对空间具有阻隔分割作用。因此，为形成敞密有致、秩序井然、紧凑集约的空间格局，核心区应依托长江主廊道和综合交通廊道，集聚现有城镇空间，沿线发育多个不同等级的城市，形成"多级廊道"空间结构（图 4-7）。

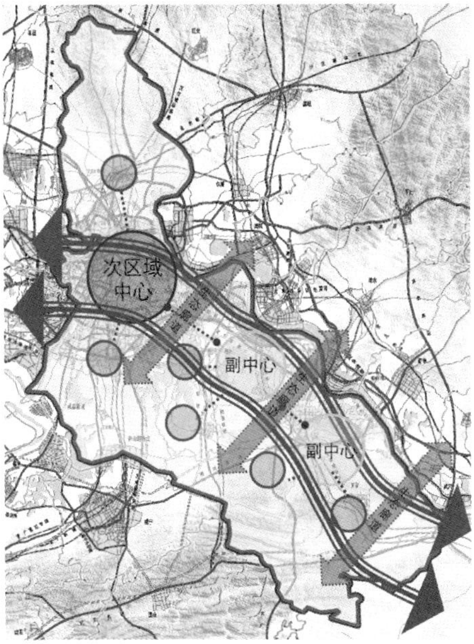

图 4-7　核心区“多极廊道”空间结构

其中，武汉市区为绝对的中心，周边串联江夏区、黄陂区两个空间单元；向东拓展鄂州城区副中心，带动华容区和梁子湖区；沿江继续东拓发展黄石市区为另一个副中心，与大冶市、阳新县形成次级城镇组团。3 个组团沿江、沿路集聚，形成经济发展廊道和综合交通廊道，基于生态空间保护格局，采用生态廊道间隔组团的方式防止城镇空间无序蔓延，建成极具开放活力、各城镇协调发展、山水交融的次区域空间。

2. 成长路径选择：内生互惠模式

根据评估结果，核心区内有 3 个空间单元为提质增量型城市，其特征是资源要素丰富但依赖程度高，集聚势能不足。剩下的 6 个创新联动型城市则需要强化对周边区域的关联辐射作用。从提质增量型城市的成长视角来看，有两个方面需要突破：一方面是对内部资源的有效整合，而非对单一资源竭泽而渔；另一方面是对外生资源过度依赖的城市应当更重视内部资源的有效挖掘。从创新联动型城市的成长视角来看，关键点在于如何在壮大自身的同时与其他城市协调合作,以互惠型合作关系替代低效率无序竞争关系。由此推论,提质增量型城市的资源外源性向内生性的转变和创新联动型城市的独立竞争向互惠合作的转变可以概述为内生互惠模式,即关注区域内部要素的有效整合,平等协商城市体系的构建,实现城市的可持续发展。这种模式与传统成长模式相比,在发展目标、行动空间、发展动力、模式和可持续性方面具有一定优势(表 4-2)。

表 4-2　传统成长模式与内生互惠模式比较

模式名称	传统成长模式	内生互惠模式
发展目标	经济增长最大化	众多发展目标的优化
行动空间	核心城市	城市-区域
发展动力	外生	内生
模式	竞争的(零和)	合作的(网络组织)
可持续性	差	强

资料来源:作者根据相关文献改绘①。

对于武汉都市圈核心区来说,应以构建区域核心、一体化发展为目标,打造"大武汉"区域,以武汉市为核心,实现交通设施、产业发展、生态保护等领域一体化发展。针对前文论述的核心区当前存在的各城市职能同质化的问题,研究提出立足国家使命,突出 5 个国家级专项职能分工协作。

①科技创新策源地职能——打造武汉科技创新研发中心,鄂州市、黄石市创新转化基地。

②高端装备制造基地职能——形成江北航天航空制造、江南光电精密产业轴带。

③国家健康产业基地职能——以江夏区为核心,打造武汉大健康产业基地。

④国家综合交通枢纽职能——以武汉临空经济区副城、鄂州市为核心,打造航空双枢纽、武汉国际交往中心;共同打造长江中游航运核心段。

⑤国家未来产业基地职能——以武汉长江新区副城为核心,辐射城市圈东北部,与长江三角洲、京津冀等协作,发展绿色、生命、智能等未来产业职能。

① FRIEDMANN J,李泳. 规划全球城市:内生式发展模式[J]. 城市规划汇刊,2004(4):3-7.

产业发展方面，通过“强核产业”“促带产业”“兴城产业”打造区域业体系，根据各空间单元的功能定位和产业布局，形成天河核心产业集群、鄂州核心产业集群、长江新区产业集群、大光谷产业集群、大车都产业集群(图 4-8)，作为核心区的产业承载空间载体。通过打造创新产业节点促进核心区内各空间单元的合作，深化各产业链的有效关联，打造可持续发展的创新产业系统。规划在核心区确定 46 个临空产业创新节点(图 4-9)。江南围绕国家存储器基地、花湖机场等，重点发展光电产业和精密制造产业，打造光电精密产业集群。江北依托国家航天产业基地、阳逻港等，重点发展航天产业和高端装备制造产业，打造航天制造产业集群。通过打造多个产业集群、跨界产业协作区、产业中心形成多层级产业体系。通过产业转移、产业合作、园区整合、飞地托管、技术传播等措施在质量层面推动产业结构“质”的转型，在总量层面协同带动区域产业“量”的升级。

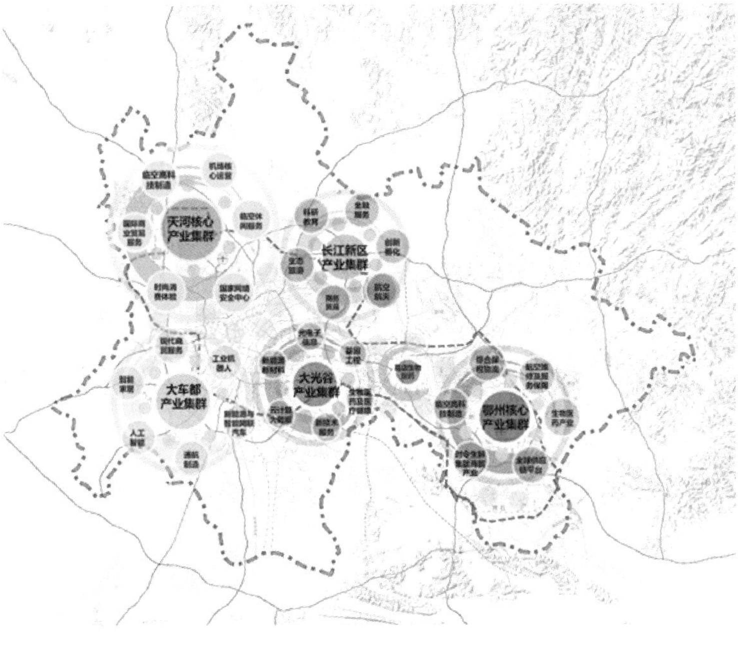

图 4-8　武汉都市圈核心区产业空间模式图

(资料来源:《武汉都市圈航空港经济综合实验区总体发展规划(2019—2035 年)》)

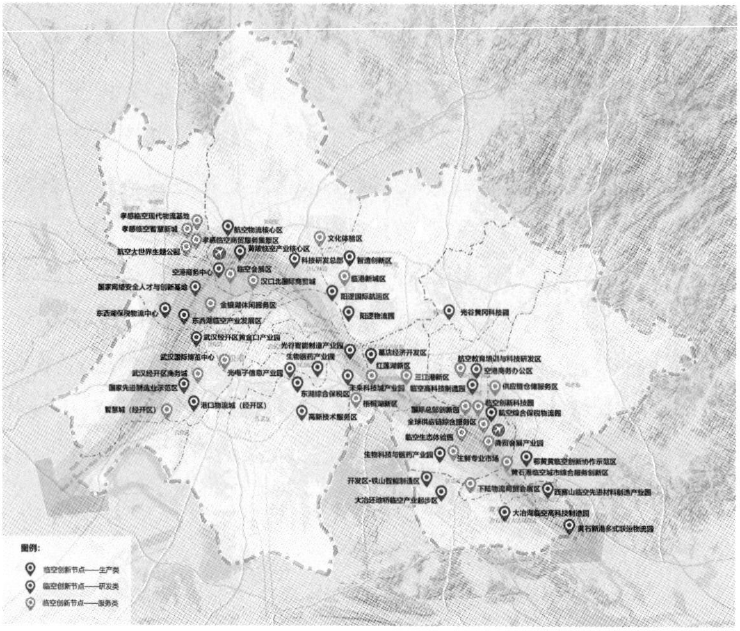

图 4-9 武汉都市圈核心区创新产业节点分布图

（资料来源：《武汉都市圈航空港经济综合实验区总体发展规划(2019—2035年)》）

生态保护方面，核心区内水资源特色显著，因此核心任务是保护长江、湖泊、河流构成的水网。严格控制临水生态核心区，严禁发展破坏生态环境的零星开发。适当开发地质条件较好、有一定基础设施配套、交通通达性较好的区域，并采取适量开发、集中建设的模式，提高土地的使用效率，避免发展空间的无序蔓延。创新生态管治手段，建立"发现—研判—预警—决策—控制"的监管机制，以现有环境监测体系为基础，构建"天地一体，水陆统筹"的生态环境监测网络和污染监控网络，实现对现状情况和违法情况的智能分析、精准溯源和预警预测，实行政策决策统一化，督查执法网格化的监管措施。

4.2.2 东部次区域空间成长引导策略

1. 空间组织模式："多圈互联"结构

"多圈互联"结构主要指在城镇群内发展培育分散化的多中心，中心之间各自独立但又互补互联，在城镇群内部围绕各个中心分别形成若干小的城镇圈。各圈根据自身的基础和特色形成明显的区域职能分工网络，最终形成优势互补并能发挥整体集聚优势的网络型城镇组群。黄冈市是武汉都市圈所有城市中市辖区县最多也是面积最大的一个，但是黄冈市区作为中心城市首位度低且规模小，无法起到带动全市发展的作用，并且由于山水自然格局的限制，东部次区域空间布局松散，集聚效应差，需要通过多圈组群结构有效整合资源(图 4-10)。三个圈层分别是：围绕次区域中心城市黄冈市区形成的临港、临空(鄂州机场)经济圈，也是北部次区域的核心圈层，包括邻近的团风县、浠水县和蔡甸区之间的跨界产业协作区，是北部次区域连接武汉都市圈核心区的门户；北部围绕副中心麻城形成麻城-红安-罗田-英山圈层；南部武穴-蕲春-黄梅形成沿江经济圈。大别山旅游经济带串联起南北两个圈层，沿江经济带串联临空港经济圈和沿江经济圈。

图 4-10　东部次区域“多圈互联”空间结构

2. 成长路径选择："旅游＋"模式

北部次区域的大部分区县都处于空间成长力水平最低值区间内，并且黄冈市区自身实力弱，中心能级不足，无法带动周边低水平分散的众多区县，存在"小马拉大车"的问题。因此，北部次区域仅依靠个体城市难以获得成长，应在广泛的县域层面将内部资源进行整合，实现利用效益最大化，充分带动县域经济发展。在黄冈市各版本的总规中对于未来发展构想提到最多的就是"跨越式发展"，如何实现"跨越式发展"？本书认为首先要做到比较优势最大化，其次要实现劣势最小化。

黄冈市的优势在于山水地理环境给其带来的文化和自然资源优势，但是目前没有得到充分的利用，A级以上景区数量虽然是圈域内最多的，但品质不高、规模不大、缺乏统筹整合，对于第二、三产业的拉动作用不强，所以大部分区县的保障力、提升力水平都不高。实际上旅游业涵盖了广泛的自然、文化资源，涉及"吃、住、行、游、购、娱、信息、康养"等要素，对区域资源具有极大的拉动力、融合力，具有催化、集成作用。因此黄冈市应该选择"旅游＋"作为成长路径，为相关产业和领域发展搭建平台，促进形成新的发展业态、形态和模式，提升其发展水平和综合价值，同时在此过程中，旅游业也能有效地拓展自身发展空间，推进旅游转型。围绕"旅游＋"构建产业体系，充分发挥旅游业的带动效应，释放旅游产业功能，扩大旅游产业内涵和外延，塑造多业态的旅游产品，辐射带动各项相关产业联动发展，打造复合型旅游产业链。

"旅游＋"第一产业：①积极发展生态农业，为旅游业发展提供健康、有机的农产品，满足游客"吃、购"的需求；②大力发展休闲农业，使农业本身成为一种重要的旅游资源，满足游客"住、游、娱"等需求；③结合红色革命历史文化，面向政府团体、企业单位、城市游客等打造红色教育基地，满足游客"学"的需求。

"旅游＋"第二产业：①依托现有优势农业资源发展农产品、食品加工业，为游客提供有机食品、保健食品等；②发挥林业资源优势，发展以中药材为主的生物医药产业，主要为游客提供健康养生类的产品，满足游客"养"的需求。

"旅游＋"第三产业：①大力发展商贸服务业，满足游客"吃、住、行、购、娱"

等各方面的需求；②大力发展信息服务业，为智慧旅游保驾护航；③大力发展文化创意产业，提升旅游业发展水平；④加快作为武汉新港组成部分的港区建设和国际航空物流核心枢纽的配套建设，发展交通运输、物流营运，提高客流、货流的流通效率(图 4-11)。

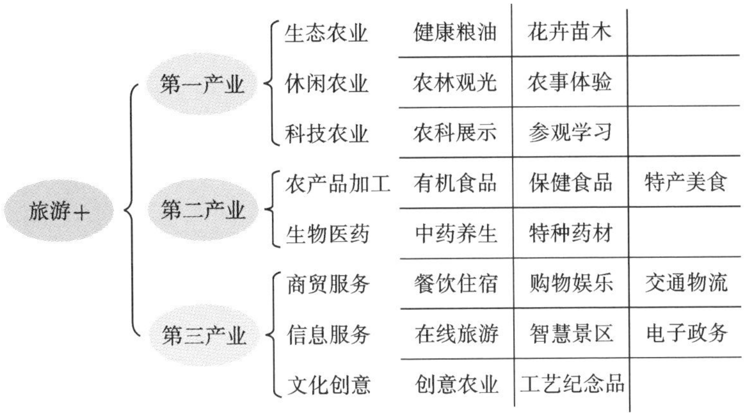

图 4-11 "旅游+"产业体系

4.2.3 西部次区域空间成长引导策略

1. 空间组织模式："双子星"结构

在一些城镇组群内，两个城市在空间距离上邻近，并且无论是在基础条件、经济力量、城市规模与吸引能力，还是城市在区域中所起的作用方面都势均力敌，在城镇组群的形成发展过程中始终起到双核心的作用。两者之间不存在明显的主次关系，而是以竞争性的合作关系为主，通过各自的功能整合，实现各个层面的优势互补，特别是面临区域发展的共同问题或困境时，能够责任共担，利益共享，从而带动整个城镇组群的发展。

西部次区域中的三个城市天门市、仙桃市、潜江市自然资源条件、城市规模、社会经济发展状况都比较接近，其中天门市和仙桃市成长力水平较高，为整个次区域的中心，与副中心潜江市一起形成松散的三角形结构，三者之间以互补合作的交互关系为主，同时三角形结构环绕江汉平原生态绿核，三个城市还需在耕地保护、汉江流域治理等生态保护方面开展合作。“双子星”结构向西沿汉江拓展汉江生态经济发展带，向东连接武汉市蔡甸区、汉南区，形成跨界产业协作发展带（图 4-12）。

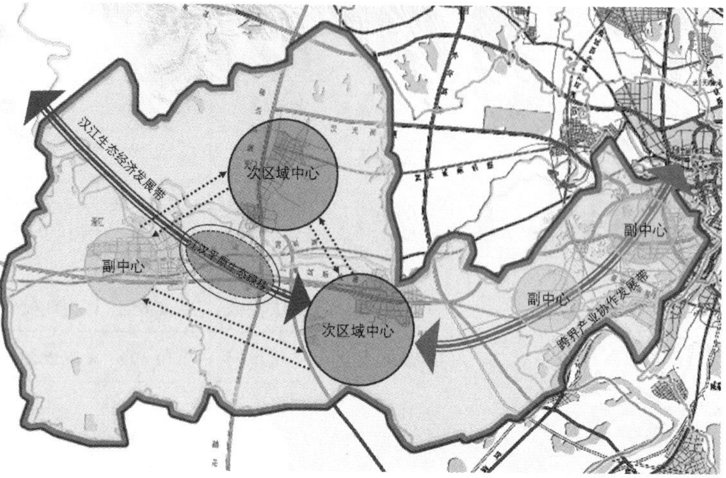

图 4-12　西部次区域“双子星”空间结构

2. 成长路径选择：“农业＋”模式

西部次区域位于江汉平原，在湖北省产业发展布局中属于四化同步发展示范区，同时也是汉江生态经济带的重要组成部分，宏观区域背景要求西部次区域的空间成长路径应坚持以“农”为基，服务国家粮食安全战略，以特色农业为主攻方向，打造湖北省特色产业增长极。依托传统的农业优势，通过提升农业附加价值，延伸农业上下游产业链，实现由传统农业向现代农业的转型升级（图 4-13）。具体来说，农业可以作为一个价值传递与增值的系统，通过“农业＋科技”带动前端的科技研发和技术孵化；通过“农业＋信息”发展包括遥感监测、病虫害智能探测、气象灾害智能识别预警等信息化服务的智慧农业；通过“农业＋互联网”打造农业营销展示、商贸交易平台，还可以向第二产业延伸发展农产品加工和农业装备制造，结合农业观光旅游服务延伸发展第三产业（图 4-14）。

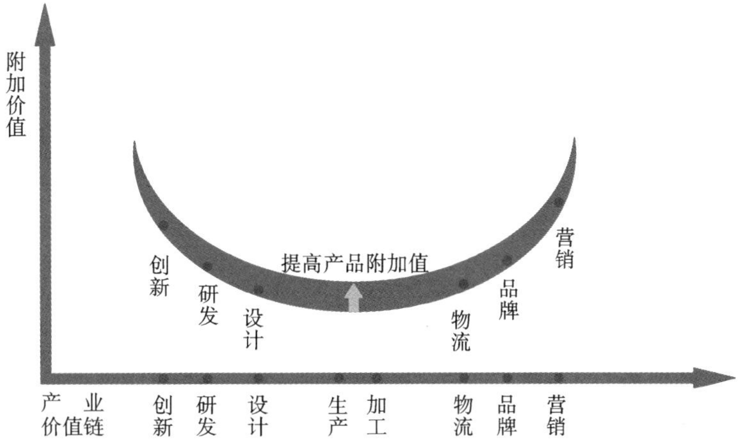

图 4-13　农业产业价值分布“微笑”曲线

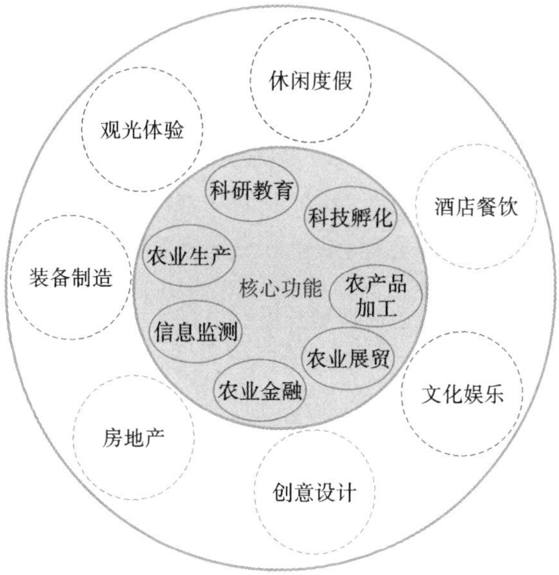

图 4-14　“农业＋”发展模式

在成长路径具体的实施过程中，要提倡三市合理分工，错位发展。天门市空间成长力水平是次区域内最高的，有一定的产业发展基础，也是优质的粮油、水产基地，应着力发展现代高效农业和绿色农产品生产加工业，同时积极与武汉市对接，形成以纺织服装、生物医药、机械制造为主的先进制造业协作配套基地。天门市经评估为(110)因子状态组合，提升力水平薄弱，表现为城市服务水平不高、创新能力不强，导致对人口持续吸引度下降，出现人口流出的趋势。因此，天门市要通过将农业向第三产业延伸，带动以休闲农业度假为核心的服务业，融合新基建发展建设，对农业体系进行信息化、智慧化、高效化升级改造。仙桃市成长力水平略低于天门，为(100)因子状态组合，成长力提升路径的关键在于改善保障力。其优势在于便捷的水陆交通和紧邻武汉市的地理区位，是武汉都市圈先进制造业协作配套基地，武汉农产品、水产品的供应基地，应积极承接武汉都市圈内及国内发达地区的产业转移，提升经济发展的规模和质量，从而改善保障力。潜江市作为湖北省资源枯竭型城市，一方面要围绕石油化工产业实现自身绿色循环化，降低对生态环境的负面影响，提升容纳力；另一方面要依托虾稻优势产业，做大做强小龙虾品牌，通过改善环境、发展新兴农业和服务业来培育新动能。

总的来说，北部次区域三个城市单体实力都不强，需要通过合作吸引人口和产业集聚，增强区域实力：①在交通运输方面，在现有产业发展基础上，依托沿江综合运输通道建设，推进天门市、仙桃市、潜江市港口建设和天门市、潜江市通用机场建设；②在农业方面，要建立农业合作联盟，实现农业技术、展示、销售信息共享，打造武汉都市圈西部“农谷”；③在耕地保护和水域保护方面，要做到规划互通、监管互认、执法互助、信息共享，形成权责一致、运转高效的区域生态环境监管体系。

4.2.4 南部次区域空间成长引导策略

1. 空间组织模式：“雁行”型结构

“雁行”型结构是以中心城市为整个城镇组群的“发展极”。中心城市处于“领头雁”位置，是整个地区的牵引中心和辐射源，负责引导人流、物流、资金流、信息流在整个区域中互动运行。同时“发展极”与周边其他大城市形成一定的分工体系和发展梯度，其他不同功能和规模的城市作为“协调极”，在“发展极”的牵引下，利用发达的交通网络来联络，形成多层次、协同化的城市网络。

根据空间成长力评估结果，南部次区域中咸宁市区成长力水平较高，其次是嘉鱼县、通山县和赤壁市，通城县和崇阳县属于低值空间单元，这种成长力水平梯度宜采取“雁行”型结构（图 4-15）。咸宁市区为整个次区域的“发展极”，向北通过江夏区联系圈域中心城市武汉市，向南带动赤壁市、嘉鱼县、通山县 3 个“协调极”并进发展，同时串联咸嘉新城、梓山湖新城、赤壁港口新城、通山县、崇阳县 5 个组团节点。重点建设咸赤嘉生态文化城镇带、幕阜山绿色产业带和沿江生态文明示范带。

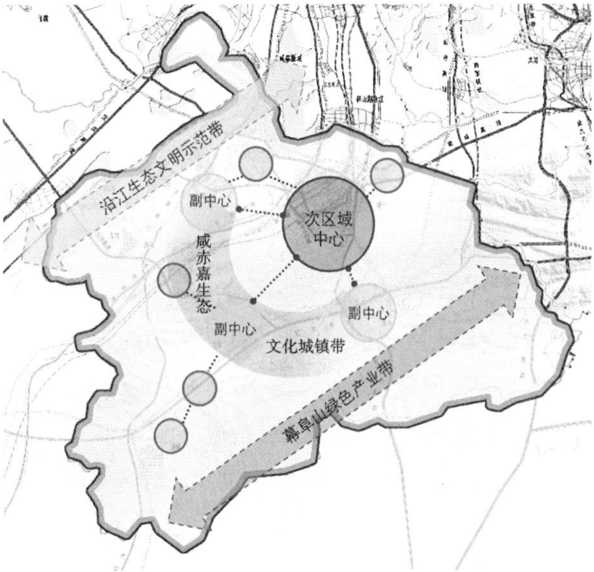

图 4-15　南部次区域“雁行”型结构

2. 成长路径选择：“133”模式

“1”即“一城引领”，建优美长江流域公园城市。第一个“3”是“三带协同”，即推动咸赤嘉生态文化城镇带、幕阜山绿色产业带、沿江生态文明示范带协同发展，从区域协调发展视角突出打造南部次区域3条县域经济动能转换发展带；第二个“3”是统筹做好现代农业、高新技术产业、全域旅游3篇文章，重点打造农产品加工、清洁能源、电子信息、汽车及零部件制造、医药健康5个千亿产业板块，大力发展“大旅游、大健康、大文化”产业，从产业布局上突出加快锻造高质量发展的新引擎，开辟出建设全省特色产业转型发展增长极的产业路径。一方面，依托长江上游廊道，以赤壁市、嘉鱼县为主体，大力发展名特优种养殖工业与绿色加工业；另一方面，打造以咸宁市区温泉养生旅游、赤壁三国水域生态休闲、通山九宫山山地生态休闲为主要功能区的全域旅游格局。

4.2.5 北部次区域空间成长引导策略

1. 空间组织模式："轴带渗透"结构

北部次区域通过4条城镇密集发展轴带与武汉都市圈核心城市武汉市形成了紧密的联系(图4-16)。其中“一带”为汉孝云城镇发展带，实现安陆市、云梦县、孝感市区与武汉市的紧密联系、与襄十随神城市群的延伸联系，是次区域跨界对接主骨架。“三轴”为北、中、南三大对接武汉发展轴：北部大悟县-孝感市区-黄陂区对接发展轴，实现生态休闲旅游对接；中部应城市-孝感市区-武汉市区对接发展轴，实现城市功能与先进制造业对接；南部汉川市-蔡甸区对接发展轴，特色产业发展对接，从而实现次区域的整体协同。4条轴带串联“一主四副”中心城市，“一主”为孝感市区，“四副”为汉川市、应城市、安陆市和东西湖区，分别带动大悟县、孝南区、云梦县三个次区域组团。

2. 成长路径选择：汉孝一体化模式

早在1995年，孝感市就提出了“汉孝同城化、一体化，依托武汉发展孝感”的构想。在孝感市总体规划中也提出了：强化临空经济区，联合云梦县城，打造汉孝一体发展“隆起带”的具体目标。可见主动对接武汉，构筑开放、一体化、高效的区域发展格局是北部次区域最优的成长路径选择。

一体化模式的实现主要是两个城市在功能、产业体系、服务设施上耦合互补。在功能定位上，孝感市是武汉都市圈副中心城市、武汉制造业协作配套与

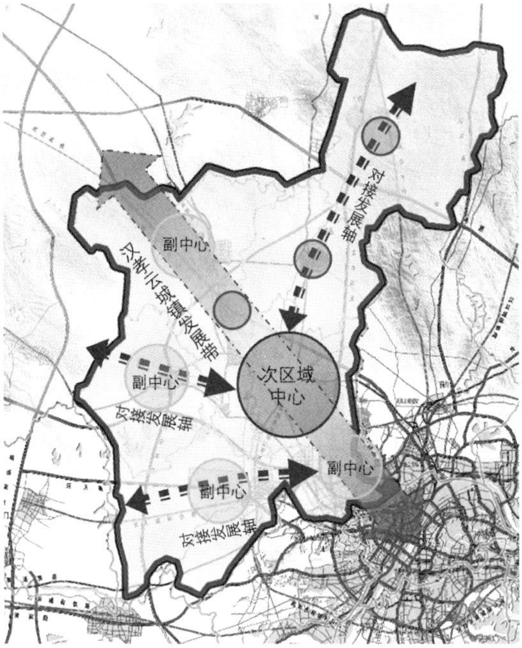

图 4-16　北部次区域“轴带渗透”结构

农矿产品物流营运基地，也是以机电、汽车零部件、纺织、食品、金属制品及包装材料等为支柱产业的轻重工业协调发展的城市。北部次区域是武汉都市圈核心产业基地和物流营运区。通过梳理目前孝感市各空间单元发展的主要产业，识别出孝感市应在电子信息、临空产业、汽车产业、旅游康养服务产业与武汉市进行全面对接(表 4-3)，重点推进孝感临空经济区的建设融入武汉市产业空间布局。旅游康养服务产业可以开发跨区域旅游资源，如孝昌双峰山-木兰天池生态旅游等。

表 4-3　孝感市主要产业与武汉市的对接指向

主要产业	空间单元	临空指向	汽车产业指向	服务产业指向
食品医药	安陆市、云梦县、汉川市	×	×	√
农副产品	孝昌县	×	×	√

续表

主 要 产 业	空 间 单 元	临空指向	汽车产业指向	服务产业指向
机电	孝昌县	√	√	
光电子信息	临空区、孝感市区	√	×	×
物流	临空区	√	√	√
服装纺织	安陆市、汉川市	×	×	√
汽车及零部件	临空区、孝感市区、汉川市	×	√	×
新能源	大悟县	√	√	×
盐化工	应城市、云梦县	×	×	×
金属制品	安陆市、汉川市	×	√	×
塑料包装	云梦县	×	×	×
装备制造	安陆市、孝感市区、临空区	√	√	
全域旅游	全域	√	×	√
健康养生	全域	×	×	√

4.3 城市层面空间重构路径

城市层面的空间成长策略是区域、次区域宏观引导下的具体落实对策，本节的内容是根据评估所划分的 3 种城市类型，针对每种类型城市的特征，提出不同类型城市空间成长力提升的关键策略和相应的空间组织模式。

4.3.1 资源整合型城市

1. 以效用型增长为目的的空间组织重构

资源整合型城市在武汉都市圈内是数量最多的，包含了黄冈、咸宁、孝感市域范围内的大部分区县。这些空间单元分布于武汉都市圈外围边缘，整体发展水平不高、发展规模不大，并且大部分受到政策导向与资源本底的双重限制，城市空间成长的上限较低，且资源转化能力较差，已经出现持续成长乏力的迹象，表现为部分城市经济增长速度减慢、人口持续外流等现象。对于这些非核心区域的“非增长型城市”，学者赵燕菁(2017)提出基于“消费人”偏好的“效用型增长”理论模式，认为城市越是能满足消费者特定的需求，效用损耗就越低。区别于规模经济理论指导下城市规模越大、运营成本越低、收益越高的竞争范式，效用型增长通过提供满足消费者特定需求的专门化服务创造高价值的效用，获得独特的竞争优势。这与本书所定义的城市空间成长内涵其实是一致的。空间成长以满足人的需求为目标，空间成长力越强，就越能满足人的需求。因此，效用型增长适用于引导资源整合型城市走向提升空间成长力。

以效用型增长为目的的城市一般是“小而精”的，即空间规模、形态上的紧凑集约，空间功能上的精简极致。在前文划分的区域要素分区中，除了咸宁市区、黄冈市区和孝感市区，资源整合型城市大部分属于要素适度集聚区和要素控制优化区，引导策略是适度控制人口和空间扩张的规模，未来不会成为承载人口和经济活动的主要区域；同时这些城市拥有丰富的自然、人文资源，适合发展“农业＋”“旅游＋”高净值消费的城市功能。因此要引导形成与规模、功能需求相适应的空间组织模式，如图 4-17 所示。该空间模式的内涵解析如下。

(1) 紧凑集中布局下的多元中心。

资源整合型城市的空间组织模式受地理环境影响较大，属于多功能复合的多元集中式格局。各层级中心沿江、沿路分布聚集，综合中心集中紧凑且功能高度综合，其他层级核心在职能类型上表现为更明确的分工和特色化功能。如邻近周边大城市的城镇分担部分配套产业职能，形成配套服务中心，而山水林田资源较丰富的城镇依托自身特色发展旅游、农业特色产业。

(2) 维护生态空间的基本职能。

资源整合型城市的生态自然环境基底既是城市空间发展的最大约束，也是城市空间可持续成长的后发优势。对于大部分资源整合型城市，其生态空间承担着物资生产和安全底线职能，且基本上长时间内不会改变，所以要保持山林生态开放空间和农田生态开放空间，提高城市空间的容纳力。

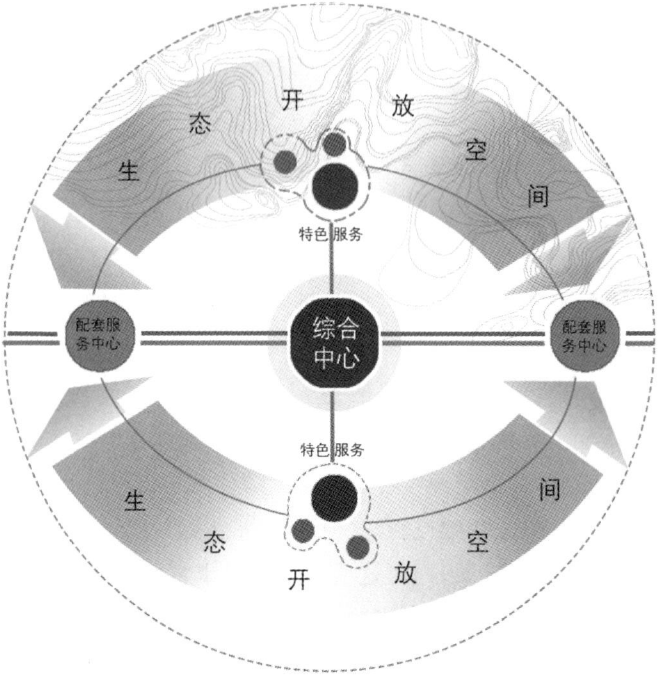

图 4-17　资源整合型城市空间组织重构示意图

2. 以专门化分工为目的的空间横向联合

单个的效用型城市只能满足某一部分特定的消费需求，并不能产生最大的收益。然而多个效用型城市通过横向联动整合更多的资源，形成专业化分工的产业群落，各城市既相互独立又彼此联系，能够满足更多样的消费需求，从而产生更大的群落收益。武汉都市圈内的资源整合型城市能够整合的资源要素基本都属于农业资源和旅游资源，这两类资源的空间分布往往不受限于行政辖区，与地缘关系较大，更有利于跨区域横向整合。以黄冈市内以旅游服务功能为主的资源整合型空间单元为例（表 4-4），根据旅游的主题内容可分为红色旅游、宗教旅游、生态旅游、康养旅游和文化旅游，以不同主题串联各个空间单元内的旅游节点，形成多样化、特色化、精品化的旅游线路，有利于整体旅游品牌的打造，吸引更多的游客。

表 4-4　黄冈市部分空间单元旅游资源梳理整合

旅游主题	空间单元	旅游节点
红色旅游	黄梅县	黄梅县烈士陵园
	红安县	黄麻起义和鄂豫皖苏区纪念园、董必武故居、李先念故居、红安七里坪革命遗址群
	麻城市	烈士陵园、乘马会馆纪念馆、红军医院
	英山县	英山县烈士陵园
	罗田县	罗田县胜利烈士陵园
宗教旅游	黄梅县	四祖寺、五祖寺
	红安县	天台寺
	武穴市	水府寺
生态旅游	黄梅县	龙感湖、太白湖、玫瑰谷、大别山世界地质公园
	蕲春县	三角山、云丹山、赤龙湖、鸳鸯河
	红安县	天台山国家森林公园风景区、金沙湖湿地公园、似马山将军公园、对天河红色探险漂流风景区、艾河生态旅游风景区、香山湖休闲度假风景区
	英山县	桃花冲、吴家山、武当山、天马寨
	罗田县	天堂寨、薄刀峰、天堂湖
	麻城市	龟峰山、五脑山、狮子峰、凤凰山
	武穴市	仙姑山、武山湖
康养旅游	蕲春县	李时珍医道文化旅游区、药王谷
	黄梅县	挪步园
	英山县	乌云山茶叶公园、大别山丽景风景区、神峰山庄、毕昇温泉
	罗田县	三里畈温泉、燕儿谷
文化旅游	麻城市	杏花村、柏子塔
	蕲春县	蕲州古城
	黄梅县	黄梅戏剧院、东山问海村
	红安县	天台书院、双城塔、陡山吴氏祠堂、九焰山遗址

续表

旅游主题	空间单元	旅游节点
文化旅游	罗田县	罗家大院
	武穴市	郑公塔、梅川水库

3. 构建弹性化、共享化的空间服务体系

空间服务能力不足是影响资源整合型城市空间成长力系统稳定结构的重要问题，如果持续滞后将成为空间持续成长的阻力。对于这类城市来说，效用型增长的空间结构和专门化分工的空间职能决定了其不可能采取完善的、级配式的公共服务供给方式。应当考虑未来规模缩减及人口、空间要素适度集中的影响，建立更弹性的空间服务设施体系，以提升公共服务质量而非设施点数量为构建空间服务体系的重点。同时，对于横向联合较为紧密的城市，可以不受行政界限的限制，构建跨行政区共享公共服务设施，特别是生产型服务设施共享，实现“网络化、扁平化”的空间服务体系，降低公共服务的供给成本，提升公共服务的使用效率。

4.3.2 提质增量型城市

1. 以产城融合为思路引导空间布局重构

提质增量型城市包括华容区、梁子湖区、蕲春县、嘉鱼县、仙桃市、大冶市6个空间单元，这类城市的空间成长力结构短板极为突出，亟待提升保障力来增强成长力系统的稳定性。前文已经提到过大部分提质增量型城市都存在对基础资源依赖程度过高，而资源转化效率过低的问题，所以应该以提升空间生产运行能力为核心，加快产业转型升级，大力发展第二、三产业；以保护生态环境为底线，谨防对资源过度开发，避免走资源枯竭、先污染后治理的老路；改变粗放的产业发展模式，提高产业用地的利用效率。因此，要以“产城融合”的思路来统领城市产业、生态、服务等功能协调发展，形成紧密分工、高效合作的城市空间布局。

以资源开发或单一产业为主导的城市大多以资源或产业为核心脉络组织

城市空间布局，要旨是为资源开发和产业发展提供最大程度的便利，具有明显的生产导向性，缺乏与城市服务功能和生态环境的协同。以大冶市为例，城市空间结构历史上围绕矿产资源布局工业、交通、居住和服务功能组团(图4-18)，受矿产资源"大集中，小分散"分布的影响，城市空间形成以生活服务业为主的老城区与以采矿、冶炼、工业为主的南城区和西城区相互分隔的机理特征，20世纪90年代末"新区"成为自身转型的载体，空间呈现出"城区、矿区、新区"的"三区"格局(图4-19)。这种空间布局虽然拉开了城市建设框架，但空间布局松散，组团间交通联系不强，山水城市风貌特色不鲜明，空间有待整合。

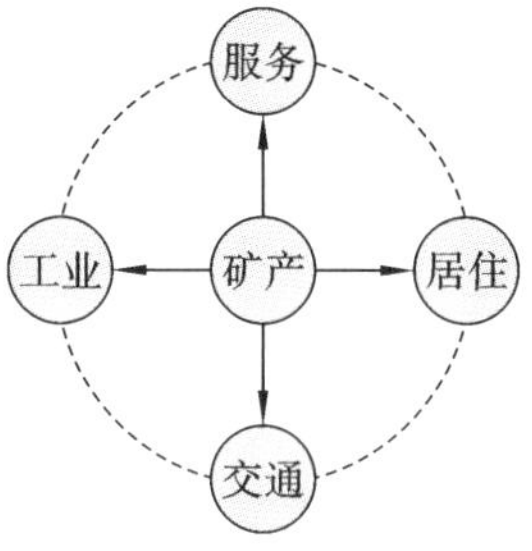

图4-18 矿产资源主导下的城市空间结构

图4-19 大冶市20世纪70年代—21世纪初空间机理特征

针对这种亟待转型的提质增量型城市，本书参考相关文献，认为可将城市功能区按照产业属性分为中心区、过渡区、产业园区、特色资源区和生态保护区(贺传皎等，2012)：①中心区是城市高端综合服务中心，其中的各级中心承担着与其级别相应的综合服务功能和周边功能区的配套服务功能；②过渡区除了居住和基础服务功能，可以保留一些规模较小、环境友好型产业；③早期建设的工业区和后期建设的开发区为产业园区，引导大部分产业集聚布局；④将依托城市独特资源形成的功能区如矿冶文化区、农业观光区、旅游度假区等划分为特色资源区；⑤城市内部的生态绿核、廊道、绿楔要素构成生态保护区。各类功能区各司其职：①中心区是城市退二进三，提升服务业水平的重点区域；②过渡区是产城融合、提升宜居宜业空间品质的区域；③产业园区是带动城市发展，与周边城市形成对接互动的空间载体；④特色资源区是彰显城市独特风貌的重点区域；⑤生态保护区则起到维育城市生态安全格局，促进城市生态功能修复改善的关键作用（图 4-20）。划分功能区不同的职能，就能够在城市布局中有效匹配空间需求和空间供给。

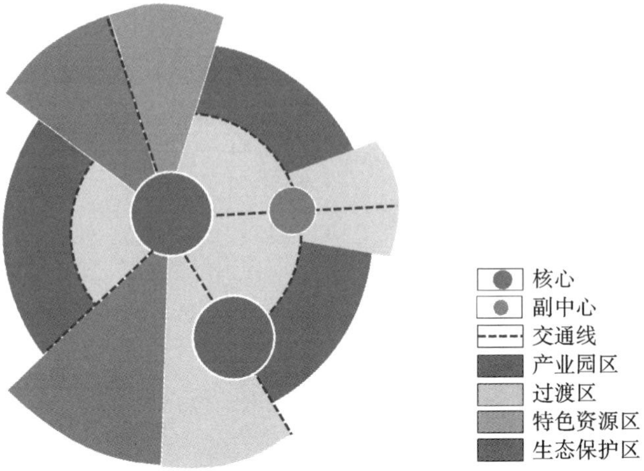

图 4-20　提质增量型城市空间功能区布局示意图

2. 融入区域产业分工，提升空间集聚势能

提质增量型空间单元本身的容纳力和提升力水平有一定的基础与优势，并且从空间分布上看，全部位于武汉都市圈核心区内或紧邻核心区，具有区位优势，因此以个体参与区域产业分工中的机会更大。提质增量型空间单元通过参与区域产业分工来强化自身在城市网络体系中的节点地位，提升空间集聚势能。一方面要避免追求产业发展的“大而全”导致的要素集聚效能低，结合自身优势基础和邻近经济体的产业导向，准确判断区域分工中的社会与市场需求，稳步推进自身经济职能的转型；另一方面要在生产组织的全过程环节实行全方位协同，包括产业布局、招商引资、产品生产、组织运营、信息传递、物流网络等。

根据前文对次区域层面空间成长引导策略的论述，武汉都市圈提质增量型空间单元主要在光电子产业、健康产业、临空产业与核心区形成协同对接关系。以图 4-21 所示的武汉都市圈光电子产业链为例，打造以武汉-鄂州-黄石为主的鄂东光电信息产业链，形成武汉都市圈的特色优势产业。此外，通过生物医药等大健康产业集群，打造武汉-蕲春-嘉鱼医药健康产业链。

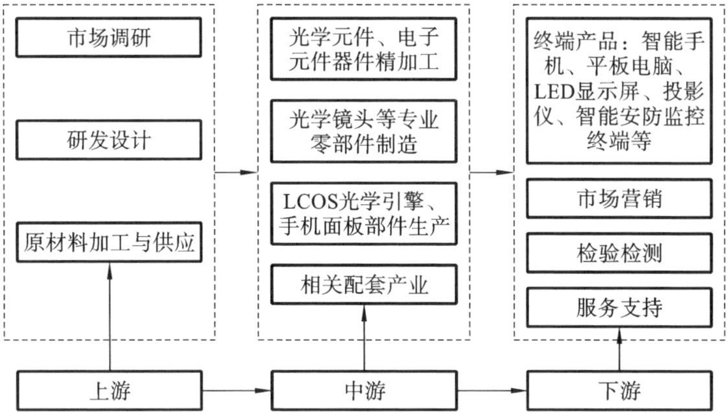

图 4-21　武汉都市圈光电子产业链

（资料来源：黄亚平，胡忆东，彭翀. 武汉都市圈成长发展及武汉城市发展策略研究[M]. 武汉：华中科技大学出版社，2018）

3. 以全生命周期管理理念引导空间成长

城市作为有机生命体，其空间成长具有明显的周期阶段规律。这种成长周期阶段性在提质增量型城市中表现得尤为明显。由于城市发展高度依赖自身资源禀赋，一旦资源可开发量减少或市场需求下降而城市又没有及时进行适应性调整城市就会衰落。这就对城市管理提出了更高的要求，必须科学认知城市生命周期阶段规律，预判城市阶段转折的"关键点"，力图确保在前期介入、中期应对、后期总结的过程中形成有机闭环，真正实现环环相扣、协同配合、高效运转，顺利突破城市转型升级的发展极限，延长当前阶段或促其进入另一个成长阶段，保持持续向上的发展态势。针对发育期产业转型升级的需求，管理政策上可通过推进聚才引智工程，推动以新技术、新产品、新业态、新模式为核心的"四新"经济培育工程加快高新技术发展。针对水系保护治理的需求，通过城市污水管网建设项目、城市防洪设施提升及信息化建设、城市供水保障及应急处置等一系列的设施完善提升水系统的韧性，以便应对突发状况，减轻对水环境的影响。针对城市空间设施完善的需求，通过市政基础设施改造提高城市建筑和基础设施抗灾能力，提升学校、医院等人员密集场所安全水平，为居民提供生活所需的基本服务功能和公共活动空间，形成安全、友好、舒适的社会基本生活环境。针对城市生活空间品质提升的需求，推动住房政策融资平台建设，加快租购并举的住房体系建设，引导房地产企业建设租赁性住房，倡导住房类型的多样性，满足各类人群差异化的居住需求。

4.3.3 创新联动型城市

1. 营建创新人才需求导向下的城市空间

武汉都市圈内创新联动型城市包括江夏区、黄陂区、武汉市区、黄石市区、阳新县、鄂城区、麻城市、天门市 8 个空间单元。这类城市空间成长力系统结构均衡，整体水平较高，城市已进入以“内涵提升”为主的成熟阶段，以知识、科技引领的全领域创新已成为城市空间成长的核心动力。国内外的实践经验和理论研究告诉我们，当城市进入更高级的发展阶段时，人才成为城市的核心竞争力，人力资本的积聚和提升是城市转型和创新发展的决定性因素。因此，创新联动型城市必须将人力资本发展置于首位，关注人才特别是高科技人才的需求，优化城市功能布局，合理配置城市空间资源，致力于打造满足人全面发展需求的城市空间，使城市能够吸引和留得住人才，并为市民营造高品质的就业、居住和游憩环境。

随着城市的发展，人的需求从基本的容纳型、保障型上升到提升型。除了工作，人们开始关注便捷的交通、宜人的环境、高品质的服务，追求精神愉悦、个人价值等更高层面的精神需求，总而言之就是追求舒适性更高的城市(吴文钰，2010；温婷等，2014)。这些需求映射到城市空间中，对应着不同的功能空间单元，可以概括为职住空间、服务空间、通勤空间和绿色空间(夏美玲，2019)，城市应构建与人的需求变化相适应的空间结构，合理组织布局四类功能空间。综合前文分析，本书试图构建创新联动型城市“核心-圈层”空间结构模式，职住空间、服务空间、通勤空间和绿色空间有机叠合，形成有序的城市空间格局(图 4-22)。

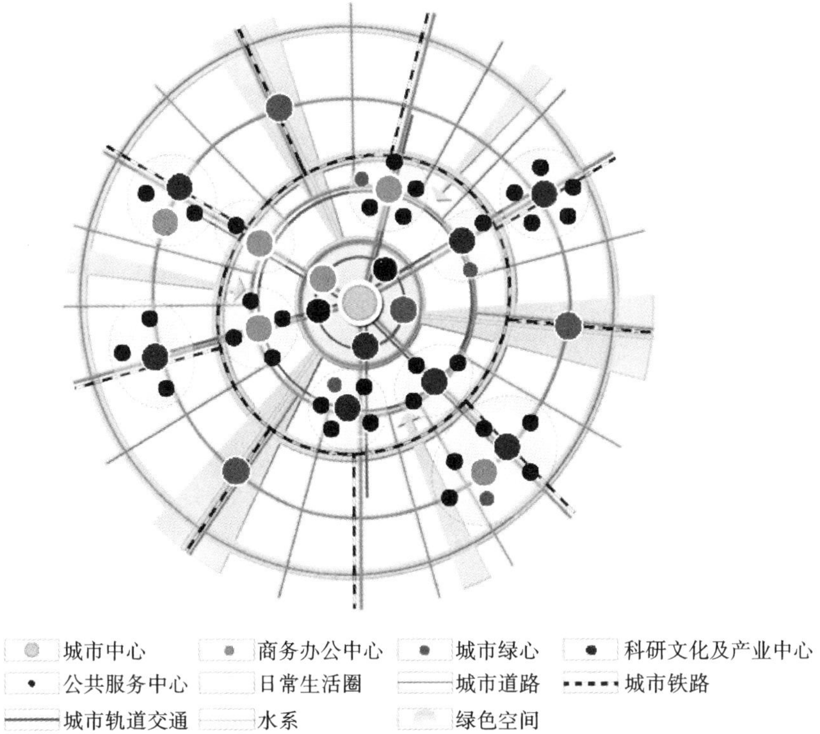

图 4-22　创新联动型城市空间结构模式

（资料来源：作者根据相关文献改绘①）

（1）均衡多元的职住空间。

创新人群从事的是具有知识、技术、创造性等需要交流、互动、接触的工作，因此由传统的集中式办公转变为微型单元分工协作的模式，工作空间分布更为自由，布局更为灵活，空间功能更为混合。居住空间方面，创新人群对居住品质要求更高，包括教育医疗设施配套、与工作地点的距离较近、拥有丰富多样的生活服务设施和休闲文化设施等。因此，创新联动型城市在核心、近郊、远郊三个圈层集中布局若干日常生活圈，在日常生活圈内部将商务办公中心、科研文化及产业中心、公共服务中心及城市绿心有机组合，形

① 林小如. 反脆性大城市地域结构的目标准则和理论模式[D]. 武汉：华中科技大学，2015.

成多元化的组合类型，满足不同人群的需求偏好。通过办公、居住、交往、游憩等多种空间的混合，每个日常生活圈都能实现工作、居住和服务功能的自我平衡。

（2）开放多样的服务空间。

创新联动型城市的服务空间，不仅要功能齐全完善，还要在空间上具有较高的可达性，并且要有满足精神文化需求的服务设施。因此，在公共服务中心的空间布局上，核心圈层为城市的综合服务中心，提供高端、多样化的服务；近郊与远郊圈层结合日常生活圈，匹配相应的教育设施、医疗设施、运动设施、休闲设施及文化科技类设施。

（3）便捷高效的通勤空间。

创新人群偏好于高效率、多样化的通勤模式。一方面，通过将居住、工作、服务空间邻近或混合布置，避免职住分离从而缩短通勤时间；另一方面，打造“环网＋轴带”型的复合交通网络，构成道路、轨道交通、铁路相结合的城市交通体系。

（4）健康安全的绿色空间。

自然山水空间维护了城市的基本生态安全，也是城市独特风貌特色的来源，城市内部的绿色景观空间为人们提供了休憩放松的场所，有利于身体和精神的健康愉悦。创新联动型城市的绿色空间是一种环绕、楔入与多点连通相融合的弹性开放空间，生态绿环、放射性绿廊、绿心组成的人工绿色空间与自然山水绿楔相融合。

2. 植入以需求驱动的连接，构建创新网络

创新是由不同参与者和机构大量互动作用的结果，因此各类创新节点和它们之间的相互关系所构成的创新网络是城市创新发展的关键。但是，企业、高校、科研机构、政府机构、社会组织这些创新节点代表着不同的利益主体，存在着信息不对称、价值诉求不同、学术研究与市场需求不匹配等差异，“创新”本身并不是它们的交集，需要基于各方诉求，通过一定的组织机制将各创新节点连接起来，形成创新网络。

(1) 完善创新网络组织。

创新网络由创新型企业(大、中、小)、大学和科研机构、地方政府、金融机构和中介机构这几种创新节点构成。其中,创新型企业为引领空间创新活动的主体,大学和科研机构为创新网络提供知识技术支持,这两者构成了核心圈层;中介机构和金融机构是创新网络的专业服务和资金支持提供者,地方政府起到维护创新网络环境、推动创新网络发展的作用,三者构成支撑圈层(图4-23、表4-5)。

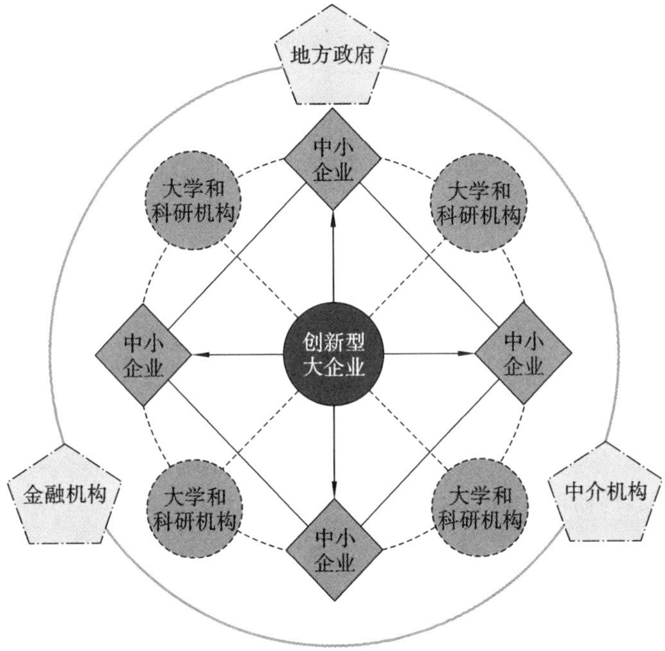

图 4-23 创新网络组织模型

表 4-5 创新网络要素及节点联系

创新网络要素		节点联系	
网络节点	节点作用	相互联系机制	信息交流方式
创新型企业	创新主体	渗透式竞争合作关系	行动互动和资源共享

续表

创新网络要素		节点联系	
网络节点	节点作用	相互联系机制	信息交流方式
大学和科研机构	创新来源	接触式、非正式交流	高校科研合作
地方政府	创新推动	正式性、创新政策的发布	引导信息传递、优化制度环境
金融机构	创新支持	层级式垂直一体化联系方式	信息流传递、资金流组织
中介机构	创新协调	联系科技和经济的纽带	提供服务、传递信息

资料来源：杜向风.创新型城市的空间结构优化研究[D].苏州：苏州科技大学，2013.

(2) 建设创新空间载体。

创新网络的实体化需要一定的城市空间载体，创新空间载体从最初的产业园区发展到大学科技再到如今“校区、园区、社区融合”的知识创新区（张尚武等，2016；郑德高等，2017），代表了创新活动集聚的新趋势。“三区融合”成为一种全新的创新空间模式，校区、园区和社区在创新过程中相互融合、作用，甚至相互转化，与外部城市环境形成开放系统。因此在空间布局上，创新联动型城市区别于传统城市均质化的功能分区，通过斑块镶嵌、镶嵌套叠等模式混合各类用地，模糊地块经济、社会和文化空间之间的界限，增加城市空间的弹性（图 4-24）。

在目前的规划和实践中，知识创新区存在校区主导、园区主导和校区园区双主导模式。武汉市东湖国家自主创新示范区是典型的园区主导模式，最初由东湖新技术开发区起步，随后政府和企业引进高校、科研院所等知识机构和人才，同时为这些人才配备商业、居住及公共服务等设施。目前已形成倡导产、学、研、居、服五种功能混合的“一轴四区六心”空间结构：“一轴”依托高新大道、高新三路“集束式”布局服务中心及产业生活组团，打造东湖示范区东西向带状拓展的复合空间发展主轴；“四区”为关山科研储备区、豹澥产业集聚区、严东湖科技生态城、未来城创新研发区和牛山湖科技生态城；“六心”为光

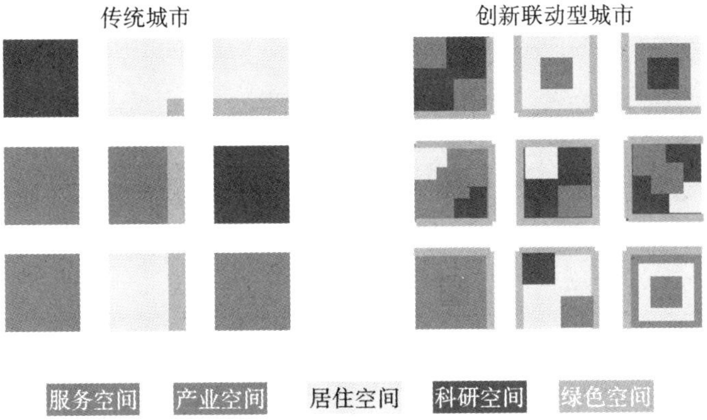

图 4-24　创新联动型城市用地功能布局模式

谷综合服务中心，鲁巷城市副中心，花山、左岭、流芳和牛山湖构建四大支撑中心。

(3) 优化创新合作平台。

针对目前各个创新节点合作中的问题，建议构建科技创新资源市场配置体系，推进技术转移中心、产权交易中心、科技资源共享服务中心等创新资源市场配置平台建设，逐步完善科技中介服务平台、金融服务平台、人才服务平台等创新服务支撑平台，优化信息采集发布和管理、科技成果展示、技术产权交易、投融资服务、一站式配套服务等功能(李彪等，2008)。

3. 实施刚柔并济管控措施，激活创新空间

目前很多国家都采取了对城市各项服务较为完善、区域内已有创新源或者科技园区的已有城区进行再开发和转型提升塑造的方式，建设知识创新区。近来旧金山、北京、纽约等城市都出现了初创型中小企业、风险投资、高技术产业、文化创业产业向中心城区回流的现象(袁晓辉，2014)。这种对存量空间进行改造更新，建设创新空间的趋势对城市空间管控能力提出了更高的要求。要在保障原则性、基础性等刚性约束的基础上，积极提升空间管控的灵活性。

（1）采取“连续有限比较”的渐进式改造方法[①]。

将存量空间改造视为动态的阶段过程，设立不同的阶段性重点，循序渐进。阶段性改良目标并非直接指向终极理想，而是时空情景下聚焦最紧迫问题的有限最优解，在发展的过程中去解决发展带来的问题。在制度保障上，建立常态化的动态评估机制，定期反思管控方式，检讨和总结其创新适应性；针对创新发展过程中涌现的空间新现象、新问题，及时设立复杂程度更高、迭代速度更快的规则规范。

（2）刚性约束与柔性管理活化土地要素市场。

通过评估指标“存量用地供给量”“土地供应计划执行率”发现，目前创新联动型城市的土地交易一级市场发展较为充分，但二级市场发育不足，偏重政府主导，重收储轻转让，导致部分“僵尸”企业囤地、荒地等低效用地现象时有发生，同时对低效用地企业缺乏强制性的制约措施，直接影响了产业用地利用效率。针对以上问题，本书提出通过以下几个方面管控：①建立统一的土地二级市场，制定规范性交易文件，实施“线上＋线下”平台交易，降低交易的制度性成本；②探索“亩均税收”用地标准，借鉴江浙地区经验，以亩均税收为低效用地划定标准，对于不符合标准的企业责令整改或提高缴税标准，最大限度降低闲置用地和低效用地比例；③促进完善盘活存量用地的税费制度，通过税费“经济杠杆”倒逼低效建设用地主体主动腾退，通过容积率奖励或减免税费鼓励有实力的开发主体进驻。

（3）调整土地控制性指标以提高土地兼容性。

逐渐改变对于控制指标用地性质的单一性规定，为各个地块提供可选择的用地类型范围或规定限制使用的类型，以增加土地利用的兼容性，更好地适应创新产业对空间日益多样化、灵活化的选择需求。同时可借鉴深圳经验，根据实际需要新增产业用地类型“M0”。M0用地的核心功能是研发和生产功能，同时综合科研、创意设计、试验等与创新相关的产业功能以及生产性服务

---

① 赵冠宁，司马晓，黄卫东，等.面向存量的城市规划体系改良：深圳的经验[J].城市规划学刊，2019(4)：87-94.

功能，也可根据规定辅助配套商业、居住等生活性功能。M0用地的容积率可以达到6.0，其价格标准是按照工业和商业办公市场评估价各取一半计算。但是在实际操作中要对M0用地的准入项目和实施过程严格筛选管控，防止产业用地成为变相的房地产开发地块。

第5章　结论与展望

5.1　研究主要结论

本书将城市生命体理论、企业成长力理论的经典论断引申到城乡规划领域，为认知“空间”这一城市发展的核心要素提供了全新的理论视角。围绕“空间成长力”这一核心概念构建了理论解析框架，以及与空间成长力“三维共轭角力模型”和九类构成能力要素相对应的评估指标体系。本书以武汉都市圈为实证评估对象，认知武汉都市圈整体、次区域以及各类型城市的优势与劣势、趋势与潜力，对应三个空间层次提出差异化的引导策略。

(1) 城市是一个生命体，生命体都有一定的形体特征，城市生命体的形体特征通过自身空间的形态、结构、模式来表现。城市生命体要素如人口、经济等都负载于城市的空间实体。城市空间成长是城市生命体成长最基础、最直接也是最直观的方面，是将以人为本的高质量发展作为导向，以生态环境承载能力为底线，以满足人的发展需求为目标，通过控制外部空间发展的规模和形态、调整内部空间功能结构，实现各类资源在空间上的合理配置，促使城市在空间上向最优状态发展，其动态过程会经历五阶段的演替周期。而城市空间成长力是推动城市空间成长的核心能力与根本动力。

(2) 空间成长力反映了城市区域空间存在和运转的状态，这种状态为其适应环境、维持其功能和形态演进等成长过程提供基本的保障条件；它是城市空间主动适应性调整能力的体现，通过自我完善、调节需求变化引起的不平衡，使其获得可持续的成长动力；它同时是城市空间成长潜力极限的体现。容纳力、保障力、提升力通过交互与交替作用构成“三维共轭角力模型”，共同作用于城市空间。

(3) 基于城市空间成长力的3个维度和9类构成能力要素构建城市空间

成长力评估指标体系。通过指标海选、定性筛选、定量筛选出30个指标，其中包括存量用地供给量、增量用地供给量、商业中心数量、初创企业活力指数、房价波动幅度比率、规划项目完成度和土地供应计划执行率这些具有一定独创性的特殊指标。运用了多种地理、数学模型方法，采用多元化的数据来源对指标进行解释和计算说明。

(4) 采取改进的NK模型对各空间单元的空间成长力水平进行测算分析，得到三个层次的评估结果：武汉都市圈形成了“核心区＋东西南北四大次区域”的整体格局；39个空间单元中共有7种成长力因子状态组合，每一种有各自的空间成长特征，分布在五个次区域中又呈现出差异化的空间组合特征；空间成长力最优提升路径为提升容纳力—保障力—提升力，以此为依据将武汉都市圈城市划分为资源整合型、提质增量型、创新联动型三种类型，区别在于各能力要素的状态水平及相互关系、各能力要素的支撑潜力具有差异特征。

(5) 从区域、次区域、城市三个层面提出空间成长引导策略。区域层面构建“一核双心两带五区”的静态空间模式和渐进平衡的动态空间结构，划分三大要素集聚分区，针对生态、产业、交通、基础设施、机制五大支撑体系提出相应引导策略。次区域层面，总结了“多极廊道”、“多圈互联”、“双子星”、“雁行”型、“轴带渗透”五种空间组织模式，提出内生互惠式、“旅游＋”、“农业＋”、“133”、汉孝一体化五类成长路径模式。城市层面从空间组织结构、空间网络联系、空间成长管理三个维度，分别对应增强容纳力、保障力、提升力目标，提出资源整合型城市重点是以效用型增长为目的组织空间、空间横向联合加强专门化分工、构建弹性共享的空间服务体系；提质增量型城市重点是产城空间融合、通过融入区域产业分工提升集聚势能、以全生命周期管理空间成长；创新联动型城市要围绕“创新需求”营造城市空间、构建创新网络、实施刚柔并济的管控手段以适应创新空间的发展需求。

5.2 研究不足与展望

(1) 城市生命体、企业、人三者的交互关系研究有待进一步深化。

本书借鉴城市生命体、企业成长力理论提出“城市空间成长力”这一核心概念，并根据人的需求解析城市空间成长力的结构和构成要素，这是本书理论框架的核心。但是城市生命体、企业、人是三个不同的主体，本书虽然立足于人的需求角度将三者有机联系起来，但仍需对三者的关系进行进一步辨析，形成更完整的理论体系。

（2）城市空间成长力薄弱能力与结构失衡现象的产生机理。

本书的评估实际上是对城市空间的全面检查，运用城市空间成长力的理论和评估标准，发现较弱的能力，但是没有找出产生弱项指标问题的核心动因，比如是资源环境压力引起的，是产业结构调整引起的，还是制度环境引起的，等等。在实证评估中，发现评估对象多有薄弱能力和成长力结构失衡的现象。本书只是基于表象提出了改进策略，但是如果能把握问题产生的核心动因，就能从根源解决问题。

（3）空间成长力评估的多尺度拓展和指标完善。

本书构建的空间成长力评估体系主要针对城市与都市圈层面。实际上，城市空间成长力的理论可以延伸至宏观城市群或区域比较层次和微观城市内部空间单元层次。评估对象尺度不同，会使评估指标体系的结构、维度和指标构成产生变化，而这种变化正是未来可以深入研究的方面。同时，本书受到数据获取途径的制约，为保证评估的科学客观，舍弃了一些具有考查价值的指标，随着未来数据库的丰富，将对评估指标体系进行完善。

（4）类型识别与引导策略研究有待进一步深化。

本书实证研究的对象仅包含 39 个空间单元，并基于实证评估的结果对 3 种类型城市进行特征解析。实际上如果将研究对象扩展到不同的制度背景、社会经济环境、历史文化下的典型城市案例，归纳城市多样化演变模式，基于城市空间成长力水平评估可以更精准、全面地细分识别不同类型城市的特征、问题，并提出相适应的引导策略。尤其是展开对比研究，辨析中西发展异同，总结兼容中国情境的城市空间、城市模式，可以更好地指导中国城市发展。

参考文献

英文期刊文献

[1] ALEXANDER J M,SAATY T L. Stability Analysis of the Forward-backward Process:Northern Ireland Case Study[J]. Behavioral Science, 1977,22(6):375-382.

[2] ALMEIDA C M D, MONTEIRO A M V, CÂMARA G, et al. Empiricism and Stochastics in Cellular Automaton Modeling of Urban Land Use Dynamics[J]. Computer Science,2002(1):1-35.

[3] BAREL R,PARR J. From Metropolis to Metropolis-based Region:The Case of Tel-Aviv[J]. Urban Studies,2003,40(1):113-125.

[4] BATTEN D. Network Cities:Creative Urban Agglomerations for the 21st Century[J]. Urban Studies,1995,32(2):313-327.

[5] BENGSTON D N, GREGERSEN H M, LUNDGREN A L, et al. Forestry Research Capacity in the Asia-Pacific Region: an Evaluation Model and Preliminary Assessment[J]. Forspa Publication,1988.

[6] BERTOLINI L,SALET W. Planning Concepts for Cities in Transition: Regionalization of Urbanity in the Amsterdam Structure Plan[J]. Planning Theory & Practice,2003,4(2):131-146.

[7] BENENSON I. Multi-agent Simulations of Residential Dynamics in the City[J]. Computers Environment & Urban Systems, 1998, 22(1): 25-42.

[8] CAMAGNI R, SALONE C. Network Urban Structures in Northern Italy:Elements for a Theoretical Framework[J]. Urban Studies,1993, 30(6):1053-1064.

[9] CAMAGNI R, GIBELLI M C, RIGAMONTI P. Urban Mobility and Urban Form: The Social and Environmental Costs of Different Patterns of Urban Expansion[J]. Ecological Economics, 2002, 40(2): 199-216.

[10] CAPPELLIN R. Networks and Technological Change in Regional Clusters[J]. Advances in Spatial Science, 2003(4): 52-78.

[11] CASTELLS M. Grassrooting the Space of Flows [J]. Urban Geography, 1999, 20(4): 294-302.

[12] CHU A T W, KALABA R E, SPINGARN K. A Comparison of Two Methods for Determining the Weights of Belonging to Fuzzy Sets[J]. Journal of Optimization Theory & Applications, 1979, 27(4): 531-538.

[13] CULLINANE K, JI P, WANG T F. The Relationship between Privatization and DEA Estimates of Efficiency in the Container Port Industry[J]. Journal of Economics and Business, 2005, 57(5): 433-462.

[14] DALPKE A H, HEEG K. Synergistic and Antagonistic Interactions between LPS and Superantigens[J]. Journal of Endotoxin Research, 2003, 9(1): 51-54.

[15] DAVID H. Paris, Capital of Modernity[J]. Annals of the Association of American Geographers, 2010, 96(1): 208-210.

[16] DIAKOULAKI D, MAVROTAS G, PAPAYANNAKIS L. Determining Objective Weights in Multiple Criteria Problems: The Critic Method[J]. Computers & Operations Research, 1995, 22(7): 763-770.

[17] DIETZEL C, CLARKE K C. Toward Optimal Calibration of the SLEUTH Land Use Change Model[J]. Transactions in GIS, 2007, 11(1): 29-45.

[18] FISHMAN R. Americas New City[J]. The Wilson Quarterly, 1990(14): 24-48.

[19] FAN Z P, MA J, ZHANG Q. An Approach to Multiple Attribute Decision Making Based on Fuzzy Preference Information on

Alternatives[J]. Fuzzy Sets and Systems,2002,131(1):101-106.

[20] FIRAT M,YURDUSEV M A,TURAN M E. Evaluation of Artificial Neural Network Techniques for Municipal Water Consumption Modeling[J]. Water Resources Management,2009,23(4):617-632.

[21] FREGONESE J. The “Commons” in Southern California,the State of the Region[J]. [S. l.]:[s. n.],2003.

[22] FRIEDMANN J. The World City Hypothesis[J]. Development and Change,2008,17(1):69-83.

[23] HALL P. The Future of the Metropolis and Its Form[J]. Regional Studies,31(3):211-220,1997.

[24] HARRY C. Urba/ Regional Co-operation in Greece:Ahens,a Capital City Under the Shadow of the State[J]. [S. l.]:[s. n.],2003.

[25] HEROLD M,GOLDSTEIN N C,CLARKE K C. The Spatiotemporal Form of Urban Growth: Measurement, Analysis and Modeling[J]. Remote Sensing of Environment,2003,86(3):286-302.

[26] JUNLIANG D, KAIYONG W, XIAOLU G. Spatial Structure and Land Use Control in Extended Metropolitan Region of Zhujiang River Delta,China[J]. Chinese Geographical Science,2010,20(4):298-308.

[27] KUI R, SHENGLU Z, HONGFU Z, et al. Optimization of Regional Land Use based on Smart Growth[J]. Resources Science,2008,30(6): 912-918.

[28] KANDIL M S, FARGHAL S A, ELMITWALLY A. Multipurpose Shunt Active Power Conditioner [J]. IEE Proceedings Part C Generation Transmission & Distribution,2002,149(6):719-725.

[29] KEVIN THOMAS,PETE ROBERTS. Metrolitan Strategic Planning in England: Stransition[J]. Town Planning Review, 2000, 71(1): 25-49.

[30] LEOREY O M,NARIIDAC S. A Framework for Linking Urban Form and Air Quality[J]. Environmental Modelling & Software, 1999, 14

(6):541-548.

[31] LEVINTHAL D A. Adaptation on Rugged Landscapes [J]. Management Science,1997,43(7):934-950.

[32] LYNCH K. What Makes a Good City?:General Theory of Good City Form:a New Try At an Old Subject / by Kevin Lynch[J]. Technische Hogeschool,1980.

[33] MA J,FAN Z P,HUANG L H. A Subjective and Objective Integrated Approach to Determine Attribute Weights[J]. European Journal of Operational Research,1999,112(2):397-404.

[34] MCKEE D O,CONANT J S,VARADARAJAN P R,et al. Success-producer and Failure-preventer Marketing Skills:A Social Learning Theory Interpretation [J]. Journal of the Academy of Marketing Science,1992,20(1):17-26.

[35] MALLAMPALLI V R,MAVROMMATI G,THOMPSON J,et al. Methods for Translating Narrative Scenarios into Quantitative Assessments of Land Use Change[J]. Environmental Modelling & Software,2016,82(8):7-20.

[36] MARTIN C. Metropolitan Growth and Decline in the United States: an Empirical Analysis[J]. Growth & Change,1991.

[37] MILLS M E S. The Causes of Metropolitan Suburbanization[J]. The Journal of Economic Perspectives,1993,7(3):135-147.

[38] MUSAAZI M K,JOHNSON B I R,CORY J B,et al. Multimachine System Transient Stability Improvement using Transient Power System Stabilizers(TPSS)[J]. Energy Conversion,IEEE Transactions on,1986.

[39] NEAL Z P. From Central Places to Network Bases:A Transition in the U. S. Urban Hierarchy,1900—2000[J]. City & Community,2011,10(1).

[40] NEWMAN R. 2000 Urban Partnerships,Governance in the EU[J].

Urban Studies,37(5-6):859-909.
[41] NG M, TANG W S. The Role of Planning in the Development of Shenzhen, China: Rhetoric and Realities[J]. Eurasian Geography and Economics,2004,45(3):190-211.
[42] PENROSE E. Theory of the Growth of the Firm[J]. Journal of the operational research society,1994,23(2):240-241.
[43] PERKMANN M. Cross-Border Regions in Europe [J]. European Urban & Regional Studies,2003,10(2):153-171.
[44] PETER H, KATHY P, LUO Z D. The Polycentric Metropolis, Learning from Megacity Regions in Europe [J]. Shanghai Urban Planning Review,2011,(1):80.
[45] PERLIN M, PARENT J, GITLIN L. The Dynamics of Global Urban Expansion[J]. [S. l.]:[s. n.],2006.
[46] PIKNER T. Understanding Urban Policy: A Critical Approach[J]. Ethics, Policy & Environment,2013,16(2):216-218.
[47] PRAHALAD C K, HAMAL G. The Core Competences of the Corporation[J]. Harvard business review,1990,63:79-91.
[48] PRED A. On the Spatial Structure of Organizations and the Complexity of Metropolitan Interdependence[J]. Papers in Regional Science,2005,35(1):115-142.
[49] RICCARDO C. Patterns and Policies of Regional Economic Development and the Cohesion among the Regions of the European Community[J]. Finisterra Revista Portuguesa De Geografia,1991, ⅩⅩⅥ(52):1740-1743.
[50] RIMMER P J. The Asia-Pacific Rim's Transport and Telecommunications Systems: Spatial Structure and Corporate Control Since the Mid-1980s [J]. Geo Journal,1999,48(1):43-65.
[51] RUGGIERO L. Problems and Contradictions In The Constitution of a Southern European Metropolitan Area: Catania[J]. Congress of the

European Regional Science Association,2001.
[52] SABERI M. Network Traffic Science: Theory, Characteristics, and Dynamics[J]. Dissertations & Theses-Gradworks,2013.
[53] SETO K C, SHEPHERD J M. Global Urban Land-use Trends and Climate Impacts[J]. Current Opinion in Environmental Sustainability, 2009,1(1):89-95.
[54] SHEN J. Urban and Regional Development in Post-reform China: the Case of Zhujiang Delta[J]. Progress in Planning,2002,57(2):91-140.
[55] SUAREZ-VILLA L. Urban Growth and Manufacturing Change in the United States-Mexico Borderlands: A Conceptual Framework and an Empirical Analysis[J]. Annals of Regional Science,1985.
[56] TOBLER W R. Cellular Geography [J]. Theory & Decision Library,1979.
[57] TEECE D J,PISANO G,SHUEN A. Firm Capabilities,Resources,and the Concept of Strategy: Four Paradigms of Strategic Management [J]. CCC Working Paper,1990,90(8):509-533.
[58] THOMAS J D. The Myth of Suburban Sprawl [J]. USA Today Magazine,2000.
[59] TSE-LOK H, MARY F, LOUIS F, et al. 4-Dimethylaminopyridine (DMAP)[J]. Synlett,2003,2003(10):1568-1569.
[60] VANDERMEER A,KOLL W,LI A,et al. Strategic Adaptability and Firm Performance:A Market-contingent Perspective Daryl O. McKee, P. R. Varadarajan and William M. Pride,Journal of Marketing(July 1989), pp. 21-35 (RRR) [J]. Journal of Product Innovation Management,1990,7(1):76.
[61] WACHER J S,BRANIGAN K. Town and Country: the Archaeology of Verulamium and the Roman Chilterns[J]. Antiquity,1974.
[62] WHINIHAN R B M. Saving, Investment, and Capital Markets in an Inflationary Economy by Marshall Sarnat;Giorgio P. Szego[J]. Journal

of Money Credit & Banking,1983,15(4):553-554.
[63] GALSTER G, HANSON R, RATCLIFFE M R, et al. Wrestling Sprawl to the Ground: Defining and Measuring an Elusive Concept [J]. Housing Policy Debate,2001(4):681-718.
[64] YE X, WEI Y D. Geospatial Analysis of Regional Development in China: The Case of Zhejiang Province and the Wenzhou Model[J]. Eurasian Geography and Economics,2005,46(5):261-342.
[65] YANG S. On Distributary Model of Public Transportation in Metropolis[J]. Journal of Shanghai University,1998,2(3):246-248.
[66] YUZER S,KUCUK S. The Growth and Development of Metropolitan Planning Strategies in Istanbul[J]. General Information,1998.
[67] ZHANG Y F, YANG D G, ZHANG X H. Regional Structure and Spatial Morphology Characteristics of Oasis Urban Agglomeration in Arid Area —A Case of Urban Agglomeration in Northern Slope of Tianshan Mountains, Northwest China [J]. Chinese Geographical Science,2009.

中文期刊文献

[1] 安强身,张守凤.复杂性科学视角下的中小企业成长力研究[J].现代经济探讨,2011(7):54-58.
[2] 白树起.可持续发展与企业竞争力[J].技术经济,2001(6):42-45.
[3] 鲍丽萍,王景岗.中国大陆城市建设用地扩展动因浅析[J].中国土地科学,2009,23(8):68-72.
[4] 边经卫.城市轨道交通与城市空间形态模式选择[J].城市交通,2009,7(5):40-44.
[5] 初钊鹏,徐宪民,丁志伟,等.河北省融合首都经济圈区域一体化转型与体制建设的对策研究[J].经济体制改革,2013(5):66-68.
[6] 曹小曙,田文祝,郭庆铭.穗港城市走廊城镇用地扩展类型分析[J].经济地理,2006,26(1):111-113,117.

[7] 曹斌,林剑艺,崔胜辉.可持续发展评价指标体系研究综述[J].环境科学与技术,2010,33(3):99-105,122.

[8] 曹阳,甄峰.基于智慧城市的可持续城市空间发展模型总体架构[J].地理科学进展,2015,34(4):430-437.

[9] 柴彦威,刘伯初,刘瑜,等.基于多源大数据的城市体征诊断指数构建与计算——以上海市为例[J].地理科学,2018,38(1):1-10.

[10] 柴攀峰,黄中伟.基于协同发展的长三角城市群空间格局研究[J].经济地理,2014,34(6):75-79.

[11] 车前进,段学军,郭垚,等.长江三角洲地区城镇空间扩展特征及机制[J].地理学报,2011,66(4):446-456.

[12] 车志晖,张沛.城市空间结构发展绩效的模糊综合评价——以包头中心城市为例[J].现代城市研究,2012,27(6):50-54,58.

[13] 陈本清,徐涵秋.城市扩展及其驱动力遥感分析——以厦门市为例[J].经济地理,2005,25(1):79-83.

[14] 陈锦富,任丽娟,徐小磊,等.城市空间增长管理研究述评[J].城市规划,2009,33(10):19-24.

[15] 陈群元,喻定权.我国城市群发展的阶段划分、特征与开发模式[J].现代城市研究,2009,24(2):77-82.

[16] 陈爽,姚士谋,吴剑平.南京城市用地增长管理机制与效能[J].地理学报,2009,64(4):487-497.

[17] 陈雯,孙伟,吴加伟,等.长江经济带开发与保护空间格局构建及其分析路径[J].地理科学进展,2015,34(11):1388-1397.

[18] 陈晓红,张文忠,张海峰.中国城市空间拓展与经济增长关系研究——以261个地级市为例[J].地理科学,2016,36(08):1141-1147.

[19] 陈旭,赵民.经济增长、城镇化的机制及"新常态"下的转型策略——理论解析与实证推论[J].城市规划,2016,40(1):9-18,24.

[20] 陈有川,陈朋,韩青.快速增长时期中小城市空间扩展及规划应对——以山东省招远市为例[J].城市规划,2012,36(8):40-45.

[21] 陈芳淼,田亦陈,袁超,等.基于供给生态服务价值的云南土地资源承载

力评估方法研究[J]. 中国生态农业学报,2015,23(12):1605-1613.
[22] 陈华友,盛昭瀚,刘春林. 调和平均的组合预测方法之性质研究[J]. 系统工程学报,2004,19(6):620-624.
[23] 仇保兴. 中国特色的城镇化模式之辩——“C 模式”:超越“A 模式”的诱惑和“B 模式”的泥淖[J]. 城市规划,2008(11):9-14.
[24] 程玉鸿,罗金济. 城市群协调发展研究述评[J]. 城市问题,2013(1):26-31.
[25] 陈耀,汤学俊. 企业可持续成长能力及其生成机理[J]. 管理世界,2006(12):111-114,141.
[26] 寇晓东,赵生龙,郭鹏,等. 城市空间演化仿真的适应性 CA 模型[J]. 西安建筑科技大学学报(自然科学版),2006,38(6):864-868.
[27] 戴均良,高晓路,杜守帅. 城镇化进程中的空间扩张和土地利用控制[J]. 地理研究,2010,29(10):1822-1832.
[28] 戴芹,马建文,陈雪. 北京环线建设驱动的土地利用变化遥感检测与分析[J]. 遥感学报,2005,9(3):314-322.
[29] 刁星,程文. 城市空间绩效评价指标体系构建及实践[J]. 规划师,2015,31(8):110-115.
[30] 丁建中,金志丰,陈逸. 基于空间开发潜力评价的泰州市建设用地空间配置研究[J]. 中国土地科学,2009,23(5):30-36.
[31] 董晓峰,史育龙,张志强,等. 都市圈理论发展研究[J]. 地球科学进展,2005(10):1067-1074.
[32] 董光龙,苏航,郑新奇,等. 非高新开发区土地集约利用评价指标体系 SEM 分析[J]. 中国土地科学,2012,26(9):35-40.
[33] 樊杰,郭锐. “十四五”时期国土空间治理的科学基础与战略举措[J]. 城市规划学刊,2021(3):16-20.
[34] 付海英,郝晋珉,朱德举,等. 耕地适宜性评价及其在新增其他用地配置中的应用[J]. 农业工程学报,2007,23(1):60-65.
[35] 方创琳,蔺雪芹. 武汉城市群的空间整合与产业合理化组织[J]. 地理研究,2008(2):397-408.

[36] 方创琳,蔺雪芹.武汉城市群空间扩展的生态状况诊断[J].长江流域资源与环境,2010,19(10):1211-1218.
[37] 方创琳,祁巍锋,宋吉涛.中国城市群紧凑度的综合测度分析[J].地理学报,2008(10):1011-1021.
[38] 方创琳,王振波,马海涛.中国城市群形成发育规律的理论认知与地理学贡献[J].地理学报,2018,73(4):651-665.
[39] 方创琳.京津冀城市群协同发展的理论基础与规律性分析[J].地理科学进展,2017,36(1):15-24.
[40] 冯莉钧,贾秀才,汤少梁.基于因子分析法的16家中药上市公司成长性评价实证研究[J].中草药,2017,48(3):616-622.
[41] 冯科,吴次芳,韦仕川,等.城市增长边界的理论探讨与应用[J].经济地理,2008,28(3):425-429.
[42] 傅晓.不可忽视的第三方力量——新常态语境下城市空间增长机制的系统动力学解析[J].城市规划,2015,39(10):60-65.
[43] FRIEDMANN J,李泳.规划全球城市:内生式发展模式[J].城市规划汇刊,2004(4):3-7,95.
[44] 官卫华,叶斌,周一鸣,等.国家战略实施背景下跨界都市圈空间协同规划创新——以南京都市圈城乡规划协同工作为例[J].城市规划学刊,2015(5):57-67.
[45] 高金龙,陈江龙,苏曦.中国城市扩张态势与驱动机理研究学派综述[J].地理科学进展,2013,32(5):743-754.
[46] 高汝熹,罗守贵.论都市圈的整体性、成长动力及中国都市圈的发展态势[J].现代城市研究,2006(8):5-11.
[47] 高舒琦.收缩城市研究综述[J].城市规划学刊,2015(3):44-49.
[48] 高丽娜,蒋伏心.南京跨区域创新合作形成机制及优化路径研究[J].科技与经济,2012,25(1):32-36.
[49] 关伟,宗娜娜.基于城市成长能力模型的辽中南城市群空间发展态势分析[J].资源开发与市场,2015,31(10):1185-1189.
[50] 关兴良,方创琳,周敏,等.武汉城市群城镇用地空间扩展时空特征分析

[J]. 自然资源学报，2012，27(9)：1447-1459.

[51] 关兴良，蔺雪芹，胡仕林，等. 武汉城市群交通运输体系与城镇空间扩展关联分析[J]. 地理科学进展，2014，33(5)：702-712.

[52] 管青春. 面向国土空间规划的生态系统服务可持续性评估框架研究[J]. 上海城市规划，2020(1)：23-28.

[53] 郭存芝，凌亢，白先春，等. 城市可持续发展能力及其影响因素的实证[J]. 中国人口·资源与环境，2010，20(3)：143-148.

[54] 郭亮，郑朝阳，黄建中，等. 基于通勤圈识别的大城市空间结构优化——以武汉市中心城区为例[J]. 城市规划，2019，43(10)：43-54.

[55] 郭鹏，薛惠锋，赵宁，等. 基于复杂适应系统理论与 CA 模型的城市增长仿真[J]. 地理与地理信息科学，2004(06)：69-72，80.

[56] 郝海钊，陈晓键. 不同发展阶段矿产资源型城市空间增长管理研究[J]. 规划师，2019，35(3)：58-62.

[57] 郝庆，邓玲，封志明. 国土空间规划中的承载力反思：概念、理论与实践[J]. 自然资源学报，2019，34(10)：2073-2086.

[58] 韩玉刚，焦化富，李俊峰. 基于城市能级提升的安徽江淮城市群空间结构优化研究[J]. 经济地理，2010，30(7)：1101-1106.

[59] 何春阳，贾克敬，徐小黎，等. 基于 GIS 空间分析技术的城乡建设用地扩展边界规划方法研究[J]. 中国土地科学，2010(3)：12-18.

[60] 贺传皎，王旭，邹兵. 由“产城互促”到“产城融合”——深圳市产业布局规划的思路与方法[J]. 城市规划学刊，2012(5)：7.

[61] 贺正楚，吴艳，周震虹. 战略性新兴产业评估指标的实证遴选及其应用[J]. 中国科技论坛，2011(5)：30-36.

[62] 洪世键，曾瑜琦. 制度变迁背景下中国城市空间增长驱动力探讨[J]. 经济地理，2016，36(6)：67-73.

[63] 侯赟慧，刘洪. 企业网络适应性的 NK 模型分析[J]. 中国工业经济，2009(4)：94-104.

[64] 胡爱萍. 成长型资源型城市绿色可持续发展探析——兼论庆阳市绿色可持续发展的路径选择[J]. 生产力研究，2016(6)：73-76.

[65] 胡跃平,陈韦.武汉都市圈小城镇发展的路径选择与规划模式创新研究[J].规划师,2010,26(7):71-75.

[66] 胡跃平.城市群发展的阶段性及其空间策略的适应性——武汉城市圈的规划实践[J].城市规划学刊,2009(z1):7-11.

[67] 黄绿筠.试论后备土地资源的可持续利用[J].上海土地,2002(3):12-14.

[68] 黄贤金,宋娅娅.基于共轭角力机制的区域资源环境综合承载力评价模型[J].自然资源学报,2019,34(10):2103-2112.

[69] 黄晓军,李诚固,黄馨.长春城市蔓延机理与调控路径研究[J].地理科学进展,2009,28(1):76-84.

[70] 黄亚平,冯艳,张毅,等.武汉都市发展区簇群式空间成长过程、机理及规律研究[J].城市规划学刊,2011(5):1-10.

[71] 黄志基,贺灿飞,王伟凯.土地利用变化与中国城市经济增长研究[J].城市发展研究,2013,20(7):35-43.

[72] 韩艳红,陆玉麒.基于时间可达性的城市吸引范围演变研究——以南京都市圈为例[J].人文地理,2014,29(6):95-103.

[73] 贾克敬,张辉,徐小黎,等.面向空间开发利用的土地资源承载力评价技术[J].地理科学进展,2017,36(3):335-341.

[74] 姜仁荣,刘成明.城市生命体的概念和理论研究[J].现代城市研究,2015(4):112-117.

[75] 焦利民,唐欣,刘小平.城市群视角下空间联系与城市扩张的关联分析[J].地理科学进展,2016,35(10):1177-1185.

[76] 金燕,钟家雨.国家生态旅游示范区生态价值评估及其影响因素——以大围山国家生态旅游示范区为例[J].经济地理,2016,36(4):203-207.

[77] 郐艳丽,刘继生.吉林省域城镇体系规划综合调控作用研究[J].地理科学,2004,24(4):399-405.

[78] 匡兵,卢新海,周敏,等.武汉城市群城市用地结构时空演变特征及其机理[J].经济地理,2016,36(5):71-78.

[79] 匡晓明,魏本胜,王路.规模与生态增长并举的城市开发边界划定-以东

湖国家自主创新示范区为例[J]. 规划师,2016,32(6):10-15.
[80] 季斌,张贤,孔善右. 都市圈成长能力评价指标体系研究[J]. 现代城市研究,2007,22(6):68-74.
[81] 卢中辉,毛广雄,尚正永,等. 长江中游城市群省级行政边界效应的测度[J]. 统计与决策,2018,34(17):121-125.
[82] 卢明华,孙铁山,李国平. 网络城市研究回顾:概念,特征与发展经验[J]. 世界地理研究,2010,19(4):113-120.
[83] 卢明珠,尹发能. 武汉城市圈城镇体系空间分形研究[J]. 地域研究与开发,2013,32(4):. 64-68.
[84] 李彪,吴庆海. 广州市科技成果转化平台建设及展望[J]. 科技成果纵横,2008(5):34-36.
[85] 李柏洲,马永红,孙立梅. 中小企业成长理论评述及其创新研究[J]. 科技进步与对策,2006,23(12):189-192.
[86] 李加林,许继琴,李伟芳,等. 长江三角洲地区城市用地增长的时空特征分析[J]. 地理学报,2007,62(4):437-447.
[87] 李晓文,方精云,朴世龙. 上海及周边主要城镇城市用地扩展空间特征及其比较[J]. 地理研究,2003,22(6):769-779.
[88] 李景刚,欧名豪,张全景,等. 城市理性发展理念对中国土地利用规划的启示[J]. 中国土地科学,2005,19(4):56-60.
[89] 李辉,刘细发. 博弈论视角下城市成长管理的空间策略研究[J]. 贵州社会科学,2014(12):120-125.
[90] 李凯,刘涛,曹广忠. 城市群空间集聚和扩散的特征与机制——以长三角城市群、武汉城市群和成渝城市群为例[J]. 城市规划,2016,40(2):18-26,60.
[91] 李凯,刘涛,曹广忠. 中国典型城市群空间范围的动态识别与空间扩展模式探讨——以长三角城市群、武汉城市群和成渝城市群为例[J]. 城市发展研究,2015,22(11):72-79.
[92] 李平星,樊杰. 城市扩张情景模拟及对城市形态与体系的影响——以广西西江经济带为例[J]. 地理研究,2014,33(3):509-519.

[93] 李倢.北京城市发展阶段实证研究[J].城市发展研究,2007(2):44-50.
[94] 李彦军.精明增长与城市发展:基于城市生命周期的视角[J].中国地质大学学报(社会科学版),2009,9(1):68-73.
[95] 李越洋,张静晓.基于NK模型的建筑业企业服务创新能力内部驱动路径研究[J].建筑经济,2019,40(7):106-110.
[96] 李新延,李德仁.应用多主体系统预测和分析城市用地变化[J].武汉大学学报(工学版),2005,38(5):109-113.
[97] 李平星,樊杰.基于VSD模型的区域生态系统脆弱性评价——以广西西江经济带为例[J].自然资源学报,2014,29(5):779-788.
[98] 李哲睿,甄峰,黄刚,等.基于多源数据的城镇中心性测度及规划应用——以常州为例[J].城市规划学刊,2019(3):111-118.
[99] 林坚,乔治洋,叶子君.城市开发边界的"划"与"用"——我国14个大城市开发边界划定试点进展分析与思考[J].城市规划学刊,2017(2):37-43.
[100] 林文棋,蔡玉蘅,李栋,等.从城市体检到动态监测——以上海城市体征监测为例[J].上海城市规划,2019(3):23-29.
[101] 林源源,蒋序标,季斌.基于成长能力的都市圈评价指标体系研究[J].企业经济,2009(1):79-82.
[102] 刘承良,熊剑平,龚晓琴,等.武汉城市圈经济-社会-资源-环境协调发展性评价[J].经济地理,2009,29(10):1650-1654,1695.
[103] 刘承良,段德忠,余瑞林.武汉都市圈城乡道路网通达性的空间演化[J].经济地理,2013,33(9):43-50,64.
[104] 刘承良,段德忠,余瑞林,等.武汉城市圈城乡路网空间关联性及其演化[J].人文地理,2014,29(1):113-121.
[105] 刘英基.中国区域经济协同发展的机理、问题及对策分析——基于复杂系统理论的视角[J].理论月刊,2012(3):126-129.
[106] 刘纪远,战金艳,邓祥征.经济改革背景下中国城市用地扩展的时空格局及其驱动因素分析[J].AMBIO-人类环境杂志,2005,34(6):444-449.

[107] 刘承良,余瑞林,熊剑平,等.武汉都市圈经济联系的空间结构[J].地理研究,2007(1):197-209.

[108] 刘翠玲,龙瀛.京津冀地区城镇空间扩张模拟与分析[J].地理科学进展,2015,34(2):217-228.

[109] 刘合林.收缩城市量化计算方法进展[J].现代城市研究,2016(2):17-22.

[110] 刘继生,陈彦光.城市地理分形研究的回顾与前瞻[J].地理科学,2000(2):166-171.

[111] 刘凯宁,樊治平,于超.基于NK模型的商业模式创新路径选择[J].管理学报,2017,14(11):1650-1661.

[112] 刘曼,王国恩.以人为本理念下的城市总体规划实施评估框架与体系[J].规划师,2019,35(20):26-31.

[113] 刘沁萍,杨永春,付冬暇,等.基于DMSP_OLS灯光数据的1992～2010年中国城市空间扩张研究[J].地理科学,2014,34(2):129-136.

[114] 刘盛和,吴传钧,沈洪泉.基于GIS的北京城市土地利用扩展模式[J].地理学报,2000(4):407-416.

[115] 刘盛和.城市土地利用扩展的空间模式与动力机制[J].地理科学进展,2002,21(1):43-50.

[116] 刘涛,曹广忠.城市用地扩张及驱动力研究进展[J].地理科学进展,2010,29(8):927-934.

[117] 刘永敬,罗小龙,田冬,等.中国跨界新区的形成机制、空间组织和管治模式初探[J].经济地理,2014,34(12):41-47.

[118] 刘玉博,张学良.武汉都市圈城市收缩现象研究[J].规划师,2017,33(1):18-25.

[119] 刘力钢.企业可持续发展理论研究——21世纪企业发展的主题[J].辽宁大学学报(哲学社会科学版),1999(4):1-4.

[120] 刘纪远,张增祥,庄大方,等.20世纪90年代中国土地利用变化时空特征及其成因分析[J].地理研究,2003,22(1):1-12.

[121] 刘宏燕,张培刚.增长管理在我国城市规划中的应用研究[J].国际城

市规划,2007,22(6):108-113.

[122] 刘学伟,宋戈.城市建设用地规模预测方法与应用研究——以黑龙江省哈尔滨市为例[J].中国国土资源经济,2007(12):30-33,43-44.

[123] 刘海龙.从无序蔓延到精明增长——美国“城市增长边界”概念述评[J].城市问题,2005(3):67-72.

[124] 刘宇辉,严慧慧,刘晖.高新区空间发展趋势及结构模式选择[C]//中国城市规划学会.多元与包容——2012 中国城市规划年会论文集.昆明:云南科技出版社 2012.

[125] 刘志玲,李江风,龚健.城市空间扩展与“精明增长”中国化[J].城市问题,2006(5):17-20.

[126] 龙瀛,毛其智,沈振江,等.综合约束 CA 城市模型:规划控制约束及城市增长模拟[J].城市规划学刊,2008(6):83-91.

[127] 龙瀛,吴康.中国城市化的几个现实问题:空间扩张、人口收缩、低密度人类活动与城市范围界定[J].城市规划学刊,2016(2):72-77.

[128] 罗超,王国恩,孙靓雯.我国城市空间增长现状剖析及制度反思[J].城市规划学刊,2015(6):46-55.

[129] 罗世俊,焦华富,王秉建.基于城市成长能力的长三角城市群空间发展态势分析[J].经济地理,2009,29(3):409-414.

[130] 罗小龙,沈建法.“都市圈”还是都“圈”市——透过效果不理想的苏锡常都市圈规划解读“圈”都市现象[J].城市规划,2005(1):30-35.

[131] 罗小龙,沈建法.长江三角洲城市合作模式及其理论框架分析[J].地理学报,2007(2):115-126.

[132] 冷志明.中国省际毗邻地区经济合作与协同发展的理论基础及运行机制研究[J].科学.经济.社会,2007,25(2):25-29.

[133] 吕斌,孙婷.低碳视角下城市空间形态紧凑度研究[J].地理研究,2013,32(6):1057-1067.

[134] 吕斌,张忠国.美国城市成长管理政策研究及其借鉴[J].城市规划,2005(3):44-48,54.

[135] 梁滨,毛焱,邓祖涛,等.武汉旅游业创新发展:基于市场竞争力、资源

整合及空间结构等多重视角[J].湖北社会科学,2013(12):75-77.
[136] 梁兴辉.城市成长的制导系统、路径选择和核心过程[J].城市,2004(2):17-19.
[137] 黎夏,叶嘉安.约束性单元自动演化CA模型及可持续城市发展形态的模拟[J].地理学报,1999,54(4):289-298.
[138] 陆小成.京津冀世界级城市群低碳发展路径研究[J].城市,2018(9):13-22.
[139] 马向明,陈昌勇,刘沛,等.强联系多核心城市群下都市圈的发展特征和演化路径——珠江三角洲的经验与启示[J].上海城市规划,2019(2):18-26.
[140] 马冬梅,陈晓键.中国城市空间结构绩效研究评析与展望[J].华中建筑,2014,32(10):37-40.
[141] 马荣华,顾朝林,蒲英霞,等.苏南沿江城镇扩展的空间模式及其测度[J].地理学报,2007(10):1011-1022.
[142] 马璇,张振广.东京广域首都圈构想及对我国大都市圈规划编制的启示[J].上海城市规划,2019(02):41-48.
[143] 马燕坤,肖金成.都市区、都市圈与城市群的概念界定及其比较分析[J].经济与管理,2020,34(01):18-26.
[144] 毛蒋兴,闫小培,李志刚,等.深圳城市规划对土地利用的调控效能[J].地理学报,2008(03):311-320.
[145] 毛广雄,丁金宏,曹蕾.城市紧凑度的综合测度及驱动力分析——以江苏省为例[J].地理科学,2009,29(5):627-633.
[146] 毛红保,张凤鸣,冯卉,等.一种基于区间估计的多属性决策组合赋权方法[J].系统工程理论与实践,2007,27(6):86-92.
[147] 聂晶鑫,黄亚平,单卓然.武汉都市圈城镇体系特征与形成机制研究——基于城市网络的视角[J].现代城市研究,2018(3):110-116.
[148] 潘竟虎,戴维丽.1990—2010年中国主要城市空间形态变化特征[J].经济地理,2015,35(1):44-52.
[149] 彭程,陈志芬,吴华瑞,等.基于ESDA的城市可持续发展能力时空分

异格局研究[J]. 中国人口·资源与环境,2016,26(2):144-151.
[150] 彭翀,林樱子,顾朝林. 长江中游城市网络结构韧性评估及其优化策略[J]. 地理研究,2018,37(6):1193-1207.
[151] 彭坤焘,赵民. 关于"城市空间绩效"及城市规划的作为[J]. 城市规划,2010,34(8):9-17.
[152] 乔林凰,杨永春,向发敏,等. 1990 年以来兰州市的城市空间扩展研究[J]. 人文地理,2008(3):59-63,96.
[153] 邱道持,刘力,曹蕾,等. 城镇建设用地控制模型研究——以重庆市为例[J]. 西南师范大学学报(自然科学版),2005,30(5):944-948.
[154] 任奎,周生路,张红富,等. 基于精明增长理念的区域土地利用结构优化配置——以江苏宜兴市为例[J]. 资源科学,2008,30(6):912-918.
[155] 沈丽珍,顾朝林,甄锋. 流动空间结构模式研究[J]. 城市规划学刊,2010(5):26-32.
[156] 石月霞,姜云霓. 武汉都市圈区域中心城市成长力研究[J]. 经济师,2011(09):193-194,196.
[157] 石海洋,康慕宁,邓正宏. 基于灰色 BP 网络的城市建设用地预测模型[J]. 计算机工程与应用,2010,46(1):218-220.
[158] 苏美蓉,杨志峰,陈彬. 基于生命力指数与集对分析的城市生态系统健康评价[J]. 中国人口·资源与环境,2010,20(2):122-128.
[159] 孙斌栋,石巍,宁越敏. 上海市多中心城市结构的实证检验与战略思考[J]. 城市规划学刊,2010(1):58-63.
[160] 孙斌栋,涂婷,石巍,等. 特大城市多中心空间结构的交通绩效检验——上海案例研究[J]. 城市规划学刊,2013(2):63-69.
[161] 孙娟,郑德高,马璇. 特大城市近域空间发展特征与模式研究——基于上海、武汉的探讨[J]. 城市规划学刊,2014(6):68-76.
[162] 孙平军,修春亮. 中国城市空间扩展研究进展[J]. 地域研究与开发,2014,33(4):46-52.
[163] 石忆邵,章仁彪. 从多中心城市到都市经济圈——长江三角洲地区协调发展的空间组织模式[J]. 城市规划学刊,2001(4):51-54.

[164] 沙鸥.山地城市增长边界划定研究——以湘西自治州花垣县城为例[J].规划师,2011(z1):23-28.
[165] 唐相龙.新城市主义及精明增长之解读[J].城市问题,2008(1):87-90.
[166] 唐亮,刘军芳,马贤磊.城市建设用地消耗强度与经济社会水平协调发展研究——基于城市发展阶段的分析[J].中国土地科学,2017,31(11):73-82.
[167] 唐任伍,赵国钦.中小型城市内生互惠成长模式:从理念跃迁到路径转换[J].江西师范大学学报(哲学社会科学版),2017,50(2):37-42.
[168] 陶希东.中国建设现代化都市圈面临的问题及创新策略[J].城市问题,2020(1):98-102.
[169] 陶希东.中国跨界都市圈规划的体制重建与政策创新[J].城市规划,2008(8):36-43.
[170] 屠启宇,邓智团.创新驱动视角下的城市功能再设计与空间再组织[J].科学学研究,2011(9):147-156.
[171] 谈明洪,李秀彬,吕昌河.我国城市用地扩张的驱动力分析[J].经济地理,2003,23(5):635-639.
[172] 吴应宇.企业可持续竞争能力系统评价指标体系研究[J].会计研究,2003(7):55-56.
[173] 吴康敏,张虹鸥,王洋,等.广州市多类型商业中心识别与空间模式[J].地理科学进展,2016(8):12.
[174] 武建奇,母爱英.京津冀都市圈管治问题探讨[J].经济与管理,2007,21(6):5-9.
[175] 万庆,曾菊新.基于空间相互作用视角的城市群产业结构优化——以武汉城市群为例[J].经济地理,2013,33(7):102-108.
[176] 王中兴,牟琼,李桥兴.多属性决策的组合赋权法[J].应用数学与计算数学学报,2003,17(2):55-62.
[177] 王厚军,李小玉,张祖陆,等.1979—2006 年沈阳市城市空间扩展过程

分析[J]. 应用生态学报,2008,19(12):2673-2679.

[178] 王成金,王伟,张梦天,等. 中国道路网络的通达性评价与演化机理[J]. 地理学报,2014,69(10):1496-1509.

[179] 王海军,王惠霞,邓羽,等. 武汉都市圈城镇用地扩展的时空格局与规模等级模式分异研究[J]. 长江流域资源与环境,2018,27(2):272-285.

[180] 王海羽,庞小平,李艳红,等. 基于 DMSP/OLS 夜间灯光数据的武汉城市圈拓展研究[J]. 测绘地理信息,2015,40(1):4.

[181] 王婧,方创琳. 城市建设用地增长研究进展与展望[J]. 地理科学进展,2011,30(11):1440-1448.

[182] 王婧,方创琳. 中国城市群发育的新型驱动力研究[J]. 地理研究,2011,30(2):335-347.

[183] 王利伟,冯长春. 转型期京津冀城市群空间扩展格局及其动力机制——基于夜间灯光数据方法[J]. 地理学报,2016,71(12):2155-2169.

[184] 王士君,冯章献,刘大平,等. 中心地理论创新与发展的基本视角和框架[J]. 地理科学进展,2012,31(10):1256-1263.

[185] 王伟武,金建伟,肖作鹏,等. 近 18 年来杭州城市用地扩展特征及其驱动机制[J]. 地理研究,2009,28(3):685-695.

[186] 王亮,伍毅敏,王良. 北京及东南环京地区跨界协同发展与空间治理[J]. 北京规划建设,2016(4):15-21.

[187] 王明涛. 多指标综合评价中权数确定的离差,均方差决策方法[J]. 中国软科学,1999(8):100-101,107.

[188] 王文娟,王子彦,陈廷斌. 基于密切值法的组合赋权多属性决策方法研究[J]. 数学的实践与认识,2008,38(13):32-38.

[189] 王智勇,李纯,黄亚平,等. 城市密集区生态空间识别,选择及结构优化研究[J]. 规划师,2017,33(5):106-113.

[190] 邬爱其. 企业网络化成长——国外企业成长研究新领域[J]. 外国经济与管理,2005(10):12-19,67.

[191] 吴兵,王铮.城市生命周期及其理论模型[J].地理与地理信息科学,2003(1):55-58.

[192] 吴康,龙瀛,杨宇.京津冀与长江三角洲的局部收缩:格局、类型与影响因素识别[J].现代城市研究,2015(9):26-35.

[193] 吴康,孙东琪.城市收缩的研究进展与展望[J].经济地理,2017,37(11):59-67.

[194] 魏莉华.美国土地用途管制制度及其借鉴[J].中国土地科学,1998,12(3):42-46.

[195] 韦亚平,赵民,汪劲柏.紧凑城市发展与土地利用绩效的测度——"居能-阿隆索"模型的扩展与应用[J].城市规划学刊,2008(3):32-40.

[196] 吴翊朏,李郇.地方政府管治下城市空间拓展——以广州市为例[J].人文地理,2014,29(4):52-58.

[197] 吴志强,杨秀,刘伟.智力城镇化还是体力城镇化——对中国城镇化的战略思考[J].城市规划学刊,2015(1):15-23.

[198] 吴文钰.城市便利性、生活质量与城市发展:综述及启示[J].城市规划学刊,2010(4):71-75.

[199] 温婷,蔡建明,杨振山,等.国外城市舒适性研究综述与启示[J].地理科学进展,2014(2):249-258.

[200] 谢守红,苏振涛.大都市区的概念及其对我国城市发展的启示[J].城市,2004(6):6-9.

[201] 谢中凯,李飞雪,李满春,等.政府规划约束下的城市空间增长多智能体模拟模型[J].地理与地理信息科学,2015,31(2):60-64,69,封3.

[202] 薛俊菲,顾朝林,孙加凤.都市圈空间成长的过程及其动力因素[J].城市规划,2006(3):53-56.

[203] 薛领,杨开忠.城市演化的多主体(multi-agent)模型研究[J].系统工程理论与实践,2003,23(12):1-9.

[204] 肖汉,李志鹏.基于分形理论的北京城市形态结构遥感分析[J].科技导报,2010(16):57-62.

[205] 席广亮，甄峰. 基于大数据的城市规划评估思路与方法探讨[J]. 城市规划学刊，2017(1)：56-62.

[206] 夏方舟，李洋宇，严金明. 产业结构视角下土地财政对经济增长的作用机制——基于城市动态面板数据的系统 GMM 分析[J]. 经济地理，2014，34(12)：85-92.

[207] 夏南凯，程上，孙伏娇. 城镇化空间质量的评估和提升策略研究　以浙江省为例[J]. 时代建筑，2013(6)：52-55.

[208] 徐博，庞德良. 增长与衰退：国际城市收缩问题研究及对中国的启示[J]. 经济学家，2014(4)：5-13.

[209] 徐海贤，孙中亚，侯冰婕，等. 规划逻辑转变下的都市圈空间规划方法探讨[J]. 自然资源学报，2019，34(10)：2123-2133.

[210] 许菁芸. 总体规划编制、实施及评估中指标体系运用的思考[J]. 上海城市规划，2019(3)：68-76.

[211] 许晓明，翟双龙. 企业成长模式的比较与选择[J]. 商业时代，2006(4)：33-34.

[212] 许学强，程玉鸿. 珠江三角洲城市群的城市竞争力时空演变[J]. 地理科学，2006(3)：257-265.

[213] 薛俊菲，顾朝林，孙加凤. 都市圈空间成长的过程及其动力因素[J]. 城市规划，2006(3)：53-56.

[214] 向芸芸，蒙吉军. 生态承载力研究和应用进展[J]. 生态学杂志，2012，31(11)：2958-2965.

[215] 谢高地，张彩霞，张雷明，等. 基于单位面积价值当量因子的生态系统服务价值化方法改进[J]. 自然资源学报，2015(8)：1243-1254.

[216] 闫梅，黄金川. 国内外城市空间扩展研究评析[J]. 地理科学进展，2013，32(7)：1039-1050.

[217] 严金明，张东昇，夏方舟. 自然资源资产管理：理论逻辑与改革导向[J]. 中国土地科学，2019，33(4)：1-8.

[218] 颜文涛，萧敬豪，胡海，等. 城市空间结构的环境绩效：进展与思考[J].

城市规划学刊,2012(5):10.
[219] 颜俊,韦云波.武汉城市圈城市经济联系测度及空间发展方向研究[J].国土资源科技管理,2010,27(1):74-80.
[220] 杨荣南,张雪莲.城市空间扩展的动力机制与模式研究[J].地域研究与开发,1997,16(2):50-59.
[221] 杨保军,陈鹏,董珂,等.生态文明背景下的国土空间规划体系构建[J].城市规划学刊,2019(4):16-23.
[222] 杨东峰,龙瀛,杨文诗,等.人口流失与空间扩张:中国快速城市化进程中的城市收缩悖论[J].现代城市研究,2015(9):20-25.
[223] 杨东峰,熊国平.我国大城市空间增长机制的实证研究及政策建议——经济发展·人口增长·道路交通·土地资源[J].城市规划学刊,2008(1):51-56.
[224] 杨俊宴,陈雯.1980年代以来长三角区域发展研究[J].城市规划学刊,2008(5):68-77.
[225] 杨俊宴.亚洲城市中心区空间结构的四阶原型与演替机制研究[J].城市规划学刊,2016(2):18-27.
[226] 杨显明,焦华富,许吉黎.不同发展阶段煤炭资源型城市空间结构演化的对比研究——以淮南、淮北为例[J].自然资源学报,2015,30(1):92-105.
[227] 杨显明,焦华富,许吉黎.基于发生学视角的淮南城市空间生长过程、特征及影响因素研究[J].地理科学,2014,34(5):563-570.
[228] 杨艳昭,封志明,赵延德,等.中国城市土地扩张与人口增长协调性研究[J].地理研究,2013,32(9):1668-1678.
[229] 杨振山,蔡建明.国外多中心规划理念与发展经验对中国的借鉴作用[J].国际城市规划,2008(4):71-77.
[230] 鄢小兵,徐艳兰,高谦.武汉城市圈经济空间关联研究[J].地域研究与开发,2015,34(5):47-52,57.
[231] 叶玉瑶.城市群空间演化动力机制初探——以珠江三角洲城市群为例

[J]. 城市规划,2006(1):61-66,87.
[232] 尹博,韩红. 基于NK模型的产业集群创新能力发展路径研究[J]. 沈阳工业大学学报(社会科学版),2016,9(3):202-206.
[233] 尹科,王如松,姚亮,等. 基于复合生态功能的城市土地共轭生态管理[J]. 生态学报,2014,34(1):210-215.
[234] 尹子民,刘振安,张华. 企业竞争力评价系统的研究与应用[J]. 企业经济,2002(9):65-66.
[235] 余婷,柯长青. 基于CLUE-S模型的南京市土地利用变化模拟[J]. 测绘科学,2010(1):164,186-188.
[236] 余斌,冯娟,曾菊新. 产业集群网络与武汉城市圈产业发展的空间组织[J]. 经济地理,2007,27(3):427-432.
[237] 岳文泽,王田雨. 资源环境承载力评价与国土空间规划的逻辑问题[J]. 中国土地科学,2019,33(3):1-8.
[238] 阳建强. 城市的发展与衰退[J]. 城市规划,1996(2):11-14.
[239] 翟炜,顾朝林. 生态学视角下的城市生命周期及其演替——以北京市为例[J]. 城市问题,2016(7):30-37.
[240] 张波,刘江涛,周波,等. 环渤海与长三角空间成长模式比较研究[J]. 经济问题探索,2009(7):19-26.
[241] 张波,刘江涛. 成长经济理论与中国城市发展[J]. 经济问题探索,2003(8):28-31.
[242] 张波,谢燮,刘江涛. 新经济地理学方法在城市成长管理中的应用[J]. 城市规划,2008(10):9-14.
[243] 张颢瀚,张超. 地理区位、城市功能、市场潜力与大都市圈的空间结构和成长动力[J]. 学术研究,2012(11):84-90,159-160.
[244] 张鸿辉,王丽萍,金晓斌,等. 基于多智能体系统的城市增长时空动态模拟——以江苏省连云港市为例[J]. 地理科学,2012,32(11):1289-1296.
[245] 张吉军. 模糊层次分析法(FAHP)[J]. 模糊系统与数学,2000(2):

80-88.
[246] 张金前，邓南荣，韦素琼，等. 不同经济发展阶段下城市空间扩展对比研究——以福州和台北为例[J]. 自然资源学报，2012，27(2)：177-186.
[247] 张京祥，何鹤鸣. 超越增长：应对创新型经济的空间规划创新[J]. 城市规划，2019，43(8)：18-25.
[248] 张京祥，夏天慈. 治理现代化目标下国家空间规划体系的变迁与重构[J]. 自然资源学报，2019，34(10)：2040-2050.
[249] 张京祥，赵丹，陈浩. 增长主义的终结与中国城市规划的转型[J]. 城市规划，2013，37(1)：45-50，55.
[250] 张婧，李强，周渊. 陕西省城市可持续发展评价[J]. 中国人口·资源与环境，2013，23(S2)：448-453.
[251] 张军民，侯艳玉，徐腾. 城市空间发展与规划目标一致性评估体系架构——以山东省胶南市为例[J]. 城市规划，2015，39(6)：43-50.
[252] 张亮，岳文泽，刘勇. 多中心城市空间结构的多维识别研究——以杭州为例[J]. 经济地理，2017，37(6)：67-75.
[253] 张梦洁，张恩嘉，单卓然. 基于POI数据的武汉市多类型商业中心识别与集聚特征分析[J]. 南方建筑，2019(2)：55-61.
[254] 张尚武，陈烨，宋伟，等. 以培育知识创新区为导向的城市更新策略——对杨浦建设“知识创新区”的规划思考[J]. 城市规划学刊，2016(4)：62-66.
[255] 张庭伟. 1990年代中国城市空间结构的变化及其动力机制[J]. 城市规划，2001(7)：7-14.
[256] 张伟. 都市圈的概念、特征及其规划探讨[J]. 城市规划，2003(6)：47-50.
[257] 张文远，朱家明，王昱斐. 基于生态服务价值评估模型的环境退化成本研究[J]. 齐齐哈尔大学学报(自然科学版)，2019，35(5)：84-88.
[258] 张亦汉，褚浣桦. 基于城市交通网络的广州“1小时交通圈”划分[J]. 热带地理，2013(6)：695-702.

[259] 张衔春，许顺才，陈浩，等. 中国城市群制度一体化评估框架构建——基于多层级治理理论[J]. 城市规划，2017，41(8)：75-82.
[260] 张显春，曾鹏. 城市成长的时空演化模式研究——基于生态学的种群动态和繁殖策略[J]. 科技进步与对策，2009，26(8)：32-36.
[261] 张有坤，樊杰. 基于生态系统稳定目标下的城市空间增长上限研究——以北京市为例[J]. 经济地理，2012，32(6)：53-58.
[262] 张玉明，段升森. 中小企业成长能力评价体系研究[J]. 科研管理，2012，33(7)：98-105.
[263] 张治清，贾敦新，邓仕虎，等. 城市空间形态与特征的定量分析——以重庆市主城区为例[J]. 地球信息科学学报，2013，15(2)：297.
[264] 张永姣，方创琳. 地域尺度重组下的我国城市与区域规划体系改革[J]. 人文地理，2015，30(5)：9-15.
[265] 赵燕菁. 城市化 2.0 与规划转型——一个两阶段模型的解释[J]. 城市规划，2017，41(3)：84-93，116.
[266] 赵燕菁. 效用型增长：边缘地区城市化模式[J]. 城市发展研究，2017，24(6)：1-9.
[267] 郑德高，袁海琴. 校区、园区、社区：三区融合的城市创新空间研究[J]. 国际城市规划，2017，32(4)：67-75.
[268] 郑红玉，黄建洪，卓跃飞，等. 土地混合利用测度研究进展[J]. 中国土地科学，2019，33(3)：95-104.
[269] 郑伯红，朱政. 武汉城市圈空间结构演化及影响研究[J]. 长江流域资源与环境，2011，20(12)：81418-1425.
[270] 周国华，贺艳华. 长沙城市土地扩张特征及影响因素[J]. 地理学报，2007(4)：1171-1180.
[271] 周春山，叶昌东. 中国特大城市空间增长特征及其原因分析[J]. 地理学报，2013，68(6)：728-738.
[272] 周锐，王新军，苏海龙，等. 基于生态安全格局的城市增长边界划定——以平顶山新区为例[J]. 城市规划学刊，2014(4)：57-63.

[273] 周艳，黄贤金，徐国良，等. 长三角城市土地扩张与人口增长耦合态势及其驱动机制[J]. 地理研究，2016，35(2)：313-324.
[274] 周沂，沈昊婧，贺灿飞. 城市群发展的3D框架——以武汉城市群为例[J]. 长江流域资源与环境，2013，22(2)：136-142.
[275] 赵志威，王冬艳，李红，等. 基于城镇扩展适宜性的城镇建设用地保障研究——以长春市为例[J]. 经济地理，2017，37(7)：175-184.
[276] 朱爱琴，曾菊新，唐承财，等. 资源型城市生命周期优化调控潜力测评[J]. 人文地理，2013，28(5)：69-75.
[277] 朱媛媛，曾菊新，韩勇. 基于信息流的武汉城市圈城乡文化空间结构研究[J]. 人文地理，2015，30(1)：105-111.
[278] 朱惠斌，李贵才. 深港联合跨界合作与同城化协作研究[J]. 经济地理，2013，33(7)：9-14.
[279] 朱俊成，张敏，宋成舜，等. 武汉都市圈多中心城市—区域结构及其协同共生[J]. 城市发展研究，2012，19(3)：7-14.
[280] 朱伟民，万迪昉，王赟. 科技型小企业创新成长模式研究[J]. 中国软科学，2001(3)：28-33.
[281] 诸大建，刘冬华. 管理城市成长：精明增长理论及对中国的启示[J]. 同济大学学报(社会科学版)，2006(4)：22-28.
[282] 钟式玉，吴箐，李宇，等. 基于最小累积阻力模型的城镇土地空间重构——以广州市新塘镇为例[J]. 应用生态学报，2012，23(11)：3173-3179.

图书著作

[1] ADIZES I. Corporate Lifecycles：How and Why Corporations Grow and Die and What to Do about It[M]. New York：Prentice Hall，1998.
[2] BERRY B，GILLARD Q. The Changing Shape of Metropolitan America：Commuting Patterns，Urban Fields，and Decentralization Processes，1960—1970[M]. Cambridge：Ballinger Pub. Co，1977.

[3] CHRISTALLER W. Central Places in Southern Germany, Translated from Die Zentralen Orte in Suddentschland: Eine Oekonomisch-Geographische Untersuchung Uber Die Gesetzmassigkeit der Verbereigung und Entwichlung der Siedlungen mit Stadticshen Funktionen[M]. New York:Prentice Hall,1966.
[4] HWANG C L, LIN M J. Group Decision Making under Multiple Criteria[M]. Berlin:Springer,1987.
[5] KARLSSON C, JOHANSSON B, STOUGH R R. Introduction: The Rise of Regions: Innovation, Agglomeration and Regional Competition [M]. England:Edward Elgar,2009.
[6] MUMFORDL, COPELANDG. The City in History: Its Origins, Its Transformations, and its Prospect [M]. New York: Harcourt, Brace&World,1961.
[7] PETER H. Geography:A Modern Synthesis[M]. New York:Harper & Row,1983.
[8] SILVERMAN B W. Survey of Existing Methods [M]. San Diego: Computer Science,1986.
[9] WILLIAM H W. The Economics of Location[M]. New Haven: Yale University Press,1954.
[10] WRIGHT S, PROVINE W B. Evolution: Selected Papers [M]. Chicago:University of Chicago Press,1986.
[11] 吉勒姆. 无边的城市:论战城市蔓延[M]. 叶齐茂,倪晓晖,译. 北京:中国建筑工业出版社,2007.
[12] 段进. 城市空间发展论[M]. 南京:江苏科学技术出版社,1999.
[13] 哈肯. 高等协同学[M]. 郭治安,译. 北京:科学出版社,1989.
[14] 贝塔朗菲. 生命问题:现代生物学思想评价[M]. 吴晓江,译. 北京:商务印书馆,1999.
[15] 罗德里格,孔泰,斯莱克. 交通运输地理[M]. 王建伟,付鑫,译. 北京:人

民交通出版社,2014.
[16] 曹宗平.中国城镇化之路:基于聚集经济理论的一个新视角[M].北京:人民出版社,2009.
[17] 陈鹏.中国土地制度下的城市空间演变[M].北京:中国建筑工业出版社,2009.
[18] 顾朝林.都市圈规划:理论方法实例[M].北京:中国建筑工业出版社,2007.
[19] 顾朝林,武廷海,刘宛.国土空间规划前沿[M].北京:商务印书馆,2019.
[20] 郭亚军.综合评价理论与方法[M].北京:科学出版社,2002.
[21] 金丽国,刘灵伟.城市化快速发展过程中土地的节约集约利用问题研究[M].天津:南开大学出版社,2012.
[22] 李建桥.企业成长能力论:构筑企业与产业国际竞争力的新视角[M].北京:北京理工大学出版社,2013.
[23] 梁鹤年.经济·土地·城市[M].北京:商务印书馆,2008.
[24] 李翅.土地集约利用的城市用地模式、评价体系及开发控制[M].北京:北京大学环境学院,2007.
[25] 芒福德.城市发展史[M].北京:中国建筑工业出版社,2005.
[26] 迈克尔·波特.国家竞争优势[M].北京:中信出版社,2012.
[27] 倪鹏飞.中国城市竞争力理论研究与实证分析[M].北京:中国经济出版社,2001.
[28] 彭翀,顾朝林.城市化进程下中国城市群空间运行及其机理[M].南京:东南大学出版社,2011.
[29] 汤放华,陈修颖.城市群空间结构演化:机制·特征·格局和模式:长株潭城市群实证研究[M].北京:中国建筑工业出版社,2010.
[30] 陶秋燕.中小企业成长力系统研究[M].北京:中国经济出版社,2010.
[31] 吴一洲.转型时代城市空间演化绩效的多维视角研究[M].北京:中国建筑工业出版社,2013.

[32] 王远飞,何洪林.空间数据分析方法[M].北京:科学出版社,2007.
[33] 王旭.美国城市史[M].北京:中国社会科学出版社,2000.
[34] 徐建刚.智慧城市规划方法:适应性视角下的空间分析模型[M].南京:东南大学出版社,2016.
[35] 杨小波,吴庆书.城市生态学[M].2版.北京:科学出版社,2006.
[36] 姚士谋.中国城市群[M].2版.北京:中国科学技术大学出版社,2001.
[37] 杨杜.企业成长论[M].北京:中国人民大学出版社,1996.
[38] 张京祥.城镇群体空间组合[M].南京:东南大学出版社,2000.
[39] 张云伟.跨界产业集群之间合作网络研究:以上海张江与台湾新竹IC产业为例[M].北京:经济科学出版社,2016.
[40] 周成虎,孙占利.地球元胞自动机研究[M].北京:科学出版社,1999.
[41] 张忠国.城市成长管理的空间策略[M].南京:东南大学出版社,2006.

学位论文

[1] 安树军.中国经济增长质量的创新驱动机制研究[D].西安:西北大学,2019.
[2] 曾浩.城市群内城际关系及其对城市发展影响研究[D].北京:中国地质大学,2016.
[3] 陈斌.都市圈圈层演化及其与交通发展的互动关系研究[D].南京:南京林业大学,2019.
[4] 陈东海.建设用地节约集约利用评价研究[D].杭州:浙江大学,2016.
[5] 陈明曼.复杂适应系统视角下的特色小镇演化研究[D].重庆:重庆大学,2018.
[6] 陈睿.都市圈空间结构的经济绩效研究[D].北京:北京大学,2007.
[7] 陈竹.武汉城市圈产业合作对策研究[D].武汉:华中师范大学,2007.
[8] 陈易.转型期中国城市更新的空间治理研究:机制与模式[D].南京:南京大学,2016.
[9] 程茂吉.基于精明增长视角的南京城市增长评价及优化研究[D].南京:

南京师范大学,2012.
[10] 范晓东.公共政策视角下城市总体规划实施评估研究[D].重庆:重庆大学,2012.
[11] 冯艳.大城市都市区簇群式空间成长机理及结构模式研究[D].武汉:华中科技大学,2012.
[12] 付鑫.城市化地区空间扩张与交通承载系统关系研究[D].西安:长安大学,2011.
[13] 高佳斌.大数据背景下的城市承载适配性评价研究[D].杭州:浙江大学,2019.
[14] 郭晓音.基于适合度景观理论的高新企业技术创新绩效提升路径研究[D].北京:北京理工大学,2015.
[15] 黄金丽.城镇化背景下的苏锡常都市圈空间结构优化[D].南京:东南大学,2017.
[16] 何田.长春大都市区空间生长模式研究[D].长春:东北师范大学,2014.
[17] 何韵.环珠江口海岸带国土空间发展潜力与开发利用适宜性评价[D].广州:广州大学,2019.
[18] 季辰晔.基于国际比较视角的都市圈规划研究[D].南京:南京大学,2012.
[19] 贾晓辉.基于复杂适应系统理论的产业集群创新主体行为研究[D].哈尔滨:哈尔滨工业大学,2016.
[20] 蒋丽娟.从需求角度看人的全面发展[D].上海:东华大学,2013.
[21] 蒋子龙.武汉城市圈制造业空间分工、地理集中与空间优化对策[D].武汉:华中师范大学,2012.
[22] 金鑫.交通走廊导向的大城市簇群式空间成长控制研究[D].武汉:华中科技大学,2010.
[23] 康红梅.城市基础设施与城市空间演化的互馈研究[D].哈尔滨:哈尔滨工业大学,2012.
[24] 李陈.基于社会人假设的土地资源综合承载力模型及其应用[D].杭

州：浙江大学，2016.
[25] 李建伟. 空间扩张视角的大中城市新区生长机理研究[D]. 西安：西北大学，2012.
[26] 李阎魁. 城市规划与人的主体论[D]. 上海：同济大学，2006.
[27] 李忠蔚. 城市体征体检的规划应用研究[D]. 重庆：重庆大学，2020.
[28] 李雪英. 城市空间拓展研究[D]. 南京：东南大学，2004.
[29] 雒占福. 基于精明增长的城市空间扩展研究[J]. 兰州：西北师范大学，2009.
[30] 刘海明. 福建省区域经济协同发展机制构建研究[D]. 福州：福建农林大学，2011.
[31] 刘冬华. 面向土地低消耗的城市精明增长研究[D]. 上海：同济大学，2007.
[32] 刘红霞. 城市空间增长对交通需求的影响研究[D]. 西安：西安建筑科技大学，2003.
[33] 刘佳. 国家地质公园综合价值评价及分类管理研究[D]. 北京：中国地质大学，2016.
[34] 刘克华. 基于精明增长的城市用地扩展调控研究[D]. 南京：南京大学，2011.
[35] 刘玲. 城市生命体视角：现代城市和谐建设初探[D]. 上海：复旦大学，2010.
[36] 刘洋. 我国高新区对城市发展扩散效应的理论和实证分析[D]. 广州：暨南大学，2012.
[37] 刘雨平. 地方政府行为驱动下的城市空间演化及其效应研究[D]. 南京：南京大学，2013.
[38] 罗中华. 湖南省城市群成长潜力测度与分类培育研究[D]. 长沙：湖南师范大学，2010.
[39] 卢雄雅. 焦作市空间增长机制、模式与评价研究[D]. 焦作：河南理工大学，2012.

[40] 李锐.西安都市圈空间结构优化研究[D].西安:西安工业大学,2014.
[41] 雒占福.基于精明增长的城市空间扩展研究[D].兰州:西北师范大学,2009.
[42] 罗道友.需要——人的发展的内在动力——从马斯洛需要理论看人的发展[D].湘潭:湘潭大学,2007.
[43] 马池顺.创新资源视角下的创新型城市成长研究[D].武汉:武汉理工大学,2013.
[44] 乔晶.大都市地区镇村关系重构研究[D].武汉:华中科技大学,2019.
[45] 秦李虎.空间治理体系下的城市增长管理研究[D].北京:清华大学,2015.
[46] 任俊宇.创新城区的机制、模式与空间组织研究[D].北京:清华大学,2018.
[47] 孙平军.中国城市建设用地空间扩展的非协调性识别与调控[D].长春:东北师范大学,2014.
[48] 唐璐.我国城市群竞争力评价模型及实证研究[D].武汉:华中师范大学,2011.
[49] 谭鹏.基于人口流动视角的保障性住房建设研究[D].湘潭:湘潭大学,2011.
[50] 汪勰.工业经济阶段增长推动城市空间跳跃拓展实证研究[D].武汉:华中科技大学,2013.
[51] 王国恩.城市规划社会选择论[D].上海:同济大学,2005.
[52] 王静.中部地区城市群区域空间经济弹性评估与优化策略研究[D].武汉:华中科技大学,2015.
[53] 王珺.武汉都市圈空间结构优化研究[D].武汉:华中科技大学,2008.
[54] 王雷.基于服务生态系统视角的企业服务创新研究[D].北京:北京邮电大学,2019.
[55] 王妮娜.重庆市都市区城市空间成长特征及驱动机制研究[D].重庆:西南大学,2012.

[56] 王瑞琴.基于语义处理技术的信息检索模型研究[D].上海:浙江大学,2009.
[57] 王竞梅.上海城市空间结构演化的研究[D].长春:吉林大学,2015.
[58] 王寅.数字化城市视角下的省域城镇空间增长潜力评价研究[D].昆明:云南大学,2015.
[59] 王智勇.快速成长期城市密集区生态空间框架及其保护策略研究[D].武汉:华中科技大学,2013.
[60] 文超.珠三角技术创新驱动产业升级研究[D].北京:中国地质大学,2019.
[61] 夏美玲.创新人群需求导向下的城市创新空间发展策略研究[D].北京:北京建筑大学,2019.
[62] 徐博.莱比锡和利物浦城市收缩问题研究[D].长春:吉林大学,2015.
[63] 徐洁.高端装备制造业企业成长能力评价研究[D].哈尔滨:哈尔滨工程大学,2018.
[64] 徐姗姗.基于系统动力学模型的城市发展生命周期研究[D].哈尔滨:哈尔滨工业大学,2008.
[65] 徐蔚奕.基于城乡一体化发展的城乡建设用地增减挂钩理论研究与实证[D].南京:南京农业大学,2015.
[66] 闫广华.辽宁省都市圈空间结构及其演化研究[D].长春:东北师范大学,2017.
[67] 杨朕凯.林地生态价值评估研究[D].昆明:云南大学,2016.
[68] 杨梦楠.城市群的空间效应:以武汉城市圈为例[D].武汉:华中师范大学,2013.
[69] 叶胥.消费城市研究:内涵、机制及测评[D].成都:西南财经大学,2016.
[70] 尹恒.中小企业成长能力研究[D].成都:四川大学,2006.
[71] 于亚滨.哈尔滨都市圈空间发展机制与调控研究[D].长春:东北师范大学,2006.
[72] 袁俊.城市旅游空间结构系统研究[D].武汉:华中师范大学,2005.

[73] 袁晓辉.创新驱动的科技城规划研究[D].北京:清华大学,2014.
[74] 贠兆恒.构建创新型都市圈协同创新体系的政策研究[D].南京:东南大学,2015.
[75] 张博野.武汉都市圈空间结构演化与空间整合研究[D].武汉:华中师范大学,2015.
[76] 张红.城市群空间组织结构演化的内在动力和优化研究[D].哈尔滨:哈尔滨工业大学,2016.
[77] 张荆荆.城市间相互作用对城镇用地扩张的影响[D].武汉:华中农业大学,2014.
[78] 张静.大城市理性扩张中的新城成长模式研究[D].杭州:浙江大学,2007.
[79] 张俊.创新导向下高科技园区的规划管控研究[D].广州:华南理工大学,2019.
[80] 张赛.武汉城市空间增长及其可持续性评价[D].武汉:华中师范大学,2013.
[81] 张严玲.合肥经济圈空间结构特征及培育机制研究[D].合肥:安徽建筑大学,2013.
[82] 张耀之.网络舆情语义识别的技术分析及识别流程构建[D].长春:吉林大学,2016.
[83] 赵天如.都市圈城镇化质量测度、识别及提升策略研究[D].武汉:华中科技大学,2019.
[84] 赵志威.吉林省中部地区城镇建设用地保障研究[D].长春:吉林大学,2017.
[85] 郑擎.基于城市增长边界的城市空间扩展及调控研究[D].杭州:浙江大学,2018.
[86] 郑迎春.超越边界的治理[D].武汉:武汉大学,2012.
[87] 钟林.国家治理能力现代化:背景、内涵与生成[D].武汉:华中科技大学,2015.

[88] 朱勍.从生命特征视角认识城市及其演进规律的研究[D].上海:同济大学,2007.
[89] 朱顺娟.长株潭城市群空间结构及其优化研究[D].长沙:中南大学,2012.